Astrol

Uraltes Wissen nutzen, m

Hildegard Kaiser

Astrologie als Orientierungshilfe

Uraltes Wissen nutzen,
mit Leo die Sterne erkunden

Dieses Buch möchte ich meinem Sohn Sascha
und seiner Familie widmen.

Bibliografische Information der Deutschen Nationalbibliothek
Die Deutsche Nationalbibliothek verzeichnet diese Publikation in der
Deutschen Nationalbibliografie;
detaillierte bibliografische Daten sind im Internet über
http://dnb.d-nb.de abrufbar.

Vorbemerkung der Autorin

Dieses Buch möchte Interessierte über die Möglichkeiten informieren, die die Astrologie im Rahmen der ganzheitlichen Selbsthilfe bieten kann. Die Autorin beabsichtigt damit keinesfalls, Diagnosen zu stellen oder Therapieempfehlungen zu geben. Auch sollen die beschriebenen Prozesse und Verfahren ärztlichen Rat und medizinische Behandlung nicht ersetzen. Alle Texte wurden sorgfältig ausgearbeitet sowie nach bestem Wissen und Gewissen erstellt. Dennoch übernimmt die Autorin keinerlei Haftung für Schäden irgendeiner Art, die aus der Verwendung der Angaben in diesem Buch entstehen könnten.

© 2021 Hildegard Kaiser
Alle Rechte vorbehalten

Verlag und Druck: tredition GmbH, Halenreie 40-44, 22359 Hamburg

ISBN 978-3-347-30905-0 (Paperback-Ausgabe)
ISBN 978-3-347-30906-7 (Hardcover-Ausgabe)
ISBN 978-3-347-30907-4 (e-Book-Ausgabe)

Inhalt

Astrologie

Hohe Kunst – oder schwarze Magie?
Die Kritiker sagen – man weiß ja nie.

Mir bist du ein treuer Wegbegleiter.
Zeigt sich dein Barometer auch
mal stürmisch und mal heiter.
So ist nun mal des Lebens Lauf,
es geht mal runter und mal rauf.

Die Planeten ziehen friedlich ihre Bahn,
als ginge sie das alles gar nichts an.
Sie sind ja auch nur ein Instrument,
dass man sich selbst und die Zeitqualität erkennt.

Zum Gebrauch dieses Buches

Mit diesem Buch möchte ich gerne alle interessierten Leser teilhaben lassen an den unglaublich reichen Erkenntnissen, welche die Astrologie uns zu bieten hat.

Es ist auf jeden Fall ein sehr guter Einstieg zur Erweiterung des Bewusstseins und um die Geheimnisse des Universums und des Lebens besser kennen- und verstehen zu lernen.

Am Ende des Buches befindet sich eine **Kurzanleitung,** um schnell etwas nachschauen zu können und so sein eigenes Horoskop eventuell sogar schon selbst ein wenig deuten zu lernen.

Ebenso sollen die Anmerkungen Leos, die Bildtafeln, die Gedichte und die Beschreibung der kosmischen Gesetzmäßigkeiten dazu dienen, tiefer in die Materie einzusteigen und sie dadurch noch besser erfassen zu können.

Nun wünsche ich viel Spaß beim Schmökern und bei der Selbsterkenntnis.

Leo ist mir eine große Hilfe gewesen und ich hoffe, es geht dir ebenso. Stelle dir einfach bildlich vor, wie er zu dir spricht.

Hildegard Kaiser

Einleitung

Es liegt in der Natur des Menschen, auf der Suche zu sein. Auf der Suche nach dem Sinn des Lebens, auf der Suche nach dem, was hinter den Dingen steht, und nicht zuletzt auf der Suche nach sich selbst. »Wo komme ich her? – Wo gehe ich hin? – Warum bin ich hier?«, das sind die Fragen, welche die Menschheit schon immer bewegt haben und sicherlich auch weiterhin bewegen werden ... Selbst wenn ein jeder ahnt, dass er diese letzte Wahrheit wahrscheinlich nie umfassend erfahren oder ergründen wird, die Sehnsucht nach Erkenntnis tief in unserem Innersten bleibt ...

Da bietet sich die Astrologie als eine wertvolle Hilfe an. Denn bereits im Altertum hatten die Menschen ähnliche Fragen, und es ist erstaunlich, welches Wissen sie schon damals an den Tag legten. Die Entsprechungen der Gestirne am Himmel zu uns auf die Erde und auf den Menschen zu beziehen, ist wirklich eine ausgesprochen reife Leistung. Natürlich betrachteten sie damals die Erde noch als Mittelpunkt des Universums, was man ihnen ja durchaus nicht verübeln kann, denn jedes Kind denkt doch heute noch zu Anfang ähnlich, und in der Astrologie wurde dieses »geozentrische Weltbild« mit der Erde als Mittelpunkt »unseres eigenen inneren Universums« beibehalten! Außerdem standen den Menschen in der Vorzeit nur wenige geeignete technische Hilfsmittel zur Verfügung. Aber gerade deshalb sind ihre frühen Beobachtungen und Berechnungen in der Himmelskunde umso bemerkenswerter.

Das Prinzip »wie oben – so unten« und »wie innen – so außen« entspricht dem des »Makrokosmos – gleich Mikrokosmos« und stammt aus der berühmten »Tabula Smaragdina Hermetis« des Hermes Trismegistos. Seine Erkenntnisse beruhen auf dem Gesetz der Synchronizität, welches besagt, dass im Geltungsbereich der Dualität die Dinge immer irgendwo anders auch noch eine diesbezügliche Entsprechung haben, etwa so, wie beispielsweise die inneren Organe in den Ohren, in den Augen oder in den Fußreflexzonen wiederzufinden sind. Sehr schön nachzulesen sind diese überaus wichtigen Gesetzmäßigkeiten solcher Übereinstimmungen und weiterer Richtlinien universeller Gegebenheiten in vielen interessanten Büchern und sogar Bestsellern, deren Lektüre man nur empfehlen kann, wie beispielsweise »Gespräche mit Gott« von Neale Donald Welsch.

Nach Kopernikus und Kepler wissen wir auch, dass nicht die Erde der Mittelpunkt der Welt oder unseres Planetensystems ist, sondern die Sonne. Und heute weiß außerdem jeder, dass unser Sonnensystem nur »eines von vielen« im gesamten Kosmos ist. Doch die Astrologie hat ihr damaliges geozentrisches Weltbild beibehalten und liegt damit nach wie vor richtig. Denn schließlich befinden wir uns ja hier auf der Erde und diese ist daher der Mittelpunkt unseres »menschlichen Universums« geblieben!

So hat die Astrologie als einzige »Wissenschaft« ihre Gültigkeit über die Jahrtausende beibehalten, weil die oben genannten Gesetzmäßigkeiten natürlich weiter existieren und sie eben nur ein Messinstrument für die Symbolik der Qualitäten, der Urprinzipien und der archetypischen Energien ist. Nur ist sie entsprechend moderner geworden und hat sich im Laufe der Zeit immer mehr vervollständigt und verfeinert. Besonders durch die Verbindung mit der Psychologie ist sie noch wertvoller und lebendiger geworden. Ihr heutiger Anspruch basiert nicht mehr auf Prognosen und Vorhersagen, sondern soll vornehmlich der Selbsterkenntnis und dem inneren Wachstum des Individuums dienen. Denn Prognosen können immer nur die jeweiligen Energiekonstellationen einer bestimmten Zeitqualität an einem speziellen Ort darstellen, aber nie die reale Auslebensform von Personen oder Projekten erkennen und berücksichtigen.

Eine gewisse Skepsis ist daher manchmal durchaus verständlich, denn die Lektüre von Zeitungshoroskopen ist ja beispielsweise meist recht allgemein gehalten und natürlich nicht mit dem ganz individuellem persönlichen Horoskop eines Einzelnen zu vergleichen. Trotzdem wird es gerne gelesen und zeigt das Interesse der Menschen an der Astrologie und der Sehnsucht nach tieferem Wissen um ihre Existenz an. Denn die Astrologie ist ja sehr eng mit der Esoterik, der Spiritualität und letztendlich durchaus auch mit der Religion verbunden, weil alle Kulturen, Weltanschauungen und Religionen im Prinzip ähnliche Ziele haben, nämlich: »Den Glauben an eine höhere Macht und die Rückverbindung des Menschen zum eigentlichen Sein (Religio = Rückverbindung).« Von der Polarität des menschlichen Bewusstseins zurück zur göttlichen Einheit des Paradieses. Jedoch trifft man auch hier immer wieder einige Skeptiker, denn »glauben« heißt ja letztendlich: »*Nicht wissen*«!

Auf der anderen Seite gibt es jedoch immer mehr Menschen, die Astrologie als ein wertvolles Hilfsmittel zur Sinnfindung und Selbsterkenntnis entdecken und annehmen. Und wer sich einmal das Wissen der Astrologie zunutze gemacht hat, der möchte es nicht mehr missen. Zumal außer den Erkenntnissen über die eigene Person noch jede Menge »*Gratisgeschenke*« mitgeliefert werden. So kann man beispielsweise seine Mitmenschen viel besser verstehen und sie in ihrem »*Sosein*« akzeptieren. Deshalb sollte die Astrologie vornehmlich als ein Instrument zur eigenen Weiterentwicklung verstanden werden. Ganz zu schweigen von den Kenntnissen über die Zusammenhänge des Universums, von denen man sonst vielleicht nie etwas erfahren hätte! Es ist wirklich total grandios, welches Wissen sich einem hier auftut. Mir ist es jedenfalls so ergangen. Und ich bin unendlich dankbar für die unglaublich vielen neuen Einsichten, von denen ich heute profitieren darf.

Die folgenden Seiten habe ich recht einfach gehalten, damit unter anderem möglichst viele Laien die Astrologie kennenlernen, verstehen und nutzen können. Teilweise Wiederholungen in einem anderen Zusammenhang sollen helfen, das Gesagte zu festigen, und zu immer wieder neuen Aha-Erlebnissen führen. Das ist nämlich mein Anliegen: »Die mit der Astrologie verbundenen Erkenntnisse auch anderen interessierten Menschen näherzubringen, sie ihnen zugänglich zu machen und sie daran teilhaben zu lassen.« In diesem Sinne hoffe ich, allen erwartungsvollen Lesern etwas von meinen gesammelten Lebensweisheiten mitgeben zu können und sie zumindest zum Nachdenken anzuregen.

Dabei sollte man sich aber stets darüber im Klaren sein, dass man immer die Wahl hat, zu entscheiden, welchen Weg man gehen möchte. Das macht eben das Besondere an uns Menschen aus: Wir haben den »*freien Willen*«! Wenn wir so wollen, ist er uns von Gott gegeben und wir haben immer die Möglichkeit, selbst zu bestimmen, was wir wollen oder nicht wollen. Im Prinzip geht es gar nicht anders, ständig müssen wir uns »*für oder gegen etwas*« entscheiden.

Unsere Seele hat sich die Eckdaten ihres Lebensplanes selbst ausgesucht, die sie ihrer Weiterentwicklung in diesem Leben zugrunde legen möchte. Dazu gehören natürlich gleichermaßen die jeweilige Zeitepoche sowie die kulturelle Landschaft und die soziale Schicht, darüber hinaus natürlich ganz besonders unsere Eltern, eventuelle Geschwister und unser näheres Umfeld, welches uns auch sehr stark prägt. Leider unterliegt dieses Wissen seit unserer Zeit im Mutterleib und der Geburt »*dem Mantel des Vergessens*«. Deshalb besteht in unserem Inneren der ständige Wunsch nach Bestätigung dessen, was wir augenscheinlich fühlen.

Die Astrologie zeigt uns die Rahmenbedingungen auf, aber zu entscheiden, was wir daraus machen, ist unser ureigenstes Anliegen. Ohne dieses Wissen wäre es etwa so, als wenn wir ein Spiel spielen, dessen Regeln wir gar nicht kennen! Dann wundern wir uns vielleicht über irgendwelche Konsequenzen und wissen gar nicht, warum uns dieses oder jenes jetzt ereilt oder geschieht.

Das Spiel ist unser Leben – und da wäre es doch sehr schön, die Spielregeln oder die kosmischen Gesetze, die diesem zugrunde liegen, wenigstens ansatzweise zu kennen, um sie auch befolgen zu können. Jedes Fußballspiel würde ohne Regeln und Schiedsrichter im Chaos enden… Doch durch »*dieses spezielle Wissen*« über die universellen Gesetzmäßigkeiten erhalten wir eine **Orientierung für unseren Lebensweg** mit all seinen verschiedenen Stationen. Außerdem ergibt sich für uns die Möglichkeit, andere nicht gleich zu verurteilen, sondern vielleicht sogar ein wenig Verständnis für ihr Verhalten aufzubringen.

Ein Geburtshoroskop lässt sich heutzutage leicht mit dem Computer erstellen, entweder mit einem eigenen speziellen Programm oder sogar gratis zur Probe aus dem Internet. Was Sie benötigen, ist nur **Ihr Geburtstag, der Geburtsort und die möglichst genaue Geburtszeit.** Wer die Zeit nicht kennt, kann sie jederzeit beim zuständigen Standesamt erfragen. Dies kostet unter Umständen eine kleine Gebühr.

Der Fähigkeit, die Informationen Ihres Geburtshoroskopes zu lesen, werden Sie durch die Lektüre dieses Buch ein wenig näher kommen. Und denken Sie daran: »*Die Sterne machen zwar geneigt, aber sie zwingen nicht.*« Und es ist herrlich, sich in diesem »*Geneigtsein*« wiederzufinden, denn letztlich wollen wir im Leben nichts anderes, als so sein zu dürfen, wie wir eben sind. Das alleine macht uns wirklich glücklich und zufrieden!

Denn wie heißt es bei Laotse so schön:

Am Ende Deiner Reise wirst du nicht gefragt:
»Bist du ein Heiliger geworden oder hast du für das Heil der Menschen gekämpft?«
Die einzige Frage, die du beantworten musst, ist die Frage:
»Bist du du selbst geworden?«

Leo, der Himmelslöwe

Leo ist ein Löwe, der gerade langsam aus einem tiefen Schlaf erwacht. In ihm klingt noch ein unglaublich interessanter Traum nach ... Da lässt es sich natürlich nicht vermeiden, dass er immer noch den leisen Klängen des wunderbaren Liedes von ABBA »I Have a Dream« lauscht ...!

Die Melodie trägt ihn wieder hinauf zu den Sternen ... Engel weisen ihn in die Geheimnisse dieser Sterne ein. Sie symbolisieren die Kräfte der 12 archetypischen Urprinzipien, die es in diesem Universum gibt. Als Wandelsterne, auch Planeten genannt, verinnerlichen sie diese Kräfte und geben ihnen Ausdruck. Dabei vergessen die Engel nicht, ihm zu zeigen, dass alles, was einen Bezug zur Erde hat, der Polarität unterliegt. Dies bedeutet, dass eben alles und jedes hier bei uns auf diesem Planeten zwei Seiten hat: »Eine positive und eine negative Hälfte.« Damit müssen wir leben, auch wenn uns die positive Seite meist lieber ist. Aber »das eine ohne das andere« ist hier auf unserer Erde leider nicht möglich. Anders als in der Welt der Engel und des Göttlichen, wo »alles im Einklang und in der Einheit« ist.

Gerade deshalb sind wir ja hier auf dieser Erdenwelt, um uns durch die Reibung der Polaritäten weiterentwickeln zu können. Ständig müssen wir uns für oder gegen etwas entscheiden, um so unseren freien Willen zu entwickeln, unsere Erkenntnisse zu gewinnen und um unsere Weisheit und Reife zu vergrößern.

Leo stöhnt auf bei so viel Verantwortung ... Aber jetzt kommen die Sternbilder mit ins Spiel und zeigen ihm ihre Geschichte. Leo ist tief beeindruckt von der Vielfältigkeit, die sich ihm hier offenbart. Gerne taucht er in die Legenden und Mythen ein, die ihm helfen, die wesentlichen Kräfte und Eigenschaften der einzelnen Zeichen besser zu verstehen.

»Wenn es doch nur eine Möglichkeit gäbe, dieses Wissen auch den einzelnen Menschen zugänglich zu machen, damit sie das Allerbeste aus ihrem Leben herausholen können«, malt er sich aus.

Sämtliche vielschichtigen planetaren Kräfte und Prinzipien sind nämlich in unterschiedlicher Gewichtung in jedem Menschen vorhanden. Bei jedem Einzelnen natürlich individuell anders, ähnlich dem Fingerabdruck oder der Stimme.

Diese Vielfalt des Universums beeindruckt Leo mächtig. Er denkt ein wenig nach und überlegt sich, dass viele Menschen ja instinktiv schon sehr richtig mit ihren Talenten, Anlagen und Fähigkeiten umgehen und ihnen entsprechende Berufe oder Freizeitaktivitäten wählen, sodass sie authentisch sein können und sich nicht mehr fremdbestimmt fühlen. Denn nur so können die Menschen wirklich erfolgreich sein, weil Erfolg aus der Entwicklung des inneren Kerns heraus erfolgt. Und es kann sich immer nur das entwickeln, was als Same im Inneren angelegt ist.

Vielen anderen, die unsicher in diesen Dingen sind, könnte man durch die in ihrem Horoskop ersichtlichen Begabungen sehr gut helfen und sie in ihrer Selbsterkenntnis und in ihrem Entwicklungsprozess unterstützen.

Bestimmt verstehen sie dadurch auch ihre Mitmenschen viel besser und bekommen einen ganz anderen Blick auf die Gegebenheiten dieser Welt. Solche Zusammenhänge machen sie dann ganz sicher glücklicher und bereichern sie in ihrem täglichen Leben.

Nicht nur die Seefahrer orientierten sich an den Sternen. Auch in weitgehend unbekanntem Gelände war ein Kompass schon immer recht hilfreich und manchmal sogar lebensrettend. Heute gibt es natürlich das Navi und das Smart- oder iPhone, um uns den Weg zu weisen. Der Computer ermöglicht uns ebenso viele Dinge, die zu früheren Zeiten recht mühsam waren. Da lassen sich beispielsweise Geburtshoroskope, ganz einfach ausdrucken und sie müssen nicht mehr stundenlang manuell berechnet werden, so wie früher. Sie sind also jedem, der es will, problemlos zugänglich.

Leo rekelt sich entspannt und ist schon ganz aufgeregt vor Freude, nun gemeinsam den Himmel über uns und in uns zu erkunden und als »Orientierungshilfe« zu nutzen.

***

So wird uns Leo durch dieses Buch führen und uns dadurch die Lektüre ein wenig unterhaltsamer machen. Vielleicht weckt er auch ungeahnte persönliche Träume in uns.

Dazu wünsche ich viel Glück und Inspiration.

Euer Leo

Leos Anmerkungen werden von nun an grau unterlegt im Buch zu finden sein.

Die Anfänge der Astrologie
ergaben sich hauptsächlich aus der
Beobachtung des Himmels für den
Ackerbau und das tägliche Leben.

(3000 – 4000 Jahre v. Chr. Sumerer,
600 – 700 Jahre v. Chr. Keilschriften)

So entstand auch der Kalender.

Das Weltbild des Ptolemäus
– 150 Jahre nach Christi –
(Holzschnitt aus dem 15. Jahrh.)

**Es hat sich bis heute nicht viel
verändert.**

**Die geozentrische Sichtweise der
Astrologie bleibt erhalten.**

Die Geschichte der Astrologie

Leo denkt: »So ein langweiliges Thema. Doch vielleicht gibt es ja dabei einiges neu zu entdecken und manchmal können solche Dinge aus früheren Zeiten ja durchaus total spannend sein.« Sein Interesse ist nun geweckt und gebannt lauscht er den folgenden Erzählungen.

Wenn man sich mit einem speziellen Thema auseinandersetzt, ist es immer recht hilfreich zu wissen, wo es herkommt und wie es entstanden ist. Begeben wir uns also auf einen kleinen Exkurs in die Geschichte der Astrologie, die so ganz nebenbei zur ersten Wissenschaft in dieser Welt wurde und auf der alle anderen Lehren aufbauen.

Unsere Vorfahren waren nämlich erstaunlich kluge Leute. Vor allem lebten sie noch im Einklang mit der Natur, was man von uns in unserer heutigen technologisierten Zeit ja nicht mehr gerade behaupten kann. Deutliche Bestrebungen einer dringend notwendigen Rückbesinnung sind allerdings immer mehr erkennbar. So ist beispielsweise eine »gesunde Ernährung« wieder total angesagt, ebenso wie das Energiesparen und der Klimaschutz.

Jedenfalls versuchten die Menschen damals, ihr Leben weitgehend anhand der vielfältigen Erscheinungen in der Natur auszurichten. So waren ihnen die Zyklen von Sonne und Mond bei ihren täglichen und jahreszeitlichen Verrichtungen eine wesentliche Hilfe. Dabei entdeckten sie einmal eine Zeit von Neumond zu Neumond und die Zeit von Vollmond zu Vollmond. Dazwischen lagen die zunehmenden und abnehmenden Mondphasen, die an der sich verändernden Sichel des Mondes zu erkennen waren. Diese gesamte Zeitspanne entspricht etwa einem Monat und ähnelt dem Zyklus der Frau. Besonders dem Vollmond wurden spezielle magische Kräfte zugeschrieben, denn er wirkte schon immer sehr gespenstisch und geheimnisvoll.

Ferner entdeckten sie, dass die Sonne zu bestimmten Zeiten immer wieder die gleichen Sternbilder durchläuft, was etwa einem Jahr entspricht. Damit waren die Anfänge des Kalenders geboren!

Ebenso entging ihnen nicht, dass es außer dem Fixsternhimmel bestimmte Wandelsterne gab, die sich unterschiedlich schnell am Himmel bewegten. So wurden die fünf sichtbaren Planeten Merkur, Venus, Mars, Jupiter und Saturn entdeckt. Zusammen mit Sonne und Mond ergaben sich nun sieben Gestirne, die von Bedeutung waren. Noch heute sind die Wochentage nach ihnen benannt. Genau ist dies in einer späteren Darstellung zu sehen.

Je nach der Stellung dieser Planeten konnten aus Erfahrungswerten bestimmte Vorhersagen gemacht werden, die sich zuerst meist auf das Wetter und die Ernte bezogen. So wie man es noch heute in vielen Mond-Kalendern und besonders im 100-jährigen Kalender finden kann.

Später wurden dann alle Umstände, die meist Krieg oder Frieden zum Inhalt hatten, mit in die Beurteilung einbezogen. Dadurch hatte man die Möglichkeit, das diesbezügliche Erfahrungswissen ständig zu erweitern. Es ging im wahrsten Sinne des Wortes um »*gute Zeiten und schlechte Zeiten*«!

Vor allem in den Königshäusern und in der höheren Gesellschaftsschicht waren derartige Prognosen sehr populär. Noch heute fragt man sich im Volksmund, »*ob eine Angelegenheit wohl unter einem guten oder einem schlechten Stern steht*«. Natürlich ging man irgendwann dazu über, sich dies auch bei Geburten und dem zu erwartenden Lebensweg eines Menschen zu fragen. Damit war die Astrologie aus der Taufe gehoben!

Die Sternbilder bekamen natürlich auch Namen. Bei den Tierkreiszeichen waren es hauptsächlich die Ereignisse und Brauchtümer des Jahres, die ihnen zu ihren Namen verhalfen. Bei den Sternen und Planeten hingegen waren es mehr oder weniger bekannte Gottheiten oder sagenumwobene Gestalten, die an den Himmel versetzt wurden, sodass man ihnen immer nahe war und sie um ihren Schutz bitten konnte.

Schon hier lässt sich einerseits die religiöse Ausrichtung des Menschen erkennen und andererseits auch der Versuch, etwas über sich selbst und sein Schicksal zu erfahren. Es waren vor allem Geistliche, die oft gleichzeitig auch Gelehrte und Philosophen waren, die sich mit diesen Dingen beschäftigten; ähnlich den Magiern und Schamanen bei den einfachen Volksstämmen, die in ihrem Wissen und ihrer Weisheit dem unseren durchaus ebenbürtig sind. Teilweise waren sie diesem unter Umständen sogar überlegen, sodass ihr altes Wissen heute wieder neu erforscht wird.

Natürlich gab es früher auch Hochkulturen, deren Wissensschatz so ausgereift war, dass sie vielleicht gerade deshalb ausgestorben, verschollen oder verschwunden sind, um einem neuen Zyklus Platz zu machen, wie es beispielsweise bei Atlantis unter Umständen der Fall gewesen sein könnte. Man sieht, die Welt steckt voller Rätsel und Geheimnisse, die der Mensch wahrscheinlich nie ganz ergründen wird. Und dennoch lebt in jedem von uns, wie schon angesprochen, die Tendenz zur Suche. Dies ist auch gut so, denn schließlich sollte ein jeder von uns die Chance haben, seine eigene Wahrheit zu finden.

Leo ist ganz fasziniert. Das hätte er jetzt nicht gedacht. Astrologie, die erste Wissenschaft der Welt ... und dann noch rein aus Erfahrung entstanden ... Da staunt er nicht schlecht. Das muss er sich noch einmal genau durch den Kopf gehen lassen und vor allem die dazugehörigen Bilder anschauen. »Demnach ist doch alles ganz logisch«, denkt der kluge Löwe erfreut.

»Unglaublich, selbst die heutigen Wochentage, die Monate und die Jahreszeiten, all dies geht auf die frühe Beobachtung des Himmels, und damit auf die Astrologie, zurück!« Nun ist er hellwach und schon ganz aufgeregt, zu erfahren, wie es wohl weitergehen wird.

Die Antike

In der Antike gehen die ersten astrologischen Überlieferungen auf **Mesopotamien,** das biblische Land zwischen Euphrat und Tigris, zurück. Bereits seit einer Zeit von **vier- bis dreitausend Jahre v. Chr.** lassen sich hier die Einflüsse der dort lebenden **Sumerer** erkennen. Später haben dann die **Babylonier** und die **Assyrer** die Kunst der **Sterndeutung** fortgesetzt. Es waren damals in der Mehrzahl die Priester, welche solche Geheimlehren zusätzlich zu ihrem Amt betrieben und die zum großen Teil sogar als Universalgelehrte galten.

Die ersten astrologischen Aufzeichnungen stammen aus dem **siebten bis sechsten Jahrhundert v. Chr.** von den **Assyrern.** Es sind dies die **Keilschriften,** welche in den berühmten **Ruinen von Ninive** gefunden wurden. Ebenso hatten auch die **Chaldäer** besondere astrologische Fähigkeiten, sodass die Astrologie sich **im gesamten Osten** verbreitete und sogar bis nach **Indien** weiter vordrang.

Später waren es dann vor allem die **Griechen,** welche die Tradition der Astrologie fortführten und dieses Wissen dann auch mehr und mehr dem Volke zugänglich machten. Ihre Symbolik in Sagen und Geschichten und besonders in der Mythologie, haben bis heute ihren Stellenwert erhalten. Deshalb dürfen sogar wir uns in unserer gegenwärtigen modernen Zeit noch daran erfreuen. Man schätzt, dass die **Griechen** die **babylonischen Lehren** im **sechsten bis fünften Jahrhundert v. Chr.** aufgegriffen haben.

Über hellenistische Einflüsse verbreitete sich die Astrologie dann weiter bis nach **Mazedonien.** Von dort gelangte sie durch die **Eroberungszüge Alexander des Großen** schließlich bis nach **Ägypten.** Ins **römische Reich** drang sie **ca. 250 v. Chr.** durch griechische Sklaven vor, wo sie eine überaus große Blütezeit erlebte. **Claudius Ptolemäus** verfasste ungefähr **150 Jahre n. Chr.** das erste astrologische Standardwerk **»Tetrabiblos«,** welches noch heute seine Gültigkeit hat.

Mit dem **Christentum** begann dann der **Niedergang der Astrologie.** Obwohl auch in der Bibel viele astrologische Verknüpfungen zu finden sind, wie beispielsweise der Stern von Bethlehem, der die Hirten und die Weisen aus dem Morgenland zur Krippe Jesu führte, die zwölf Apostel als Vertreter der 12 Archetypen und der 12 Tierkreiszeichen mit ihren Planeten, oder Ähnliches. Ganz abgesehen davon, dass die Astrologie hinter allen Erscheinungen einen weisen Schöpfer sieht, wie es zum Beispiel durch die schon angesprochene **Tabula Smaragdina Hermetis** des **Hermes Trismegistos** angedeutet wird. Seine Theorien **»wie oben so unten«** und **»alles in einem und eines in allem«** sind hoch religiös, ebenso wie das spirituelle Gedankengut der antiken Philosophen.

Astrologische Elemente wurden jedoch von den Christen als Aberglauben, Scharlatanerie und teuflisches Werk abgetan, so erklärte es jedenfalls der erste christliche römische **Kaiser Konstantin** zirka **300 n. Chr.** Das astrologische Wissen wurde jedoch weiterhin im Geheimen ausgeübt und praktiziert. Längst schon war es bis zu den **Arabern** vorgedrungen. Diese brachten es dann über Spanien wieder zurück nach Europa, wo es besonders im **Mittelalter** nochmals **zu voller Blüte gelangte.** Es wurde sogar als **Wissenschaft** an den **Universitäten** gelehrt! Selbst die Mediziner, zu denen auch der bekannte mittelalterliche Arzt **Paracelsus** gehörte, machten sich astrologisches Wissen nutzbar, wie man an der Zuordnung der Beziehung von den Tierkreiszeichen zu den einzelnen Körperteilen sehen kann.

Des Weiteren gehörten andere berühmte Gelehrte wie **Kopernikus, Galilei, Kepler und Newton** in diese Zeit. Sie waren nicht nur Astronomen und Naturwissenschaftler, sondern zudem auch überaus passionierte Astrologen, was sich durch Keplers bekanntes Wallenstein-Horoskop belegen lässt. Von Galilei stammt der berühmte Ausspruch: »Und sie bewegt sich doch«, bezogen auf die Erde, nachdem ihm der Prozess wegen seiner Lehren gemacht wurde. Ebenso war der immer wieder viel zitierte Seher und Astrologe **Nostradamus** ein Kind dieser Zeitepoche.

Astrologie und Astronomie bildeten damals noch eine Einheit. Die Spaltung entstand durch den vermehrten wissenschaftlichen Anspruch der Fakultäten. Man wandte sich nun immer mehr mechanischen, technischen und vor allem **messbaren Dingen** zu. Dabei sollte man jedoch beachten, dass selbst heutzutage die Astrologie ohne die Berechnungen der Astronomen gar nicht denkbar wäre. Doch leider gingen die Interessen der beiden Disziplinen sehr weit auseinander, weil der wertvolle Inhalt die Techniker überhaupt nicht interessierte. Etwa so, wie sich beispielsweise bei einem Buch die Beschaffenheit des Papiers und der Druckerschwärze messen und berechnen lässt, dieses jedoch absolut noch rein gar nichts über den Inhalt des Geschriebenen aussagt!

Zur **Neuentdeckung der Astrologie** kam es erst in der **Wende zum 20. Jahrhundert.** Im **Zusammenhang mit der Psychologie** war es vor allem der Psychoanalytiker **C.G. Jung,** der durch seine Lehre von den **Archetypen** die **Analogien** zu den **Charakteren** der einzelnen 12 **Tierkreiszeichen** wieder lebendig werden ließ. Ebenso hielt der Psychoanalytiker **Fritz Riemann** (Grundformen der Angst) die Einbeziehung des Horoskops in der **Psychotherapie** für eine große Bereicherung.

Gleichzeitig wurden die von dem Amerikaner **Marc Edmund Jones** durch ein Medium gechannelten »**Sabischen Symbole**« populär. Sie ordnen jedem einzelnen Tierkreisgrad ein symbolisches Bild zu, welches es zu entschlüsseln gilt.

Die Liste vieler namhafter Astrologen lässt sich bis in die Gegenwart fortsetzen und nimmt ständig zu; ebenso wie die verschiedenen Richtungen der Astrologie, durch die immer mehr unterschiedliche Gesichtspunkte mit in die Deutung einbezogen werden können.

Viele andere Völker hatten außer ihren Ritualen und ihrem religiösen Brauchtum durchaus auch ihre eigenen astrologischen Entsprechungen und Symbole. So beispielsweise das bekannte **Horoskop der Chinesen** oder auch das weniger bekannte **Naturhoroskop der Indianer**. Ebenso ähneln die Götter der Kelten und auch die der Ägypter mit ihren Sagen und Geschichten sehr stark den Mythen der Griechen, die uns heutzutage noch am bekanntesten sind. Alle **Erlebnisse** dieser Götter und ihrer Handlungsgestalten spiegeln **innerseelische Prozesse** und den gesamten **Entwicklungsweg des Menschen** wider. Man kann diese Tatsache immer wieder neu durch die jeweilige Verteilung der verschiedenen Planetenprinzipien und deren Symbolik, im Horoskop eines Einzelnen sehr gut erkennen.

Ebenso weist das Wissen der Inkas, der Mayas, der Azteken und sogar das der Aborigines Parallelen zu fern- und nahöstlichen Kulturen auf. Doch auch unsere abendländischen Sagen, Legenden und Märchen haben zum Teil ähnliche Inhalte. Selbst das I Ging, die Runen, die Numerologie, die Kabbalistik und sogar das Tarot beziehen sich auf eine Sprache der Symbolik, die jener der Astrologie sehr ähnlich ist.

Man sieht, es geht immer nur um eines, denn wie heißt es doch so schön schon damals beim berühmten

Orakel von Delphi:

Erkenne dich selbst – und du erkennst Gott.

Leo ist nun rechtschaffen müde. So viel Neues tut sich für ihn auf, so unendlich vieles gibt es zu erkennen und zu bedenken. Er rekelt sich und schläft überaus glücklich ein. Nicht umsonst heißt es ja: »Da sollte man erst einmal drüber schlafen.« So viel sehr Spannendes durfte er erleben. Bestimmt träumt er von früheren, längst vergangenen Zeiten. Und bald wird er ja erfahren, was das alles für ihn bedeutet und wer er wirklich ist.

Entspannt lässt er die Bilder noch einmal Revue passieren und über ihm hält der Sternenhimmel die Wacht in dieser durchaus besonderen Nacht.

Sternenhimmel

Musst du auch des Tags der Sonne weichen,
bist mit nichts und niemand zu vergleichen –
wenn dann funkelt in der finstren Nacht
deine goldne tausendfache Pracht.

Weckst die Sehnsucht nach Unendlichkeit,
und es macht sich Wehmut breit.
Kennst du die Antwort auf so viele Fragen?
Vertraue nur auf des Schöpfers Weisheit –
scheinst du mir zu sagen.

Ziehen die Sterne friedlich ihre Bahn –
man diesem Zauber nicht entfliehen kann.
In diese Stille im Schutze der Nacht,
tauch ich ein, bis ein neuer Tag erwacht.

Und hab' ich mal Probleme – dann und wann,
schau ich den Sternenhimmel an.
Ich bin so klein und das Universum so groß –
das ist der Mikro- und der Makrokosmos.

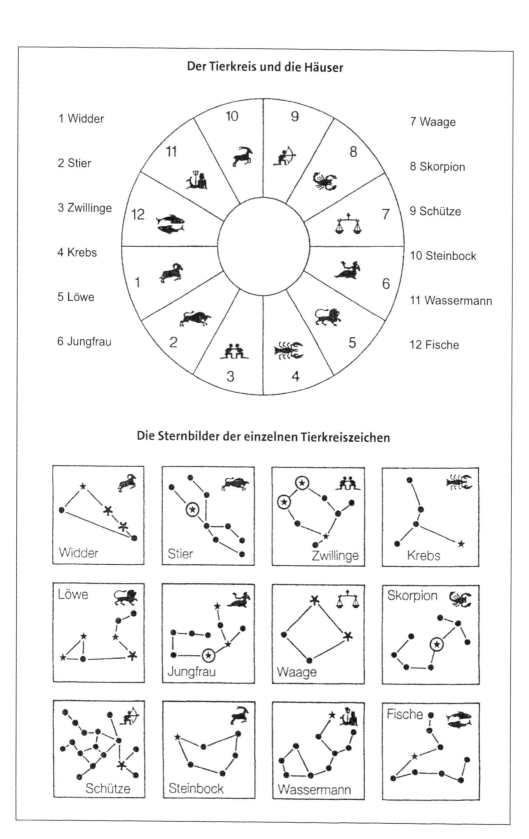

Der Tierkreis und die Häuser

1 Widder
2 Stier
3 Zwillinge
4 Krebs
5 Löwe
6 Jungfrau

7 Waage
8 Skorpion
9 Schütze
10 Steinbock
11 Wassermann
12 Fische

Die Sternbilder der einzelnen Tierkreiszeichen

Widder

Stier

Zwillinge

Krebs

Löwe

Jungfrau

Waage

Skorpion

Schütze

Steinbock

Wassermann

Fische

Welche Möglichkeiten bietet die Astrologie uns heute?

Leo putzt sich mit seinen großen Pranken ausgiebig das Gesicht, genauso, wie es unsere süßen kleinen Hauskätzchen auch machen würden. Aber er ist ja nun einmal unser persönliches »großes Krafttier« und sich seiner Würde voll bewusst, denn er hat so vieles zu bedenken, zu verarbeiten und mitzuteilen.

Die Astrologie ist als älteste Wissenschaft der Welt in der heutigen Zeit durchaus noch genauso aktuell wie vor 2000 oder mehr Jahren. Nun könnte man sich fragen, welchen praktischen Nutzen kann sie für uns denn gerade *heute* überhaupt noch haben?

Wie schon in der Einleitung erörtert, sind die Menschen in unserer gegenwärtigen, modernen und schnelllebigen Zeit mehr denn je auf der Suche nach ihren Wurzeln, ihrem Lebenssinn, ihrer Persönlichkeitsentwicklung sowie ihrer Selbstverwirklichung. Hier bietet die Astrologie einen guten, schnellen und ausgesprochen hilfreichen Ansatz zur eigenen Selbsterkenntnis und Weiterentwicklung an. Keinem Seefahrer wäre es jemals in den Sinn gekommen, sich ohne die gewohnte Orientierung nach den Sternen in weitgehend unbekanntes Gewässer zu begeben. Zumal die See ja bisweilen recht stürmisch oder sogar tobend sein kann.

Genauso oder ähnlich kann es auch im Leben sein, man weiß nie, was einen noch alles erwartet. Leider bedarf es bei vielen Menschen oft erst recht tiefer Sinnkrisen und vielleicht sogar mehr oder weniger schwerer Sorgen und Probleme, Depressionen oder sogar einem Burn-out, um sich auf die *Suche* zu begeben. Besonders nach Schicksalsschlägen aller Art fällt man oft in ein tiefes Loch und weiß einfach nicht mehr weiter. Vielleicht wird dann die Hilfe eines Psychologen oder Therapeuten in Anspruch genommen. Doch dies bedeutet manchmal einen sehr, sehr langen Weg der Ursachenforschung. Diese Feststellung haben vor langer Zeit auch schon viele, professionell in solchen Heilberufen Tätige, gemacht und die Astrologie mit in ihre Arbeit einbezogen, wie beispielsweise der schon erwähnte, damals sehr bekannte Psychologe C.G. Jung. Heutzutage ist dieses Thema wieder ganz besonders aktuell, weil die moderne Astrologie ja immer mehr auch auf psychologischen Zusammenhängen basiert und sie dadurch recht hilfreich in die Therapie oder in das Coaching mit integriert werden kann.

Vielleicht ist es aber auch nur die Neugier, etwas mehr über sich selbst, das eigene Umfeld und die Zusammenhänge der Welt oder des Kosmos zu erfahren. Die Tendenz, sich mit derartigen Themen zu beschäftigen, zeigt sich in dem großen Zulauf, dessen sich alle esoterischen, spirituellen und alternativen Praktiken zurzeit erfreuen. Hierzu gehört natürlich gleichfalls das zunehmende Interesse an der Astrologie. Auch die aktuelle Weltlage wirft immer wieder Fragen auf, welche die Menschen gerne beantwortet hätten.

Ansonsten suchen die Menschen jedoch zusätzlich sehr gerne eine Bestätigung dessen, was sie tief in ihrem Inneren sowieso schon spüren. Viele sind dann ganz erstaunt, wie deutlich so etwas im Horoskop zu erkennen ist. Wunder sind jedoch auch von der Astrologie nicht zu erwarten, sondern es bedarf nach der Erkenntnis seiner eigenen Ressourcen und individuellen Möglichkeiten stets der kontinuierlichen Arbeit an sich selbst und der Auseinandersetzung mit seinen Problemen. Der Lohn ist dann inneres Wachstum und ein glücklicheres, zufriedeneres Leben im Einklang mit der Umwelt!

Wer seine ersten Erfahrungen in der Begegnung mit astrologischen Aussagen gemacht hat, wird, wie gesagt, erstaunt und verwundert sein, wie richtig und spürbar zutreffend doch solche Erkenntnisse sein können. Er wird die Erläuterungen der Symbolik seines Geburtsbildes in seiner Person, in seinem Charakter und in seinem Leben nachempfinden und nachvollziehen können. Denn die Sprache der himmlischen Konstellationen enthält unser ureigenstes Energiemuster. Dieses gilt es zu entschlüsseln und sich seine Kenntnis nutzbar zu machen.

Ausgedrückt werden die astrologisch-himmlischen Gegebenheiten durch die Stellung der Planeten in den einzelnen Tierkreiszeichen und in den astrologischen Häusern sowie in den Aspekten der einzelnen Himmelskörper zueinander. Da in der Welt jedoch kein Stillstand herrscht, und die Planeten immer weiter wandern, kann man sie jederzeit in den Bezug zu seinem Geburtshoroskop setzen und so Entwicklungen zurückverfolgen oder künftig anstehende Themen erkennen.

Wenn man sich bei den folgenden Ausführungen einfach ein wenig weiter in die Materie vertieft, kann man sich bestimmt schon bald ein genaueres Bild über die wesentlichen Bestandteile der Astrologie machen. Vielleicht kann man sogar schon ein wenig versuchen, sein eigenes Geburtshoroskop selbst zu interpretieren. Anhand der gegebenen Erkenntnisse zu den einzelnen astrologischen Prinzipien sollte dies schon sehr bald möglich sein.

Natürlich braucht man hierzu eine sogenannte Radix-Zeichnung, die heutzutage relativ leicht auf jedem Computer, mit einem entsprechendes Horoskop-Programm, erstellt werden kann. Solche Programme für den privaten Gebrauch sind oft schon recht günstig zu erwerben. Natürlich gibt es auch im Internet immer wieder die Möglichkeit, eine derartige Radix-Horoskop-Zeichnung gratis zu erhalten.

Es müssen dann nur die Angaben über den Geburtstag, die Geburtszeit und den Geburtsort vorliegen. Falls notwendig, kann man sich nach der Zeit der Geburt beim zuständigen Standesamt seines Geburtsortes erkundigen. In jüngster Zeit wird die Uhrzeit der Geburt sehr genau festgehalten, während man früher gerne auf- oder abgerundet hat.

Ohne genaues Wissen der Geburtszeit gibt man 12 Uhr mittags ein. So erhält man den Stand der Gestirne in den einzelnen Tierkreiszeichen. Leider fehlt einem dann aber der Aszendent und damit die Einteilung der Häuser. Dadurch kann man bedauerlicherweise nicht sehen, in welchen Lebensgebieten die planetaren Kräfte zum Tragen kommen und wo sich die Dinge abspielen. Schade, denn gerade dies zu wissen, wäre doch wirklich sehr spannend und erstrebenswert gewesen.

Wenn die Horoskopzeichnung dann vorliegt, kann es gleich losgehen mit einem kurzen Überblick. Am Ende des Buches befindet sich nämlich ein kleines astrologisches Kurzprogramm, wo man die wichtigsten Dinge jederzeit schnell einmal nachschauen kann! Vielleicht gelingt es ja damit, bei vorliegender Horoskopzeichnung schon einmal einen kurzen Einblick in das eigene Geburtsbild zu gewinnen. Ein solcher Versuch ist sicher sehr lohnenswert! Später kann man in den weiteren Ausführungen stöbern, um die einzelnen Komponenten dann noch viel besser verstehen zu können. Aus verschiedenen Gesichtspunkten werden im Buch sämtliche astrologisch relevanten Themen genauer erläutert. Es spricht aber auch nichts dagegen, das Buch ganz normal von vorne an durchzulesen und bei bestimmten Konstellationen immer mal wieder nachzuschauen.

Leo ist zufrieden mit seinem Werk der Körperpflege und freut sich, dass die für ihn passende Geburtszeit vorliegt. Denn er will gerne alles ganz genau wissen. Ist er doch ein Kind unserer heutigen technologisierten Zeit.

Wer Leo kennt, wird sich sicher nicht darüber wundern, dass er es sich nicht hat nehmen lassen, schon einmal einen kurzen Blick in den Anhang mit dem Kurzprogramm zu werfen, um es mit seiner eigene Radix-Horoskopzeichnung zu vergleichen. Er legt das Blatt einfach neben das Buch und sucht sich Symbol für Symbol heraus, um seine Bedeutung nachzuschauen. Er findet das sehr spannend. Daher:

wünscht Leo allen Lesern viel Spaß bei den Erkenntnissen und beim Üben!

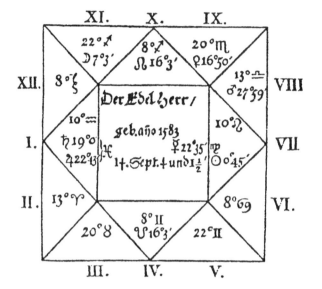

Horoſcopium geſtellet durch
Ioannem Kepplerum
1608.

So sah ein Horoskop
früher aus

Keplers Horoskop für
Wallenstein

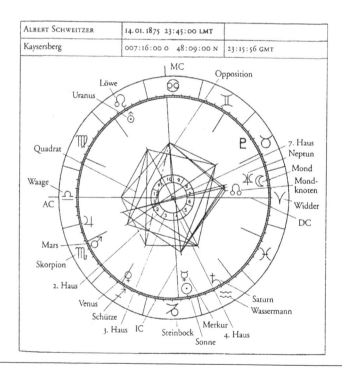

So sieht ein Horoskop
heute aus

Die Tierkreiszeichen

Es sind die Tierkreiszeichen –
die stellen im Leben die Weichen.
Nach den Sternbildern benannt –
sind sie uns allen gut bekannt.

Zeigen den Lauf der Sonne durch das Jahr –
entsprechen den Kräften der Natur fürwahr.
Ihre Schwingungen schlagen sich nieder –
finden sich in unserem Charakter wieder.

Archetypische Kräfte stellen sie dar –
wir ziehen sie an nach unserem Karma.
Sie lassen uns Menschen entdecken –
verborgene Talente, die in uns stecken.

Jedoch man darf nicht verkennen –
dass auch Probleme sie benennen.
Ein jeder reift erst durch Erfahrung –
das ist die göttliche Nahrung.

Wie die Planeten sind verteilt –
manches als Schicksal uns ereilt.
Aber alles verläuft nach einem klugen Plan –
nur was man sät, man auch ernten kann.

Die Tierkreiszeichen sind typisch eben –
wie wir uns geben in diesem Leben.
Ihre Symbolik zeigt uns an –
wie aussieht unser Lebensplan.

Man sieht, wie die Energien verteilt –
die stehen als Muster für uns bereit.
Natürlich sind sie auch sehr vernetzt –
was Vielschichtigkeit erkennen lässt.

So brauchen wir nur herauszufinden –
wovon unsere eigenen Muster künden.
Lernen, zu erkennen das echte Potenzial –
ist unsere Aufgabe deshalb allemal.

Urprinzipien, Archetypen und Analogien

Die Geburtstage im Zyklus der Jahreszeiten

Die allermeisten Menschen in unserer westlichen Welt kennen ihren Geburtstag und das dazugehörige Tierkreiszeichen sehr genau. Um die Charakteristik der einzelnen Tierkreiszeichen besser zu verstehen, kann man sich den Lauf der Sonne durch das Jahr ansehen. Anhand der entsprechenden Vorgänge in der Natur wird das typische Verhalten innerhalb der jeweiligen Zeichen nur allzu deutlich sichtbar und verständlich. **Man muss dabei jedoch beachten, dass das astrologische Jahr am 21. März mit dem Frühlingspunkt und dem Zeichen Widder beginnt.**

Dieser Jahreszyklus des Laufes der Sonne durch die einzelnen 12 Sternbilder kann auch als ein Aspekt zur Verdeutlichung der Ausdrucksweise der einzelnen Planeten angesehen werden, denn **jedes Tierkreiszeichen** hat ja einen ihm zugedachten und damit ihm **zugehörigen Planeten.** Dieser verkörpert die Inhalte des jeweiligen Zeichens durch seine Wirkungsweise und seinen Archetypus am allerbesten. Man nennt ihn auch den Herrscherplaneten dieses Zeichens. Es ist sehr interessant, später nachzuschauen, an welcher Stelle im Horoskop dieser Planet dann zu finden ist (siehe Herrschersystem).

Ferner kann zum besseren Verständnis der Inhalte von Zeichen und Planeten der Vergleich zu den Häusern 1–12 mit dazu genommen werden. Denn auch ihre Symbolik entspricht denen der einzelnen Zeichen und Planeten, bezieht sich jetzt aber auf die diversen 12 unterschiedlichen Lebensgebiete.

Hierbei ist jedoch zu beachten, dass der klassische Aspekt: Widder – Mars – Aszendent und 1. Haus in den seltensten Fällen genauso gegeben ist. Der Beginn (Aszendent) kann nach der Geburtszeit und dem Geburtsort in jedem beliebigen Zeichen sein. Doch gerade diese Verschiedenheit macht ja die besondere Individualität eines jedes einzelnen Horoskopes aus.

Egal, welches Zeichen jetzt vom Aszendenten und dem ersten Haus angeschnitten wird, es wirkt immer zusätzlich so ähnlich wie Widder und Mars. Wenn man dies beachtet, hat man schon einen gehörigen großen Schritt in das Reich der Astrologie getan und kann mit Recht sehr stolz auf sich sein.

Die verschiedenen Jahreszeiten Frühling, Sommer, Herbst und Winter können ferner zu den einzelnen Quadranten im Horoskop in Bezug gesetzt werden, auf sie wird aber noch gesondert eingegangen, ebenso auf die schon erwähnten einzelnen Lebensbereiche, die auch Häuser, Abschnitte oder Felder genannt werden.

Leo ist gespannt auf eine neue grundlegende Lektion. »Selbst wenn ich instinktmäßig schon so manches weiß, schadet es bestimmt nicht, dieses Wissen jetzt wieder einmal an die Oberfläche zu holen, um es genauer anschauen zu können«, überlegt er sich nachdenklich.

I. Quartal: Die Natur erwacht, es wird Frühling

(In der Astrologie werden Quartale auch Quadranten genannt.)

Widder **Mars** *21. März – 20. April*
Aufbruch der Natur, Durchsetzung des Lebenstriebes
Keimung, siehe jeweils erstes Haus eines Quadranten,
in diesem Fall: **der 1. Quadrant, der Körperquadrant.**

Stier **Venus des Morgens** *21. April – 20. Mai*
Verwurzelung und Abgrenzung des Angelegten,
Sicherung des Wachstums,
siehe zweites Haus eines jeden Quadranten.

Zwillinge **Merkur des Morgens** *21. Mai – 21. Juni*
Verzweigung und Blüte des Gewachsenen,
Befruchtung durch Kontakte, Vergleich mit der Bestäubung durch
Insekten, siehe drittes Haus eines jeden Quadranten.

II. Quartal: Der Sommer hält Einzug, die Natur zeigt sich in voller Pracht

Krebs **Mond** *22. Juni – 22. Juli*
Bildung der Frucht (Keimung 2. Quadrant)
Eine schützende und nährende Schicht bildet sich und die Frucht
wächst heran, **ein neuer Quadrant, nämlich jener der Gefühle und
der Seele, beginnt.**

Löwe **Sonne** *23. Juli – 23. August*
**Heranreifung der Frucht durch prunkvolle Fülle
(Sicherung 2. Quadrant),**
ebensolche Sicherung und Sicherheit im Bezug auf sich selbst.

Jungfrau **Merkur des Abends** *24. August – 23. September*
Nutzung durch die Ernte der Frucht (Verteilung 3. Quadrant),
dabei sorgfältige Analyse, Prüfung, Planung und Durchführung.

III. Quartal: Die Tage und Nächte gleichen sich an, der Herbst beginnt

Waage *Venus des Abends* *24. September – 23. Oktober*
Begegnungen, um die Früchte der Arbeit gemeinsam zu genießen,
Zeit, sich schönen Dingen zuzuwenden, **ein dritter Quadrant, der
des Geistes beginnt, gleichzeitig damit der erste Quadrant des
anderen. (Keimung)**

Skorpion *Pluto* *24. Oktober – 22. November*
**Die Tage werden kürzer, die Pflanzen bereiten ihren Winterschlaf
vor.** Es zeigt sich das Stirb- und Werdeprinzip in der Natur.
**(Sicherung) des Angelegten im Bezug auf die Ernte und geistige
Belange.**

Schütze *Jupiter* *23. November – 21. Dezember*
Der Blick wird wieder nach oben gerichtet.
Es wird nach der Ordnung gesucht, die hinter den Dingen steht und
allem einen Sinn gibt.
**(Verteilung) des Gedankenguts der eigenen Erkenntnisse an
andere.**

IV. Quartal: Es ist Winter, aber die Tage werden schon wieder länger

Steinbock *Saturn* *22. Dezember – 20. Januar*
**In der kalten Jahreszeit bedarf es der Strenge und der Disziplin,
um zu überleben.**
Der Einzelne muss sich den Regeln der Gemeinschaft unterordnen.
**(Keimung) der überpersönliche vierte Quadrant beginnt, und
gleichzeitig der zweite seelische Quadrant des Anderen.**

Wassermann *Uranus* *21. Januar – 19. Februar*
Aufbruchstimmung
Das Eis fängt an zu brechen, Neues wird erprobt und der Winter
vertrieben, Feste werden gefeiert, siehe die Narren im Karneval.
(Sicherung) nun gilt es, die neu gewonnene Freiheit abzusichern.

Fische *Neptun* *20. Februar – 20. März*
Der Schnee schmilzt endgültig, eventuell gibt es sogar Hochwasser,
aber der Beginn eines neuen Zyklus ist gewiss.
**(Verteilung) der Durchbruch neuer Pflanzen, auch unter schwierigsten Bedingungen, ist möglich und kündigt sich zaghaft an.
Das Wunder des Lebens breitet sich langsam erneut aus.**

Zum besseren Verständnis gibt es im Anschluss diverse Tabellen, die helfen sollen,
das Gelernte noch besser zu verstehen und zu festigen.

Die 3 Dekaden

Die 12 Tierkreiszeichen nehmen in einem Kreis von 360 Grad jeweils 30 Grad ein. Zur differenzierten Beurteilung der einzelnen Zeichen wurden sie zusätzlich in 3 verschiedene Dekaden zu jeweils 10 Grad unterteilt. Es macht also einen Unterschied, ob man in der I. Dekade, in der II. Dekade oder in der III. Dekade eines Zeichens geboren ist.

Besonders früher wurde sehr häufig damit gearbeitet. Später geriet es dann etwas in Vergessenheit. Heute jedoch findet man diese Einteilung sogar in verschiedenen Zeitungshoroskopen durchaus wieder.

Zeichen	I. Dekade	II. Dekade	III. Dekade
Widder	21.03. – 31.03.	01.04. – 10.04.	11.04. – 20.04.
Stier	21.04. – 30.04.	01.05. – 10.05.	11.05. – 20.05.
Zwillinge	21.05. – 31.05.	01.06. – 11.06.	12.06. – 21.06.
Krebs	22.06. – 01.07.	02.07. – 12.07.	13.07. – 22.07.
Löwe	23.07. – 02.08.	03.08. – 12.08.	13.08. – 23.08.
Jungfrau	24.08. – 02.09.	03.09. – 12.09.	13.09. – 23.09.
Waage	24.09. – 03.10.	04.10. – 13.10.	14.10. – 23.10.
Skorpion	24.10. – 02.11.	03.11. – 12.11.	13.11. – 22.11.
Schütze	23.11. – 02.12.	03.12. – 12.12.	13.12. – 21.12.
Steinbock	22.12. – 31.12.	01.01. – 10.01.	11.01. – 20.01.
Wassermann	21.01. – 30.01.	31.01. – 09.02.	10.02. – 19.02.
Fische	20.02. – 01.03.	02.03. – 10.03.	11.03. – 20.03.

Leider werden die Daten teilweise etwas unterschiedlich wiedergegeben.
Die Dekaden bekommen durch die jeweiligen Herrscherplaneten der Zeichen des gleichen Elementes eine zusätzliche Färbung. Beispielsweise wäre das beim Widder in der I. Dekade vom Zeichen und vom Feuerelement her gesehen der Mars. In der II. Dekade käme der Löwe als zweites Feuerzeichen zum Tragen und damit die Sonne. In der III. Dekade wäre vom Zeichen her gesehen der Schütze und damit der Planet Jupiter mit von der Partie.

Beim Wassermann wäre es in der I. Dekade der Wassermann selbst und damit der Planet Uranus. In der II. Dekade von den Zwillingen her gesehen der Planet Merkur und in der III. Dekade durch die Waage die Venus.

Leo blinzelt zufrieden in die Sonne. »Wenn man es so betrachtet, ist es ja eigentlich gar nicht so schwer, sondern ganz natürlich und dadurch sogar sehr leicht zu begreifen«, meint er und reckt sich erst einmal ausgiebig, bevor er sich zu neuen Taten aufmacht.

Der Zodiak oder Tierkreis

Der Tierkreis wurde früher auch als Zodiak bezeichnet. Es sind dies die 12 Sternbilder, welche die Sonne im Laufe eines Jahres durchquert. Das griechische Wort *Zodiakus* bedeutet eigentlich *»beseeltes Wesen«*. Dabei ist zu beachten, dass sich nicht die Sonne bewegt, sondern die Erde in einer Umlaufbahn um die Sonne kreist. Die Sonne wiederum steht jedoch nicht ganz still, sondern sie bewegt sich mit ihrem ganzen Sonnensystem, einschließlich der Planeten, unserer Erde und anderen Sonnensystemen um unsere Galaxie, die Milchstraße. Von solchen Galaxien wiederum gibt es unendlich viele, die meist spiralförmig sind, aber auch andere Formen haben können. Es gibt also noch viel zu erforschen in unserem Universum.

Denkt man sich dieses Tierkreisband jetzt um die Erde, spricht man von der sogenannten **Ekliptik.** Dabei handelt es sich um die **scheinbare Laufbahn** der Sonne und aller Planeten um die Erde. Durch die Schräglage der Erde ergibt sich eine sogenannte Ekliptikschiefe. Diese beträgt 23,5 Grad zur Äquatorlinie, wobei der Erdäquator, mit dem Himmelsäquator als identisch anzusehen ist.

Man geht dabei von dem beobachtbaren Himmelsglobus aus. Bei dieser Darstellung sind jedoch die Himmelsrichtungen spiegelbildlich zu sehen. Anders als bei unserem Horoskop, welches immer mit dem Aszendenten im Osten beginnt. Siehe Frühlingspunkt gleich Widder-Aszendent. Gegebenenfalls kann man dies alles sehr gut im Internet recherchieren und sich Erklärungen und Filme dazu ansehen.

Die Umkehrung der Himmelsrichtungen ergibt sich durch unsere Betrachtungsweise von der Erde aus. Um die Erdkugel herum wird nämlich der Himmelsglobus projiziert, um Sternkarten erstellen zu können. Zur exakten Lokalisierung der Sterne werden die Koordinaten der Erde, wie Nord- und Südpol, auf das Himmelsgewölbe übertragen. Dabei ergibt sich ein **Spiegeleffekt,** weil wir bei der Betrachtung des Himmels der Erde ja den Rücken zuwenden. So, wie ein Spiegel nur reflektiert – das heißt, die linke Seite des Betrachters wird im Spiegelbild rechts wiedergegeben. Der jeweilige Nord- und Südpol erscheint uns also umgekehrt.

Wir können uns hierbei schon gut an die Begriffe **»Projektion«** und **»Spiegelung«** gewöhnen, die noch sehr wichtig für uns sein werden und oft etwas schwer zu verstehen sind.

Wie gesagt, die Sonne durchläuft systematisch innerhalb einer bestimmten Zeit die verschiedenen Sternbilder, bis sie wieder an ihren Ausgangspunkt zurückkehrt. Dies haben, wie bereits erwähnt, die klugen Köpfe unsere Vorfahren auch schon bemerkt und sich zunutze gemacht. Zugleich beobachteten sie natürlich ebenso den Mond, und auch hier fanden sie einen immer **wiederkehrenden,** jedoch erheblich kürzeren **Zyklus.**

Entsprechend der Jahreszeit bekamen die Sternbilder ihre Namen. Ebenso wurden sie nach Tieren benannt. Und hier sind wir wieder bei den Tierkreiszeichen und der Ekliptik. Die Qualität der Zeit wurde in ihren Eigenschaften auf das jeweilige Stern-bild und damit auf das entsprechende Tierkreiszeichen mit seinem dazugehörigen Planeten übertragen. Damit hat sich der Kreis geschlossen, die Deutung der Him-melsphänomene konnte beginnen und sich immer mehr präzisieren.

Es gibt natürlich noch sehr viele andere Sternbilder. Und die heutigen Tierkreisstern-bilder stimmen auch mit dem tatsächlichen Stand der Sonne nicht mehr hundertpro-zentig überein. Aber wir wissen ja, in der Astrologie gilt die Sprache der Symbolik, und diese bleibt unverändert erhalten. Genauer wird darauf bei der Besprechung des Frühlingspunktes eingegangen.

Es gilt jedoch immer wieder zu bedenken, dass es ja die Erde ist, die sich um die Sonne dreht und dabei den Fixsternhimmel passiert, und dass der Mond sich wiede-rum um die Erde bewegt. Dadurch ist es natürlich verständlich, dass diesen beiden größten Lichtern, die einmal den Tag und einmal die Nacht beherrschen, eine sehr große Bedeutung zugemessen wird. Genauso ist es, wie schon erwähnt, auch in unse-rem Horoskop der Fall. Hinzu kommt die Entdeckung der großen Wandelsterne, der Planeten. Je näher diese der Erde sind, desto persönlicher wirken sie in unserem Horoskop und damit in unserem Leben. Wir sprechen hier von Merkur und Venus.

Mars, Jupiter und Saturn sind die letzten von der Erde sichtbaren Planeten, sie haben eine längere Umlaufbahn. Daher wirken sie sich besonders in unserem gesell-schaftlichen Leben und dessen Themen aus.

Die transsaturnischen Planeten Uranus, Neptun und Pluto wurden erst später mit neueren Fernrohren entdeckt und haben sehr lange Umlaufbahnen. Ihre Attribute können sich daher für ganze Generationen bemerkbar machen. Sie haben außerdem Mars, Jupiter und Saturn von ihrer Zuständigkeit für zwei Tierkreiszeichen befreit, während Venus und Merkur diese zur Zeit immer noch haben. Doch auch darauf werden wir später noch genauer eingehen.

Die Eigenschaften der einzelnen Tierkreiszeichen und Planeten

Zu den einzelnen Tierkreiszeichen gehören Planeten, die jeweils ähnlich wirken

1. Widder Mars	energisch, tatkräftig, kämpferisch, streitbar, aggressiv, schnell, mutig, bestimmend, fordernd, sportlich, nicht ausdauernd
2. Stier Venus	körperbezogen, sinnlich, sichernd, abgrenzend, genussvoll, werte- und besitzorientiert, Tradition bewahrend, träge, stur
3. Zwillinge Merkur	beweglich, kommunikativ, austauschend, interessiert, vielseitig, agil, geschickt, turnerisch und tänzerisch begabt, oberflächlich
4. Krebs Mond	gefühlsbetont, versorgend, mitfühlend, empfindsam, zärtlich, innig, einfühlsam, liebevoll, bemutternd, launisch, labil
5. Löwe Sonne	vital, stolz, unternehmensfreudig, kreativ, selbstständig, verwirklichend, handelnd, souverän, überlegen, arrogant, eitel
6. Jungfrau Merkur	nutzend, ökonomisch, angepasst, dienlich, reinlich, sauber, hygienisch, analytisch, ordentlich, vernünftig, genau, pedantisch
7. Waage Venus	ausgleichend, harmonisierend, verbindend, diplomatisch, friedliebend, gerecht, ästhetisch, künstlerisch begabt, schön, vorsichtig, zaghaft, unentschlossen
8. Skorpion Pluto	tiefgründig, leidenschaftlich, vorstellungs- u. erfahrungsorientiert, fixiert, zwingend, planend, forschend, magisch, kontrolliert, macht- und druckvoll, anziehend, tabulos, fremdbestimmt, opferbereit, wandlungsfähig, zwanghaft
9. Schütze Jupiter	begeisterungsfähig, großzügig, optimistisch, tolerant, edel, expansiv, jovial, verstandesorientiert, religiös, reisefreudig, abenteuerlustig, missionierend, überheblich, einnehmend
10. Steinbock Saturn	verantwortungsvoll, leistungs- und anerkennungsorientiert, ordnend, strukturierend, konzentriert, ausdauernd, treu, weise, diszipliniert, konkurrenzorientiert, autoritär, zäh, starr
11. Wassermann Uranus	freiheitlich, gleichberechtigt, brüderlich, inspiriert, originell, zuversichtlich, technisch begabt, freundschaftlich, nervös, erfinderisch, sprunghaft, distanziert, gestresst, hektisch
12. Fische Neptun	intuitiv, sensibel, fantasievoll, hilfsbereit, selbstlos, mitfühlend, musikalisch und künstlerisch begabt, illusionär, träumerisch, ängstlich, heimlich tuend, enttäuscht, suchtgefährdet, hilflos

Die Symbole der Tierkreiszeichen

♈	**Widder**	Von einer zentralen Energiequelle ausgehendes Prinzip, das zur Entfaltung drängt. Ich-Durchsetzung.
♉	**Stier**	Lebenskreis schöpferischer Kraft, auf dem dominierend die geöffnete Schale des aufnehmenden, weiblichen Prinzips ruht. Stoffliche Aufnahme.
♊	**Zwillinge**	Zwei vertikale männliche Runen, die doppelte Persönlichkeit. Verbunden mit zwei weiblichen Schalen, die aufnehmend und abgebend sind, somit ist der Zwilling neutral.
♋	**Krebs**	Zwei Kreise der schöpferischen solaren Kraft. Umschlossen von zwei Schalen des weiblichen lunaren Prinzips. Die Mondschalen reflektieren das Licht nach innen, seelische Kräfte.
♌	**Löwe**	Rechtsläufiger Kreis als schöpferisch sonnenhaftes Prinzip mit kuppelhaftem Hauptteil als stolze Krönung. Der abschließende Rechtszug ist ein Symbol für Ausstrahlung.
♍	**Jungfrau**	Drei männliche Runen und drei nach unten gekehrte abgebende weibliche Schalen. Der Bogen der letzten Vertikalen stößt nach links in die Erde. Materielles und geistiges Gut wird gespeichert.
♎	**Waage**	Zwei horizontale Linien zeigen den gemeinsamen Weg. Mit dem Du der weiblich abgebenden Schale über dem Zenit. Spiegelung durch das Du.
♏	**Skorpion**	Drei vertikale männliche Runen und drei nach unten gekehrte weibliche Mondschalen. Der aus der vierten nach oben gerichteten Schale aufsteigende Impulspfeil versinnbildlicht das Durchbrechen seelischer Energien in die äußere Welt.
♐	**Schütze**	Das Schütze Signum zeigt den aufwärtsstrebenden Impulspfeil mit querliegendem Balken. Dieses materielle Kreuz hält den Pfeil auf dem Boden der Realität.
♑	**Steinbock**	Horizontale Linie des Machtprinzips, der sich eine schrägliegende dynamische Rune des Kardinalzeichens anschließt. Diese verbindet sich mit dem schöpferischen Lebenskreis der Sonne auf der Erde, der durch eine abgebende Schale nach links ins Erdreich hinunter vollendet wird.
♒	**Wassermann**	Zwei horizontale Wellenlinien, als Symbol des extrovertierten zukunftsausgerichteten Prinzips. Die Sinuskurven signifizieren Phasen der Verwandlung.
♓	**Fische**	Zwei gegeneinander gestellte Halbmonde, die zunehmende und die abnehmende Mondsichel. Sie symbolisieren seelische Inhalte und sind verbunden durch die horizontale Karmakette, die auch die Spanne zwischen Diesseits und Jenseits symbolisiert.

Humor im Zodiak

Humor darf natürlich selbst in der Astrologie nicht fehlen. Und das ist gut so, denn wo kämen wir hin, wenn wir bei so einer ernsthaften Sache immer nur total ernst bleiben würden. Karikatur ist außerdem etwas, das gerade durch seine Übertreibungen den inneren Kern einer Sache sehr gut erkennen lässt und durch den entsprechenden Witz vielen besser haften bleiben kann.

Deshalb möchte ich es in keinem Fall versäumen, auf die Darstellung der Vertreter der einzelnen Tierkreiszeichen aus dem Buch »Das senkrechte Weltbild« von Ruediger Dahlke und Nicolaus Klein hinzuweisen. Es ist einfach köstlich und in seiner feinen Symbolik fachmännisch fundiert. Hier möchte ich nur die Namen der einzelnen Tierkreistypen in einem kleinen Satz kundtun. Diese Namen sind entsprechend der Polarität des jeweiligen Zeichens männlich oder weiblich. Jeder kann dann seiner eigenen Fantasie freien Lauf lassen – und sich ausmalen, wie die genannten Personen sich wohl weiter verhalten würden. In dem Buch sind weitere Auslebensformen der himmlischen Boten auf den verschiedensten Lebensgebieten angesprochen, von der bevorzugten Automarke für jedes Sternzeichen bis zu seiner jeweiligen Wellnessvorliebe oder Ähnliches.

Leo kann sich schon jetzt vor Lachen kaum halten, voll freudiger Erwartung wälzt er sich im Staub und stößt dabei Laute aus, die an einen krampfhaft verhinderten Lachanfall erinnern. Ähnlich wie Fritz Ungestüm, der Widder, steht er in den Startlöchern. Erst bei Bertha Sinnlich, der Stierfrau, beruhigt er sich langsam wieder und lässt sich ganz genüsslich die Beschreibung der weiteren Tierkreiszeichen vorführen.

Widder	– **Fritz Ungestüm** ist durch nichts zu bremsen
Stier	– **Bertha Sinnlich** ist ein wahrer Genussmensch
Zwillinge	– **Peter Luftig** ist ein Tausendsassa
Krebs	– **Mutti Maria** schwelgt in ihren Gefühlen
Löwe	– **Markus Sonnenschein** hat alles fest im Griff
Jungfrau	– **Gertrud Sorg** nimmt alles ganz genau
Waage	– **Justus Le Beau** ist ein wahrer Ästhet
Skorpion	– **Demia Engel-Diaboli** hat enormen Tiefgang
Schütze	– **Waldemar Jovial** gibt sich sehr großzügig
Steinbock	– **Prof. Dr. Ulrike Karg** ist eine strenge Karrierefrau
Wassermann	– **August Hoppspring** ist ein echter Lebenskünstler
Fische	– **Undine Schleier** zieht sich gerne zurück

Leos Fantasie ist angeregt und er macht sich unbemerkt davon. Ob er wohl heimlich einen Streich ausheckt? Vielleicht könnte er ja »jemandem« die Glückskekse vertauschen? Oder er macht gerade wie der Blitz schnell noch einen Witz!

Selbst die oft augenzwinkernd vorgelesenen Sprüche auf den kleinen weißen Zuckerstückchen, die einem manchmal dezent in die Hände fallen, haben ein kleines bisschen Wahrheit verpackt. Deshalb wollen wir den Würfel Zucker ungehindert genießen. Denn auf eine solche Art und Weise kann die Astrologie einmal ganz spielerisch verbreitet werden, und es stellt sich vielleicht Hunger auf mehr ein. Nämlich sein eigenes Sternzeichen kennt ja heutzutage schon fast jeder, und viele sind auf der Suche nach Sinn und Selbsterkenntnis in ihrem Leben. Dabei spürt so mancher instinktiv, dass es die Massenaussagen in so manchen Zeitungs- und Zeitschriftenhoroskopen allein nicht sein können.

Doch wie kommt man an individuelle Informationen heran? Wie bei allem anderen kann man sich im Internet sehr gut informieren und »googeln« lohnt sich fast immer. Meistens sind jedoch, wie bereits erwähnt, intensive Krisen erforderlich, um sich wirklich auf die Suche zu begeben und Hilfe in Anspruch zu nehmen. Auf der anderen Seite findet die Astrologie bei allen möglichen Beratungsstellen und ähnlichen Einrichtungen immer mehr Zugang und wird als wertvolle Hilfe empfunden. Und speziell jetzt im Wassermannzeitalter hat sie eine gute Chance, als Lebenshilfe sowohl privat als auch beruflich und wirtschaftlich wiederentdeckt zu werden, um in größerem Rahmen genutzt werden zu können. So weit der kleine Ausflug über den Humor im Zodiak in die Landschaft der Astrologie.

Leo meint, bei der Gelegenheit können wir ja gleich klären, was es denn vor dem Wassermannzeitalter für Zeiten gegeben hat. Dann fängt er an zu erzählen:
- *»Soweit ich mich erinnern kann, beginnt es mit dem Zwillingszeitalter, als die Menschen noch Nomaden waren.*
- *Dem folgt das Stierzeitalter mit der Sesshaftwerdung unserer Vorfahren.*
- *Danach beginnt des Widderzeitalter mit den Eroberungsfeldzügen der Römer.*
- *Es folgt das uns noch sehr präsente und bekannte Fischezeitalter, das mit der Geburt Jesu begann und der Ausbreitung des Christentums.*
- *Jetzt befinden wir uns im Wassermannzeitalter mit seinen enormen Fortschritten in der Technik.*

Wobei jedoch zu bedenken ist, dass die Übergänge immer fließend sind.«

Zentrale Lernaufgaben

Es liegt mir ein Arbeitsblatt vor, auf dem die zentralen Lernaufgaben der einzelnen Zeichen angegeben sind. Quelle ist wiederum das Buch »Das Senkrechte Weltbild« wie bei den vorherigen Karikaturen der Tierkreiszeichen.

Leo hat sich inzwischen beruhigt und ist wieder bereit, ein gelehriger Schüler zu sein. Gespannt wartet er darauf, was wohl die Löwen lernen sollen.

Widder	**Lerne Geduld und bewusstes Handeln** Kein Zorn
Stier	**Lerne Beweglichkeit und wo dein Platz in der Welt ist** Keine Gier
Zwillinge	**Lerne Beeindruckbarkeit und Synthese** Keine Oberflächlichkeit
Krebs	**Lerne Selbstständigkeit und Auftreten** Kein Selbstmitleid
Löwe	**Lerne zu differenzieren und echte Autorität** Keine Überheblichkeit
Jungfrau	**Lerne zu vertrauen** Keine Skepsis
Waage	**Lerne, dich zu entscheiden** Keine Unaufrichtigkeit
Skorpion	**Lerne, Abschied zu nehmen** Keine Rache
Schütze	**Lerne, dich zu stellen** Keine Arroganz
Steinbock	**Lerne, auch andere zu verstehen** Keine Verallgemeinerung
Wassermann	**Lerne, dabei zu bleiben** Keine Unruhe
Fische	**Lerne, einsam zu sein** Keine Illusionen

Na ja, Autorität hat er schon von Natur aus, aber was soll er differenzieren? Da muss er erst noch einmal ernsthaft drüber nachdenken.
Und seinen Stolz lässt er sich nicht nehmen ... »Ja, ja, eben nur nicht übertreiben ..., Leo.«

Die Planeten

Im Bannkreis der Planeten –
sind wir in unser Leben getreten.
Symbolisch zeigen sie uns an –
was aus uns noch werden kann.

Sie halten ihre Energien uns bereit –
begleiten uns durch unsere Zeit.
Durch sie können wir lernen –
für die Gesetze des Kosmos uns
zu erwärmen.

Können nutzen so ihre Kraft –
was Freude uns im Leben verschafft.
Brauchen nicht zu leben die Norm –
erreichen vielleicht schon die
erwachsene Form.

Doch zuerst müssen wir erkennen –
dass zwei Seiten sie ihr eigen nennen.
Unterliegen der Polarität auch sie –
die Mitte zu finden, ist lohnende Müh'.

Es heißt, den Schatten zu integrieren –
um die Wirklichkeit nicht zu verlieren.
Erwecken so unser Sehnen und Streben –
ein sinnerfülltes Leben uns zu geben.

So können wir dann genau ausloten –
was künden ihre kosmischen Boten.
Und lernen dann einzig und allein –
sich selber wirklich zu sein.

Sie zeigen uns unser Lebensskript –
was den Mut zur Verwirklichung gibt.

Die Planeten wurden entsprechend ihrer Eigenschaften bestimmten Tierkreiszeichen zugeschrieben.

Der Mars wegen seiner **roten Farbe, dem Feurigen** und **dem Kämpferischen** In der Mythologie entspricht er dem Kriegsgott **Ares**	**dem Widder**
Die Venus wegen ihrer **Helligkeit und Schönheit** als **Morgenstern**	**der Waage**
und **als Abendstern** für den Ausdruck der **Genussfreude**	**dem Stier**
Mythologisch wird sie durch die Liebesgöttin **Aphrodite** verkörpert	
Der Merkur, weil er so **klein, wendig und klug** ist als **Morgenstern**	**den Zwillingen**
und **als Abendstern** für den **Ausdruck der Vernunft** Versinnbildlicht wird er durch den Götterboten **Hermes/ Merkur**	**der Jungfrau**

Leo brüllt bestätigend, denn jetzt kommt er, der Löwe!!!

Die Sonne als **Königin der Gestirne** **Helios** und **Apollon** verkörpern **als Lichtbringer** dieses Prinzip	**dem Löwen**
Der Mond als **Reflektor des Sonnenlichtes** Er steht für die **Veränderlichkeit** und die **Welt der Gefühle** Dargestellt durch die **Selene** und andere **Mondgöttinnen**	**dem Krebs**
Der Jupiter wegen seiner **Größe** als Zeichen der **Expansion** **Zeus**, als **größter Gott** des Olymp, ist sein Ahnherr	**dem Schützen**
Der Saturn wegen seiner **begrenzenden Ringe** und als **letzter** der mit dem bloßen Auge **sichtbarer Planeten** **Kronos/Saturn**, der **Herr der Zeit** verbirgt sich hinter ihm	**dem Steinbock**
Der Uranus wegen seiner **exzentrischen** Bahn Wurde 1781 im Vorfeld der französischen **Revolution** entdeckt und steht für deren Ideale sowie für die zunehmende Technisierung Der **schöpferische Urvater** und Himmelsgott **Uranos** stand hier Pate	**dem Wassermann**

Der Neptun, weil er so **schwer zu erkennen und zu erfassen** ist	den Fischen

Entdeckung 1846, Fortschritte im **sozialen und medizinischen Bereich**

Poseidon/Neptun der Gott des **unergründlichen** Meeres gibt sich die Ehre

Der Pluto als am **weitesten entfernter** Planet	dem Skorpion

Er wurde 1930 entdeckt und hatte starke **kollektive** Auswirkungen auf die Massen des Volkes vor und während des 2. Weltkrieges
Außerdem erfolgte die Forcierung der Atomforschung.

Es ist **Hades/Pluto,** der Gott der Unterwelt, dem man am liebsten aus dem Wege geht

Diese Zuordnungen erscheinen manchmal willkürlich, haben aber einen erstaunlichen symbolischen Wert. So wird es immer wieder klar, dass hinter jedem Zufall eine höhere Absicht zu stecken scheint. (Zufall = vom Schicksal zugefallen).

Bei den zuletzt entdeckten transsaturnischen Planeten ist dies tatsächlich besonders auffallend. Denn die Planeten bekamen ihre Namen nicht nach wohlmeinenden astrologischen Überlegungen, sondern nach ganz allgemeinen Anschauungen. So heißt es beispielsweise bei Pluto, er sei auf Befragen der kleinen Tochter seines Entdeckers nach Pluto, dem Hund der Micky Maus benannt worden. Es ist faszinierend, wie gerade diese drei zuletzt entdeckten Planeten mit der Zeit ihrer Entdeckung in Zusammenhang gebracht werden können. Außerdem sind sie als echte Langsamläufer für die Konflikte der jeweiligen Generationen zuständig.

Leo ist sich seiner Würde voll bewusst, er bewegt sich majestätisch, geschmeidig und erhaben im Raum. Er strahlt ganz einfach »tierisch« viel Souveränität und Ruhe aus. Manchmal kann er natürlich auch ein Pascha sein. Die Zusammenhänge mit den griechischen Göttern bei den Tierkreiszeichen und den Planeten findet er supertoll. Stundenlang könnte er noch die vielen interessanten mythologischen Geschichten hören. Doch dazu kommen wir etwas später.

Jetzt ist er erst einmal total davon ergriffen, dass die heutigen Wochentage ja immer noch an die ersten sieben Planeten erinnern. Siehe spätere Aufstellung.

Die Symbole der Planeten

♂	**Mars**	Lebenskreis mit schrägliegender Pfeilspitze, was der aktiven Umsetzung solarer Energie entspricht. Männliches Symbol
♀	**Venus**	Kreis des in sich geschlossenen geistigen Prinzips, auf dem Kreuz des Körpers und der Materie Weibliches Symbol
☿	**Merkur**	Kreis des geistigen Prinzips, auf dem sich die Schale des lunaren empfangenden Prinzips befindet, verbunden mit dem Kreuz der Materie. Vermittler zwischen den Welten
☽	**Mond**	Die Mondsichel aus zwei Halbkreisen symbolisiert Empfangen und Abstrahlen, das reflektierende Prinzip der Psyche, ähnlich der Reflektion des Sonnenlichtes durch den Mond
☉	**Sonne**	Kreis als Symbol der Unendlichkeit mit dem Punkt in der Mitte, der den göttlichen Impuls beinhaltet - oder auch Zentrum der Persönlichkeit mit dem Ich-Bewußtsein
♃	**Jupiter**	Auf dem materiellen Kreuz der Elemente nach links geöffnete geistige Schale als Sinnbild für Sinnsuche und in Bezug des zunehmenden Mondes für Fülle und Expansion
♄	**Saturn**	Kreuz, welches das Physische, Stoffliche, Körperhafte und die vier Elemente darstellt, sowie den mondigen Halbkreis der Seele. Das Kreuz der Materie lastet auf der Seele, gibt ihr aber auch Stabilität
♅	**Uranus**	Durch den Impulspfeil gesprengtes Sonnensymbol, der senkrechte Pfeil weist auf das Geistige, Transzendente. Intuitiver Urgrund im Wesen des Menschen. Höhere Oktave des Merkur
♆	**Neptun**	Zwei nach außen gestellte Mondsicheln, die durch eine Horizontale verbunden sind und auf einem verlängerten Mittelkreuz stehen, ein doppelseitiger Jupiter. Höhere Oktave der Venus
♇	**Pluto**	Im Lebenskreis liegende Mondsichel, Barke der Isis, als Verschmelzung der beiden Urpole. Geist und Seele im Zustand immerwährenden Seins. Höhere Oktave des Mars

Die Planeten

Man ist sich noch nicht genau darüber im Klaren, ob die Planeten selbst einen direkten Einfluss auf unser Geschick und das Geschehen auf der Erde ausüben oder nicht. Genau wie bei der Wellen- und Teilchentheorie ergibt sich zum Schluss trotz allem immer ein ähnliches Ergebnis, ebenso wie bei »sowohl als auch«.

Fest steht nur, dass wir bei unserem ersten Atemzug die vorhandene Zeitqualität emotional in alle unsere Zellen aufnehmen. Sie beeinflusst daher nicht nur unser »Sein« als solches, sondern auch unser »So-Sein«. Es wird darüber hinaus immer deutlicher, dass alles in unserem Universum auf bestimmten Schwingungen, Frequenzen und Magnetismus basiert. Daher können wir in der Zukunft sicher noch sehr interessante Ergebnisse über diese Dinge aus der Forschung erwarten.

Bei der symbolischen Interpretationsmethode in der Astrologie wirken die Planeten eher wie ein Mess- oder Anzeigeinstrument. Sie zeigen uns nämlich nur die archetypischen Urkräfte an, welche durch sie symbolisiert werden. Es ist ähnlich wie bei einem Thermometer, dieses zeigt uns auch nur die Temperatur an, ist dagegen die Wärme oder die Kälte nicht selbst und es erzeugt sie auch nicht. Die so angezeigten archetypischen Planetenkräfte präsentieren sich daher deutlich spürbar in unserem Verhalten und in unserem Charakter. Der Umgang mit diesen, durch die Himmelskörper ausgedrückten Anlagen und Fähigkeiten ist für uns von sehr großer Bedeutung und Wichtigkeit, wie wir später noch sehen werden.

Außer den schon genannten Prinzipien geben die planetaren Konstellationen aber noch über ganz andere Dinge Aufschluss: So beispielsweise über unser inneres Partnersuchbild, unsere Erziehung, die Beziehung zu unseren Eltern oder unser eigenes Elternsein. Hier könnten besonders psychotherapeutische Maßnahmen durch die Astrologie eine wertvolle Unterstützung erfahren. Ferner kann das ganze Familiensystem durch das Horoskop erkannt und bearbeitet werden. Es gibt sogar eine eigene Sparte in der Astrologie, die sich hiermit beschäftigt, und zwar die systemische Astrologie, zu der auch Familienaufstellungen gehören.

Leo hat aufmerksam zugehört und möchte nun unbedingt ein Planeten-Thermometer haben. »Aber Leo, das war doch nur ein Beispiel, um die Sache besser zu verstehen.« Jetzt ist er gespannt, was die einzelnen Planeten so ausdrücken. Am liebsten möchte er ein wenig Theater spielen und in die verschiedenen Rollen hineinschlüpfen.

Gar keine so schlechte Idee: Wer Lust hat, kann es ja einmal ausprobieren. Man braucht sich nur vorzustellen oder handelt direkt so, wie man es von den Vertretern eines solchen Planeten vielleicht erwarten würde. Unter Umständen macht es ja eventuell sogar noch mehr Spaß, wenn man sich dabei verkleidet. Und natürlich kann es mit mehreren Perso-

nen doppelt so schön und effektiv sein. Jedenfalls ist es gar nicht so schwer, sich beispielsweise in den Mars als einen Krieger hineinzudenken.

In manchen Astro-Seminaren werden solche Rollenspiele tatsächlich durchgeführt,
denn das eigene Horoskop kann ähnlich wie beim Familienstellen natürlich ebenso aufgestellt werden. Die einzelnen Vertreter demonstrieren dann die Auswirkungen der Planeten in den verschiedenen Zeichen und Häusern, welches ja dem Geschehen in den einzelnen Lebensgebieten entspricht. Das ist sehr interessant, aufschlussreich und macht
total viel Spaß. Spannend ist es auch, die Verstrickungen der einzelnen Planeten untereinander zu sehen.

Mars	Trieb, Lebenswille, Energie, Durchsetzung, Tatkraft, Mut, Aktivität, Initiative, Elan, Schwung, Vorreiter, Anführer, Kämpfer, Entschlusskraft, Reaktionsschnelligkeit, Bewegungsfreude, Sexualität
	dominant, herausfordernd, sportlich, praktisch, resolut, stürmisch, selbstsicher, kraftvoll, dynamisch, motiviert, einflussreich, lebensnah, couragiert, engagiert
	Aggression, Jähzorn, Wutausbrüche, Streitsucht, Provo- kation, Überstürzung, Machosein, egoistisch, ungeduldig, rücksichtslos, impulsiv, ungestüm, triebhaft, unsensibel
	Sohn oder Bruder Bruder der Eltern **Bild der Frau des Geliebten**
Venus/Stier	Besitz, Finanzen, Eigenwert, Sicherheit, Abgrenzung, Wahrung der eigenen Interessen, Lebensstil, Genussfähigkeit, Behaglichkeit, Beständigkeit, Verlässlichkeit, Zufriedenheit, Wellness, Vergnügen, Traditionsbewusstsein, Erotik, Sinnlichkeit, gute Stimme, Wertebewusstsein, kulinarischer Gourmet
	arbeitsam, fleißig, amüsiert sich gerne
	Starrsinn, Trotz, Sturheit, Bedächtigkeit, Vergnügungssucht, Kaufsucht, träge, unflexibel
Venus/Waage	Liebe, Ästhetik, Schönheit, Balance, Harmonie, Frieden, Gerechtigkeit, Taktgefühl, Diplomatie, Freundlichkeit, Höflichkeit, Kooperation, Kompromissfähigkeit, Objektivi- tät, Exklusivität

gute Umgangsformen, nett, charmant, kultiviert, liebt schöne Dinge, künstlerische Begabung, stilvoll, diskret, unkompliziert, respektvoll, idealer Partner, teamfähig, bester Vermittler auch bei Streit, verständnisvoll

Unentschlossenheit, Harmoniesucht, Ungleichgewicht, Geschmacklosigkeit, Gegensätzlichkeit, Nachgiebigkeit, Disharmonie, unausgeglichen, unterwürfig

Kleines Glück
Tochter oder Schwester
Schwester der Eltern
Bild des Mannes der Geliebten

Merkur/Zwillinge	**Kommunikation, Beweglichkeit, Intellektualität, Denken, Intelligenz, Verstand, Flexibilität, Leichtigkeit, Neugier, Schnelligkeit, Geschmeidigkeit, Vielseitigkeit, Ausdruck, Reaktionsschnelligkeit, Scharfsinnigkeit, Geschäftssinn, Schlagfertigkeit, Wortgewandtheit, Kombinationsgabe, Mitteilungsbedürfnis, Verhandlungsgeschick, Intellekt, Verbreitung von Wissen und Informationen**

gute Selbstdarstellung, guter Redner, guter Tänzer und Turner, leichtes Lernen, up to date, diskussionsfreudig, guter Händler und Kaufmann

verkehrstüchtig, clever, klug, kontaktfreudig, wahrnehmungsfähig, interessiert

Oberflächlichkeit, Lüge, List, Missverständnisse, Zerstreutheit, Gauner, Hochstapler

Kleinere Geschwister
Verstandesmäßiges Denken
Lernen, Ausbildung

Merkur/Jungfrau	**Ordnung, Nützlichkeit, Analyse, Vernunft, Genauigkeit, Vorsorge, Vorausdenken, Voraussicht, Bewusstsein, Sauberkeit, Gepflegtheit, Gründlichkeit, Präzision, Logik, Praxisbezogenheit, Pragmatiker, Zweckmäßigkeit, Buchhaltung, Effektivität, Planung**

gute Beobachtungsgabe, praktisch veranlagt, kann gut kalkulieren, rational, förmlich, pünktlich, gut für Routinearbeiten, aufmerksam, konstruktiv

Pedanterie, Kritiksucht, Kleinlichkeit, Ausnutzung,
Perfektionismus, dienen, sich ausnutzen lassen

Handel, Wandel und Verkehr
Auswertung
Berechnung
Buchführung

Mond   Gefühle, Emotionalität, Erleben, Innenleben, Seele,
Empfindung, Beeindruckbarkeit, Beeinflussbarkeit,
Identität, Mütterlichkeit, Zärtlichkeit, Häuslichkeit, Heim,
Familie, Geselligkeit, Zuwendung, Versorgung, Mentalität,
Privatleben, Hingabefähigkeit, Fürsorge

gefühlsmäßige Wahrnehmung, liebevolle Art, reiches
Innenleben, romantisch, verschmust, sanft, familiäre
Hintergründe, unbewusste Motivation, Empfänglichkeit,
Fruchtbarkeit auch im geistigen Sinne

Labilität, Launenhaftigkeit, Selbstzweifel, Verletzlichkeit,
Unausgeglichenheit, Empfindlichkeit, Gereiztheit,
Stimmungsschwankungen, Verunsicherung, Tränen,
Niedergeschlagenheit, Unzufriedenheit, Sorge, übertriebene
Bemutterung

Leibliche Mutter
Eigene innere Mutter
Selbst Mutter sein
Eigenes inneres Kind
Inneres Bild des Mannes der Partnerin

Sonne   Selbst, Selbstausdruck, Lebenskraft, Handeln,
Ausstrahlung, Charisma, Kreativität, Herz, Lebensfreude,
Vitalität, Souveränität, Spiel, Selbstbewusstsein,
Führungsqualität, Wille, Autoritätsanspruch, Ruhm, Ehre,
Geselligkeit, Beliebtheit, Familiensinn, Kinderliebe, Stolz,
Zeugungsfähigkeit auch im geistigen Sinne

schöpferisches Potenzial, dominant, luxuriös

Arroganz, Selbstgefälligkeit, Eitelkeit, Kompensation,
Mittelpunktstreben, Unsicherheit, verletzter Stolz,
Frustration, Scham, Überheblichkeit

Leiblicher Vater
Eigener innerer Vater
Selbst Vater sein
Inneres Bild der Frau des Partners

Jupiter   Expansion, Toleranz, Sinnfindung, Weltanschauung,
Religion, Glaube, Kultur, Adel, Reisen, Bildung,
Ideale, Ausbildung, Wissensdurst, Abenteuerlust,
Toleranz, Großzügigkeit, Unternehmungslust,
Zuversicht, Aufgeschlossenheit, Loyalität, Fröhlichkeit,
Würde, Überzeugungskraft, Prediger, Optimismus,
Idealismus, Philosophie, Begeisterungsfähigkeit,
Erweiterung, Enthusiasmus, Ausland, Fernweh, Mission,
Horizonterweiterung, Abwechslung, Erkenntnisse

fremde Kulturen, edle Gesinnung, wohlwollend, gutes
Allgemeinwissen, verbreitet gerne Wissen, lernen und
lehren, großes Ganzes, monumental, bombastisch, exotisch

*Übertreibung, Missionierung, Belehrung, Besserwisser,
Anmaßung, Verzettelung, Verschwendung, Unglück,
Verbissenheit*

Großes Glück
Wohlwollender Förderer
Onkel, Tante
Freund

Saturn   Verantwortung, Struktur, Konzentration, Disziplin,
Ausdauer, Geduld, Zähigkeit, Ehrgeiz, Fleiß,
Pflichterfüllung, Siegeswillen, Organisationstalent,
Treue, Verlässlichkeit, Beständigkeit, Geradlinigkeit,
Beharrlichkeit, Anspruchslosigkeit, Realitätssinn, Respekt,
Gewissen, Höchstleistungen, Einsamkeit, Beständigkeit,
Vorsicht, Konflikte, Akzeptanz

braucht Anerkennung, konstruktiv, zuverlässig, realistisch,
korrekt, methodisch, präzise, lässt sich auf Rollenspiele ein,
kämpft gegen Widerstände

*Einschränkungen, Hemmungen, Hindernisse, Geiz,
Engstirnigkeit, Armut, Überforderung, Schwermut,
Schuldgefühle, Schamgefühle, Minderwertigkeitskomplexe,
Spontaneität leidet, Kontroll- und Kritiksucht, geht sofort in
Wettstreit, will besser sein*

Beurteilung der Gesellschaft durch Normen
Hüter der Schwelle von Gut und Böse
und von Moral und Gesetz

Erzieher, Großeltern, Lehrer

Pluto

Macht und Ohnmacht, Tiefgründigkeit, Leidenschaft, Intensität, Inbrunst, Überzeugungskraft, Suche, Tiefe, Tabulosigkeit, Vorstellungskraft, Spürsinn, Hingabe, Transformation, Wandlungen, Instinkt, Leistungsfähigkeit, Schaffenskraft, Willenskraft, Forschungsgeist

dogmatisch, kompromisslos, ungehemmt, innere Kämpfe, starke mentale Kraft, gibt nie auf

Auseinandersetzung mit Sexualität und Tod, enorme Stärke und Regenerationskraft, Magier, Aufstieg wie Phönix aus der Asche

Täter-Opfer-Thematik, Druck ausgesetzt, Abhängigkeit, Fremdbestimmtheit, fixiert, Frust, Rachegedanken, Machtspiele, Fanatiker, Exzesse, Narzissmus, Verbissenheit, Loslassen lernen, Manipulation, Zwang, Zerrissenheit, Selbstzerstörung, Intrigen, Bloßstellung, Hang zu obskuren und gefährlichen Menschen, exzessiver Trotz, loslassen lernen

Familienclan, Erbe
Ahnin als Herrin der Sippe

Uranus

Freiheit, Unabhängigkeit, Brüderlichkeit, Emanzipation, Gleichberechtigung, Individualität, Originalität, Inspiration, Ideenreichtum, Wahrheitsliebe, Esprit, Freigeist, revolutionäres Denken, Spontaneität, Freunde, Gleichgesinnte, Zukunftsorientierung, hohe Ideale, unkonventionelle Problemlösungen, ungewöhnliche Wege, Diskussionsfreude, Ungewohntes, Selbstständigkeit, Veränderung, über den Dingen stehend

flexibel, unvoreingenommen, erfinderisch, schnell, unkonventionell, neu, überraschend, distanziert, autonom, anregend, humorvoll, technisch begabt, nicht alltäglich, Neuland entdeckend, unerwartete Reaktionen, risikobereit

nervös, hektisch, plötzlich, abgehoben, sprunghaft, Angst vor Nähe, ungeduldig, unvorhergesehen, Aufregung, Stress, Nervosität, Irritation, Unruhe, Spinner, Luftikus, Realisierung hochtragender Pläne anderen überlassen, nervöse Störungen

Freunde, Gruppen
Freigeist unter den Ahnen

Neptun

Sensibilität, Intuition, Spiritualität, Fantasie, Romantik, Grenzenlosigkeit, Hilfsbereitschaft, Vertrauen, Uneigennützigkeit, Feingefühl, Bauchgefühl, künstlerisches Talent, Musik, Schauspiel, soziales Engagement, Einfühlungsvermögen, Zurückgezogenheit, Empfindsamkeit, Erkenntnisse, Imaginations- und Meditationsfähigkeit, Hellsichtigkeit

heilerische Fähigkeiten, einfühlsam, anpassungsfähig, verständnisvoll, träumerisch, gefühlsbetont, geheimnisvoll

Flucht, Sucht, Illusionen, Schwäche, Täuschung, Enttäuschung, Unsicherheit, Schulden, Chaos, Isolation, Einsamkeit, Außenseiter, Scheinwelt, Hilflosigkeit, Identitätsverlust, Leiden, Abhängigkeit

Schutzengel
Familiengeheimnis, Tabu

Leo ist immer noch tief beeindruckt. Sooo ... komplex hatte er sich das jetzt nicht vorgestellt. »Es ist ja unglaublich, wie viele Fähigkeiten da zusammenkommen. Und alles hat wie immer zwei Seiten: eine positive und eine negative. Das ist auch für einen Löwen erst einmal sehr viel zu verkraften. Es liegt also schon an jedem selbst, wie er bestimmte Konstellationen auslebt«, überlegt er.

»Auf alle Fälle trägt ein jeder alle diese Grundeigenschaften in sich, sie sind nur total unterschiedlich gewichtet und ausgebildet. Es liegt naturgemäß zusätzlich an der entsprechenden Zeitepoche und der sozialen Schicht, in die jemand hineingeboren wird, wie sich die genannten Eigenschaften entwickeln können. Außerdem prägen uns alle bisherigen persönlichen Erfahrungen, ebenso wie die gesamte Ahnenreihe und auch das eigene Karma, welche dann mehr oder weniger subtil noch aus dem Unterbewusstsein auf uns einwirken, lieber Leo.«

»Ja, die Sonne scheint eben für alle gleich und bewertet nicht. Es kann auch nichts aus der Welt geschafft werden, man muss sich nur damit arrangieren. So können beispielsweise ein Messer, Feuer oder Wasser sehr nützlich sein, aber ebenso zu einer Waffe oder einer echten Gefahr werden.«

Leo brummt der Kopf. Aber es hat Spaß gemacht, er findet es total interessant und will unbedingt mehr wissen.

Die Dynamik und Triebkraft der Tierkreiszeichen und Planeten			
Widder	Mars	Ich bin	tatkräftig, energisch, streitbar, aggressiv, zupackend, mutig, bestimmend, nicht ausdauernd
Stier	Venus	Ich habe	genussvoll, sinnlich, bewahrend, abgegrenzt, wertbewusst, sicherheitsorientiert, stur
Zwillinge	Merkur	Ich denke	beweglich, geschickt, intelligent, vielseitig, kommunikativ, oberflächlich, schlitzohrig
Krebs	Mond	Ich fühle	gefühlvoll, emotional, zärtlich, sorgend, aufmerksam, bemutternd, labil
Löwe	Sonne	Ich will	souverän, selbstvertrauend, königlich, stolz, kreativ, handelnd, arrogant, selbstgefällig
Jungfrau	Merkur	Ich analysiere	nutzungsorientiert, genau, sauber, analytisch, vernünftig, angepasst, penibel, pedantisch
Waage	Venus	Ich wäge ab	ausgleichend, friedliebend, ästhetisch, diplomatisch, höflich, unentschlossen, eitel
Skorpion	Pluto	Ich verlange	tiefgründig, leidenschaftlich, intensiv, vorstellungsgebunden, magisch, rachsüchtig
Schütze	Jupiter	Ich sehe	großzügig, begeisternd, edel, tolerant, jovial, weltoffen, missionierend, übertreibend
Steinbock	Saturn	Ich erreiche	ehrgeizig, zielstrebig, weise, verantwortungsvoll, konzentriert, konkurrenzorientiert, starr
Wassermann	Uranus	Ich weiß	originell, erfinderisch, frei, zuversichtlich, brüderlich, nervös, unruhig, distanziert
Fische	Neptun	Ich glaube	sensibel, hilfsbereit, intuitiv, fantasievoll, spirituell, ängstlich, beeinflussbar

Planeten und Wochentage

Sonntag	*Sonne*	*(engl. Sunday)*	*Der Tag ist relaxt*
Montag	*Mond*	*(engl. Monday)*	*Der Tag ist wechselhaft*
Dienstag	*Mars*	*(franz. Mardi)*	*Der Tag ist voller Energie*
Mittwoch	*Merkur*	*(franz. Mercredi)*	*Der Tag ist kommunikativ*
Donnerstag	*Jupiter*	*(franz. Jeudi)*	*Der Tag ist expansiv*
Freitag	*Venus*	*(franz. Vendredi)*	*Der Tag ist harmonisch*
Samstag	*Saturn*	*(engl. Saturday)*	*Der Tag ist anstrengend*

- *Fühle einfach einmal, wie der Tag sich grundsätzlich anfühlt.*
- *Nimm dann noch den aktuellen Sonnenstand (das Tierkreiszeichen) dazu.*
- *Zusätzlich kann man noch den jeweiligen Stand des Mondes mit hinzu nehmen (Mondkalender)*

Leo zählt bedächtig an seinen riesigen Pranken nach, welcher Wochentag wohl heute sein könnte, in welchen Sternzeichen die Sonne steht und wo der Mond sich aufhält. Dann gilt es noch zu beachten, ob der Mond sich in einem zunehmenden oder im abnehmenden Modus befindet oder ob gar Neumond oder Vollmond ist!

Die alten und die neuen Zeichen-Herrscher

Sicher ist es nicht nur Leo aufgefallen, dass Merkur und Venus zwei Zeichen zugeordnet sind und den anderen Planeten jeweils nur eines.

Sonne		Löwe	
Mond		Krebs	
Venus	als Morgenstern	Stier	heute noch
Venus	als Abendstern	Waage	heute noch
Merkur	als Morgenstern	Zwillinge	heute noch
Merkur	als Abendstern	Jungfrau	heute noch
Mars	als Morgenstern	Widder	heute noch
Mars	als Abendstern	früher Skorpion	heute Pluto
Jupiter	als Morgenstern	Schütze	heute noch
Jupiter	als Abendstern	früher Fische	heute Neptun
Saturn	als Morgenstern	Steinbock	heute noch
Saturn	als Abendstern	früher Wassermann	heute Uranus

Die alten und die neuen Zeichen-Herrscher

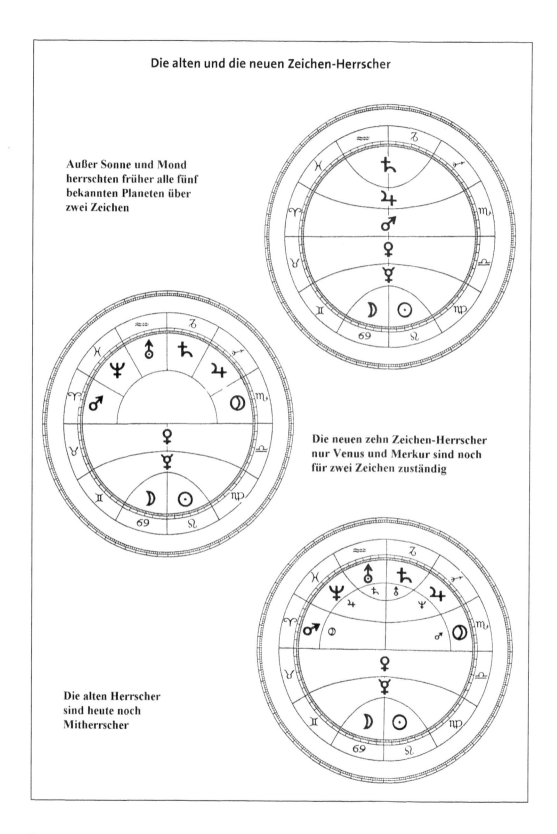

Außer Sonne und Mond herrschten früher alle fünf bekannten Planeten über zwei Zeichen

Die neuen zehn Zeichen-Herrscher nur Venus und Merkur sind noch für zwei Zeichen zuständig

Die alten Herrscher sind heute noch Mitherrscher

Schon vorher wurde darauf hingewiesen, dass Sonne und Mond besonders wichtig für die Deutung sind. Deswegen sind sie nur einem Zeichen zugeordnet, während früher alle anderen bekannten Planeten für zwei Zeichen jeweils als Morgen- und als Abendstern zuständig waren. In der nebenstehenden Abbildung ist das sehr gut zu erkennen.

Man kann diese Tatsachen als Bereicherung zusätzlich auch heute noch mit in die Deutung einfließen lassen!

Nachdem Leo die Tafel und die Tabelle durchgelesen hat, nickt er bestätigend mit dem Kopf und richtet sich auf, als wolle er sagen: Ja, ich will ... Doch dann meint er noch, je öfter er die einzelnen Zuordnungen sehe, desto besser würde er sie verinnerlichen und verstehen.

Leo ist begeistert von den Zeichnungen und kann seinen Blick gar nicht mehr abwenden. »Das ist ja alles sooo ... logisch«, sagt er sich ganz aufgeregt. »Wenn man bedenkt, dass es zu früheren Zeiten mit den alten Planeten gepasst hat und heute mit den neuen Planeten wieder stimmig ist ...« Er schüttelt immer noch ganz ungläubig den Kopf. »Aber darauf kommen wir später noch einmal zu sprechen mit dem ›sowohl als auch‹, mein lieber Freund Leo.«

Doch Leo hat nun ganz andere Dinge im Kopf. Sorgsam bereitet er in seinen Gedanken eine Hochzeit vor. Das oben erwähnte »ja, ich will ...« geht ihm einfach nicht mehr aus dem Sinn.

Denn: »»Ja, ich will‹, sagt man unter anderem auch bei der Eheschließung und wenn man eine Familie gründen will. Oder dann, wenn man seine eigenen Ideen verwirklichen möchte und dafür ins Auge fasst, eine Firma zu gründen oder dafür gegebenenfalls noch Mitstreiter und Teilhaber sucht«, überlegt Leo. Er ist jetzt wieder ganz Ohr, lässt sich aber langsam ins Reich der Träume entführen, wo er von märchenhaften Hochzeiten träumt.

Würde und Fall von Planeten

Es gibt sehr viele Bücher, in denen die Auswirkungen eines jeden Planeten in jedem Zeichen ausführlich beschrieben sind.

Natürlich gilt das auch für die Stellungen der Planeten in den unterschiedlichen Häusern. Da hat man es dann mit 12 mal 12 Komponenten, also mit mindestens 144 Aussagen zu tun. Gleichermaßen gibt es Tabellen dafür, von welchen Zeichen die Häuser angeschnitten sein könnten. Die verschiedenen Varianten werden dann genau erläutert.

Hier, in diesem Buch, sind nur die zusätzlichen Möglichkeiten wie Mondknoten, Chiron, Lilith, Glückspunkt, Aszendent (AC), MC, IC oder DC besonders berücksichtigt, weil sie sonst eher selten in Astro-Büchern vorkommen. Es sei denn, man wählt ein Buch, das sich komplett mit einer dieser Thematiken befasst.

Ferner besteht noch eine sehr alte Regel über die Verträglichkeit der Planeten in den jeweiligen Zeichen, die jedoch heute kaum noch angewendet wird. Falls aber irgendwelche schwer erklärbaren Probleme bei der Auswertung eines Horoskopes auftauchen sollten, ist es immer von Vorteil, hiervon zu wissen.

Hier ist die Einteilung von Domizil und Fall der Planeten:

Domizil   = **Planet im eigenen Zeichen**

Erhöhung = **Planet mit besonders positiver Wirkung**

Exil   = **Planet im gegenüberliegenden Zeichen = Opposition**

Fall   = **Planet mit besonders negativer Wirkung**

Planet	Domzil	Exil	Erhöhung	Fall
Sonne	Löwe	Wassermann	Widder	Waage
Mond	Krebs	Steinbock	Stier	Skorpion
Merkur	Zwillinge	Schütze	Jungfrau	Fische
	Jungfrau	Fische		
Venus	Stier	Skorpion	Fische	Jungfrau
	Waage	Widder		
Mars	Widder	Waage	Steinbock	Krebs
	(Skorpion)	(Stier)		
Jupiter	Schütze	Zwillinge	Krebs	Steinbock
	(Fische)	(Jungfrau)		
Saturn	Steinbock	Krebs	Waage	Widder
	(Wassermann)	(Löwe)		
Uranus	Wassermann	Löwe	Skorpion	Stier
Neptun	Fische	Jungfrau	Krebs	Steinbock
Pluto	Skorpion	Stier	Löwe	Wassermann

Die Urprinzipien und Götter der Planeten

Mars	**Das aggressive Urprinzip** Griechischer Kriegsgott **Ares**, römischer Kriegsgott **Mars**
Venus	**Das ausgleichende Urprinzip** Griechische Göttin **Aphrodite**, Göttin der Liebe und Schönheit, römische Göttin **Venus**
Merkur	**Das vermittelnde Urprinzip** Griechischer Gott **Hermes**, der Götterbote, römischer Gott **Merkur**
Mond	**Das widerspiegelnde Urprinzip** Griechische Göttin **Selene**, die Mondgöttin, römische Göttin **Luna**
Sonne	**Das lebensspendende Urprinzip** Griechischer Gott **Helios**, der Allsichtige mit seinem Sonnenwagen oder auch **Apollon**, der Lichtbringer, römisch **Apoll**
Jupiter	**Das expansive, sich ausdehnende Urprinzip** Griechischer Gott **Zeus**, Herr des Himmels, römischer Gott **Jupiter**
Saturn	**Das einschränkende, begrenzende Urprinzip** Griechischer Gott **Kronos**, Herrscher der Titanen und Herr über die Zeit, römischer Gott **Saturn**, versehen mit dem **Janus-Kopf**
Uranus	**Das exzentrische, unstete Urprinzip** Griechischer Gott **Uranos**, Ahnherr der Götter, Vater der Titanen, **himmlischer Schöpfergott**
Neptun	**Das auflösende Urprinzip** Griechischer Gott **Poseidon**, Herrscher des Meeres, römischer Gott **Neptun**
Pluto	**Das zersetzende und wandelnde Urprinzip** Griechischer Gott **Hades**, Herr der Unterwelt, römischer Gott **Pluto**

Leo blinzelt in die Sonne. Er freut sich auf die bald folgenden Geschichten. Am liebsten würde er jetzt alle diese Sagen sofort hören. »Warum hat man sie mir nicht schon in meiner Kindheit vorgelesen?«, fragt er sich traurig. »Ach, Leo, weißt du was – wir schaffen uns jetzt einfach eine ›Alexa‹ an und die liest dir dann mit ihrer tollen Computerstimme alle diese mythologischen Schilderungen rund um die Urprinzipien vor.« Leo freut sich sehr ... Nachdem er sich ganz intensiv mit den abenteuerlichen Erzählungen der griechischen Mythologie beschäftigt hat, ist er gespannt darauf, wie sich ihre Aussagen mit der Astrologie verbinden lassen.

Mythologie und Astrologie

Die Astrologie hat nicht nur ihre Wurzeln in der Antike, sondern sie ist zudem auf dass Engste mit deren Mythologie verbunden. Besonders die Götterwelt der alten Griechen dient noch heute zum besseren Verständnis und zur Veranschaulichung astrologischer Urprinzipien und Archetypen und außerdem zur Erfassung seelischer Vorgänge und Verhaltensweisen beim Menschen.

Mythen sollten deshalb, genau wie Sagen, Märchen und Legenden, so verstanden werden: Sie sind nicht irgendetwas Reales, das wirklich passiert ist, sondern spiegeln symbolisch innerseelische Prozesse im menschlichen Leben wider!

Damit sind überdies die unendlich vielschichtigen Verwicklungen und Verstrickungen sowie die nur allzu menschlichen Ausschweifungen der Götter des Olymp wesentlich besser zu verstehen. Genauso wie die Kenntnis ihrer unzähligen vielseitigen Schöpfungen, deren Verbindungen zu ihnen selbst und natürlich die diversen möglichen Rückwirkungen, über die man sonst vielleicht nur den Kopf geschüttelt hätte.

Hier einige Beispiele:

Herakles Die **12 Arbeiten** oder Aufgaben des titanischen Helden symbolisieren die archetypischen Fähigkeiten **der 12 Tierkreiszeichen.**
Doch nicht nur das, sie veranschaulichen außerdem, wie mit ihnen umgegangen werden sollte, um ihr Potenzial voll nutzen zu können. Und das bedeutet einen wahrhaft heldenhaften Einsatz bei der Arbeit an sich selbst.

Ares **Mars** **Widder**	**Ares** ist ein Sohn des höchsten Himmelsgottes Zeus und seiner Gemahlin Hera. Er ist ein wilder **Kämpfer** um des Kampfes Willen und der **Gott des Krieges.** Damit repräsentiert er das **männlich-aggressive Urprinzip** und ist natürlich nicht sonderlich beliebt. Hier wird deutlich, dass es einer entsprechenden starken Motivation bedarf, um das kämpferische Potenzial des Prinzips Mars/Ares auch konstruktiv einsetzen zu können. Ferner verkörpert **Mars** den **Archetypus des jungen Mannes** und damit den des **Liebhabers.** Daher ist natürlich seine leidenschaftliche Verbindung zu seinem **weiblichen Gegenpol, der Venus/Aphrodite,** nicht allzu verwunderlich. Sie jedoch verabscheut im Gegensatz zu ihm jeglichen Streit. Und so ist es möglich, dass es zu so **unterschiedlichen Nachkommen** wie **Harmonia** und **Eros/Amor,** der mit seinem Pfeil die Herzen der Menschen in Liebe entflammt, sowie **Deimos, dem Schrecken** oder **Phobos, der Furcht,** kommen kann.
Aphrodite **Venus** **Waage** **Stier**	Die schaumgeborene **Göttin der Schönheit, Liebe und Gerechtigkeit.** Sie ist entstanden aus dem Samen des durch Kronos/Saturn entmannten Himmelsgottes **Uranos,** der in die Wellen des unendlichen Meeres fällt. Aus diesen steigt sie dann als schaumgeborene Schönheit empor. (Verewigt in dem wunderbaren Gemälde: »Die Geburt der Venus« von Botticelli.) Sie verkörpert durch ihre Anziehungskraft den **Begegnungswunsch und die Sehnsucht nach Liebe,** die zur Wiedervereinigung der verlorenen Einheit, der entgegengesetzten Pole führen soll. Daher steht sie auch für das **weiblich-ausgleichende Urprinzip** und den **Archetypus der jungen Frau** und der **Geliebten.** Auf ihre Verbindung als Geliebte des Ares/Mars und der daraus hervorgegangenen Kinder ist schon eingegangen worden. Ein anderes ihrer Kinder entspringt einer weiteren Liaison mit den Göttern, nämlich mit **Hermes/Merkur,** und es heißt bezeichnenderweise **Hermaphroditos.** Es ist dies ein zweigeschlechtliches Wesen, welches wiederum ein Merkmal der **Vereinigung von Polaritäten** darstellt. Hierbei sind zusätzlich auch noch die **Gegensätze von Liebe und Vernunft** gegeben, ein Prinzip, welches durch Merkur mit seinem Denken und seinem Verstand repräsentiert wird. Ansonsten folgt die Venus lieber ihren **sinnlichen** und leidenschaftlichen **Trieben.** Was sich wiederum in ihrer Beziehung zu dem schönen **Adonis** zeigt, dem zuliebe sie voller **Hingabe** alles andere vernachlässigt und der natürlich später von ihrem kämpferischen Liebhaber Ares/Mars aus Eifersucht erschlagen wird.

Ferner repräsentiert sie durch ihren Sohn **Eros/Amor** noch eine andere Seite der Liebe, denn dieser sorgt für erheblichen Aufruhr in den Herzen der Menschen, indem er wahllos seine Liebespfeile verschießt. Dies erntet oft nur Unverständnis und steht für **den Aspekt der Liebe,** der auch mit **Schmerzen und Leiden** verbunden sein kann.

Ihr Ehemann, der Gott des Feuers, **Hephaistos,** welcher zudem als Fortführer des uranischen Prinzipes gilt, war von eher hässlicher Gestalt. Dieses wiederum kann ebenso als ein **Zusammenführen von Gegensätzen** angesehen werden.

Als Göttin der Gerechtigkeit und Liebe trägt sie durch ihren **Vereinigungswunsch** außerdem zur Überwindung des durch Saturn gefällten Urteils von **Gut und Böse** bei. Dies ist ein weiteres Indiz für die **göttliche Kraft der Liebe.**

Aber sie ist überdies jeglichen **Schmeicheleien** aufgrund ihrer absoluten **Schönheit** nicht abgeneigt. Deshalb straft sie **Smyrna,** eine sterbliche **Rivalin** in dieser Sache sehr hart.

Arbeit ist genauso nicht gerade ihre Stärke, was sich durch ihren **beleidigten Rückzug** auf diesem Gebiet ausdrückt, nachdem ihr **Athene** durch einen **Übergriff** im Arbeitsbereich **in die Quere** gekommen war.

Man sieht, dass diese in den Mythen beschriebenen, doch so komplexen Mechanismen mitsamt ihren Konflikten, auch heute noch in jedem Einzelnen von uns existieren können. Deshalb sollte man sich das aus ihrer Symbolik abgeleitete Wissen bewusst zunutze machen.

Sogar die Anbetung und Huldigung der Götter durch diverse entsprechende Rituale bedeutet nichts anderes als die Anerkennung der von ihnen ausgehenden Prinzipien. Nur sollten sich diese, die eigene Person betreffend, eben wohlgesonnen zeigen.

Hermes
Merkur
Zwillinge
Jungfrau

Der **Götterbote** steht für das **vermittelnde Urprinzip.** Er ist auch ein Sohn des *Zeus*, aber von unehelicher Herkunft, was bei den vielen Eskapaden des Gottes ja nicht sonderlich verwundert. So nimmt dann Hermes sein Leben auch eilig selbst in die Hand und entwickelt sich in einem schier unglaublichen Tempo.

Schon am ersten Tag nach seiner Geburt macht er sich auf den Weg, um mit List und Tücke seinen Platz unter den Göttern im Olymp einzufordern. Dabei geht er so **geschickt** vor, dass ihm niemand ernsthaft böse sein kann.

Fortan pendelt er zwischen Himmel und Erde hin und her, **übermittelt** die neuesten **Botschaften** und **treibt** so manchen **Handel.**

Er wird zum **Herrn der Kommunikation** ernannt und bekommt einen geflügelten Helm und ebensolche Sandalen, die es ihm ermöglichen, auf schnellste Art und Weise von Ort zu Ort zu eilen. Daher unterstehen ihm auch heute noch die **Verkehrswege**.

Nie hält er sich lange irgendwo auf. Und durch seine **Schläue** ist er überdies zu mancher Schandtat bereit, was ihn zusätzlich zum **Gott der Diebe und Betrüger** macht.

Eine weitere seiner Aufgaben ist die **Begleitung der Seelen** bei ihrer Reise **in die Unterwelt** als sogenannter Psychopompos (Seelengeleiter). Damit ist er im wahrsten Sinne des Wortes ein **Mittler zwischen den Welten**.

Doch auch bei **Hermestrismegistos** mit seiner **Tabula Smaragdina** begegnen wir ihm wieder, indem er sein Wissen, welches eine Art **Geheimlehre** darstellt, den Menschen fortan zugänglich macht.

Selene
Luna
Mond
Krebs

Das **reflektierende, weibliche Urprinzip, Archetypus der großen Mutter**. Da der Mond aber **verschiedene Zyklen** hat, und damit stets **wechselnde Facetten**, werden ihm noch andere antike Göttinnen zugeschrieben. Dies belegt unter anderem das **breite Spektrum** an Gefühlen und deren **Wechselhaftigkeit**, denen das Mondprinzip unterliegt. Außerdem steht der Mond für den ewigen **Rhythmus von »Werden und Vergehen«**.

Selene ist die eigentliche Mondgöttin der Griechen, entsprechend der römischen Göttin **Luna**.

Bei **Neumond** befindet sich der **Mond in Konjunktion mit der Sonne**, das heißt, er steht unmittelbar vor ihr. Der Legende nach bedeutet dies **Empfängnis**. Der Himmel bleibt also dunkel und lässt Selene im Ehebett des Sonnengottes Helios vermuten. Der Mond befindet sich zwischen Erde und Sonne und ist daher von der Erde aus nicht zu sehen, da das Sonnenlicht nicht reflektiert wird.

Ihre anderen Abenteuer mit den unterschiedlichsten Liebhabern sollen die vielschichtigen Aspekte der **Mond-Attribute** wie **Sehnsucht, Feinfühligkeit, Innigkeit, Instinkt, Natürlichkeit, Zärtlichkeit, Fürsorge, Geborgenheit, Empfänglichkeit und Fruchtbarkeit** zum Ausdruck bringen.

Der **zunehmende Mond** symbolisiert die Zeit des **Wachstums**. Hier kommt **Demeter**, die Göttin des Ackerbaus, mit ins Spiel.

Sie kennt aber außer dem **Zyklus** des **Wachstums und Gebärens** auch den des **Vergehens** und des **immerwährenden Neubeginns**.

Dies wird besonders deutlich durch ihre Tochter **Kore/Persephone**, die nach ihrer **Entführung durch Hades ins Totenreich** ein Viertel des Jahres in der Unterwelt verbringen soll und den Rest bei ihrer Mutter

Demeter im Licht – **genau wie die Samenkörner** im Dunkel des Scho-ßes der Mutter Erde harren müssen, bevor sie ins Licht der Sonne ent-lassen werden.

Bei **Vollmond** ergibt sich die **Zeit der Geburt und Ernte.** Hierfür ist ebenso wieder Demeter zuständig.

Doch auch **Hera, die Schwester und Gattin des Zeus,** wird als eine Repräsentantin des Mondprinzips angesehen. Als **Tochter von Kronos und Rhea,** der Erde, waren **die Jahreszeiten ihre Ammen.** So ist auch ihr das **Werden und Vergehen** in der Natur sehr vertraut.

Außerdem trägt sie die **Sorge für Ehe, Mutterschaft und Häuslichkeit.** Dabei wacht sie sorgsam über die Treue ihres Gatten und wartet dann mit heftigen Reaktionen der Eifersucht auf. Darin zeigt sich wiederum die **Abhängigkeit des Mondprinzips von diversen Launen.**

Obwohl sie von Zeus vergewaltigt und zur Hochzeit gezwungen worden war, dauerte die Hochzeitsnacht 300 Jahre. Sie gebar sogar etliche Kinder, die zu Göttern wurden. Doch es gelang ihr immer wieder, durch besondere Bäder in den heiligen Quellen ihre stete **Jungfräu-lichkeit** zu bewahren.

Aber auch **Artemis,** römisch **Diana, die Göttin der Jagd,** repräsentiert einen Teil des Mondhaften. Sie ist eine Zwillingsschwester des Apollon und jungfräuliche **Beschützerin der Kinder, der wilden Tiere und der Natur.** Damit ist sie **Jägerin und Beschützerin** zugleich, was den **ins-tinktiven Überlebenskampf** in der **Natur** widerspiegelt.

Ferner haben wir noch **Hekate, die Göttin der Nacht.** Sie ist für das **Geheimnisvolle** und den Schrecken der Dunkelheit zuständig. Ver-führung, Verzauberung, Verschlingen, Albträume und Hexerei sind ihre Attribute. Ähnlich wie Lilith verkörpert sie die Schattenseiten des Mondes.

Dies alles sind weitere Indizien für die unergründlichen Geheimnisse des Mondes, die uns immer wieder in ihren Bann ziehen. Damit aufs Engste verbunden sind natürlich gleichzeitig die ewigen Mysterien des Weiblichen.

Auch im täglichen Leben unserer heutigen Zeit erfreuen sich die Zyklen des Mondes wieder immer größerer Beachtung.

So beispielsweise:
Bei **Neumond** ist es ratsam, etwas zu beginnen.
Zunehmender Mond bedeutet Förderung und Unterstützung.
Vollmond ist die Zeit der Reife und Ernte.
Abnehmender Mond ist günstig, um etwas zu reduzieren, beispielsweise das Gewicht.

Helios
Apollon
Löwe

Das **lebensspendende Urprinzip** wird verkörpert durch **Helios**, der den strahlenden Sonnenwagen unermüdlich Tag für Tag über den weiten Himmel lenkt. Seine Schwestern sind Eos, die Morgenröte, und Selene, die Mondgöttin.

Von seiner Position aus kann er alles übersehen und wird so auch der **»Allgesichtige«** genannt, was nichts anderes heißen soll als: »Die Sonne bringt es an den Tag.«

Er hat **365 Viehherden,** so viele wie das Jahr Tage hat, und **7 Söhne**, genauso viele wie die Woche Tage hat. Und sein **Gespann** besteht **aus 4 Pferden,** entsprechend den Wochen eines **Monats** und den **vier Jahreszeiten.** Es weidet in der Nacht auf der Insel der Seligen. (Wer redlich arbeitet, hat sich also einen erholsamen Schlaf verdient.)

Helios ist weitaus weniger als alle anderen göttlichen Gestalten in Affären verwickelt, er besticht einfach alleine durch sein **»Sein«.** Er tut, was nötig ist, und dies bedeutet **Handeln** in seinem ursprünglichsten Sinne. Hier ist ein recht deutlicher Unterschied zum kämpferischen Gebaren des Mars zu erkennen.

So ist es nicht verwunderlich, dass auch sterbliche Würdenträger, wie Könige und andere Oberhäupter, sich gerne mit sonnenhaften Attributen wie **Prunk, Glanz** und **Gloria** umgeben. Selbst der **Löwe** als **König** der **Tiere** legt mit **Selbstverständnis** seine **Dominanz** an den Tag.

Leo nickt jetzt zustimmend mit dem Kopf und es ist, als würde er stolz lächeln.

Nur einmal, als Helios seinem **Sohn Phaeton** auf dessen Bitte das Himmelsgespann überlässt, entgeht die Menschheit nur sehr knapp einer Katastrophe. Phaeton ist nämlich nicht in der Lage, den richtigen Weg einzuhalten, und wird so ein Opfer seiner eigenen maßlosen **Selbstüberschätzung.** Diese kann man manchmal auch bei den Löwen finden. Es ist eben niemand perfekt.

Hier kommt die Möglichkeit zur Selbstsucht des Löwen zum Ausdruck und Leo würde am liebsten ganz tief im Erdboden versinken. Verschämt hält er sich seine großen Pranken vor die Augen.

Die **Sonne als Lichtbringer** wird aber auch mit **Apollon** in Verbindung gebracht, dem Helios nach dem Unfall seines Sohnes den Sonnenwagen übergab. Als **Gott der Weissagungen** war er der Begründer des berühmten Orakels von Delphi und damit ein **Vermittler** des ewig **Göttlichen.**

Und das Göttliche ist Licht, so energetisch, hell und intensiv, dass seinen direkten Anblick nie ein Mensch ertragen könnte.

Apollo wird außerdem als **Gott der Künste** angesehen, ein Hinweis auf die große Entfaltungskraft und **Kreativität des Sonnenprinzips.**
Sein Sohn **Asklepios** ist ein Verfechter der Heilkunst, was auf die **heilende Kraft der Sonne** und des Lichtes hindeutet (**Äskulapstab** als Symbol der Ärzte und Heilpraktiker).

Die Sonne ist Licht, Wärme und Energie zugleich. Ohne sie könnte sich das Leben nicht entwickeln und entfalten. Ferner steht sie für unseren **irdischen Vater,** den **weisen Vater** in uns selbst und den **göttlichen Vater,** dessen Schutz und Führung wir uns bedingungslos anvertrauen können.

Sie hat also die absolute Macht über alle Dinge, und dennoch **ist sie völlig wertungsfrei, denn sie scheint für den Guten ebenso wie für den Bösen.** Hier zeigt sich ihr aus einer höheren Warte stammendes göttliches Prinzip, welches Licht und Liebe zum Inhalt hat.

Der Sonne entspricht außerdem die Autonomie des menschlichen Herzens, welches als einziges Organ nicht von Krebs befallen werden kann.

Hades
Pluto
Skorpion

Hades griechisch, und **Pluto** römisch, präsentiert das **zersetzende und sich wandelnde Urprinzip.** Er ist einer der drei von seinem Vater **Kronos/Saturn** verschlungenen Göttersöhne, die nach ihrer Befreiung über die Herrschaft von Himmel, Erde, Meer und Unterwelt das Los ziehen. **Zeus bekommt den Himmel, Poseidon das Meer und Hades die Unterwelt.**
Über die Erde wollen sie gemeinsam wachen!

Hades ist als Ältester über dieses Los gar nicht besonders glücklich. Aber er ist seinem Vater Kronos sehr ähnlich in seiner **strengen, unbarmherzigen Art** und daher für diese Aufgabe doch recht gut geeignet. Außerdem passt die Unterwelt ganz hervorragend zu Hades, denn er besitzt eine **Tarnkappe,** die er schon zur Befreiung von seinem Vater nutzte.

Als Herr der Unterwelt hat er aber auch mit dem im Schatten und mit dem in der Dunkelheit liegendem **Unbewussten** zu tun, sodass wir es oft gar nicht merken, wenn **Hades/Pluto** uns mit seiner Tarnkappe heimsucht und wir vielleicht sogar ganz »unbewusst« irgendwie ein wenig **fremdbestimmt** sind.

Es sind dann unsere eigenen **Vorstellungen,** auf die wir eventuell **zwanghaft fixiert** sein können. Und diese vertreten wir nun unter Umständen ganz besonders **leidenschaftlich, intensiv** oder **dramatisch,** manchmal sogar mit schier **magischer Kraft** oder etwa total **fanatisch.** Wir merken es vielleicht nicht einmal, dass unsere eigentliche **wirkliche Natur** dadurch im **Dunkel der Unterwelt** ruht und nur darauf wartet, wieder ans **Licht der Welt** entlassen zu werden.

Hier will **Hades/Pluto** eine **Wandlung** erreichen. Denn in der Unterwelt ist er auch der **Herr der Schätze.** Vieles liegt dort **vergraben** und man findet vielleicht sogar **Gold und Edelsteine.**

Dazu sollte man aber **kein Tabu** scheuen, und hinab steigen in die tiefsten Abgründe seiner Seele, um diese Schätze dort finden zu können.

Oder wir befinden uns in einem **Macht-und-Ohnmacht-** oder **Täter-Opfer-Kreislauf,** den wir uns gar nicht erklären können. Denn Hades wacht mit einer unerbittlichen Strenge über sein Totenreich und damit ebenso über unser Unterbewusstsein.

Wie schon erwähnt, werden die Seelen der Sterblichen von Hermes, dem Götterboten, zu Hades in dessen unterirdisches Reich geführt. Dabei müssen sie **Charon, dem Fährmann zum Jenseits über den unterirdischen Fluss Styx ihren Obolus entrichten können,** sonst ist ihre Seele verloren. Über die dort Angekommenen wird dann von **Minos** und seinen zwei Gefährten mit einem **unwiderruflichen Urteilsspruch** bestimmt. Sie werden in die **ihnen zugewiesene Region des Tartaros** geschickt. König Minos wurde nach seinem Tode diese Aufgabe des Richters im Totenreich zugewiesen.

Nach dem **Gesetz des Ausgleichs** begegnen uns diese Urteile, die unsere Seele einst einmal in Kauf genommen hat, in unserem jetzigen Leben wieder. Wer einmal **Täter** war, wird **Opfer;** so lange, bis er dies erkannt hat und die Schuld durch Sühne abgolten ist. Wer aber heute zum Täter wird, muss damit rechnen, irgendwann einmal Opfer zu sein, auch wenn er dann vielleicht gar nicht mehr weiß, warum.

Eine bestimmte Region der Unterwelt wird beispielsweise durch Acheron, den Fluss des **Leidens** begrenzt. So bedarf es oftmals vieler Leiden, um den Menschen zu einer **Wandlung** zu veranlassen.

Diese **Wandlungs-** und **Transformationsprozesse** sind ein ganz besonderes Anliegen von Hades/Pluto. Als Herrscher über das Totenreich macht er deutlich, dass **ohne Absterben von Altem nichts Neues entstehen** kann. Sinnbildlich gesprochen sind es **alte Muster** und **Verhaltensweisen,** die **sterben** müssen, um neuen, angemesseneren Dingen Platz zu machen und sie zum **Leben** zu erwecken. Dies kommt ferner durch die schon angesprochene Geschichte von Hades mit seiner Gattin Persephone zum Ausdruck.

Diese verbringt ja bekanntlich ein Viertel des Jahres bei ihm in der Unterwelt, ähnlich dem Samen in der Erde, bevor er sichtbar wird.

Den Rest des Jahres darf sie dann bei ihrer Mutter Demeter, der Göttin der Fruchtbarkeit, unter ihrem ursprünglichen Namen Kore, im Licht sein.

Diese **Stirb- und Werdeprozesse** sind nun einmal eine Domäne von Hades/Pluto, dem Gott der Unterwelt. Er ist dadurch natürlich nicht sonderlich beliebt. Deshalb wurde ihm auch nur mit abgewandtem Gesicht geopfert. (Siehe Toilettengang, der ebenfalls dem plutonischen Prinzip angehört.)

Etwas sterben zu lassen oder hergeben und loslassen zu müssen, ist natürlich für den Menschen das am stärksten verdrängte und tabuisierte Gebiet.

Doch das Wissen um diese Voraussetzungen und Zyklen der **Wandlung** und der **Metamorphose** ist für die **Geburt von neuem Wachstum** hier sehr hilfreich. So hat auch Hades, wie alles in unserer irdischen Welt, seine zwei Seiten.

Ein ebensolches **Tabu wie der Tod** ist oft auch die **Sexualität**, die dadurch natürlich in den Zusammenhang mit Hades/Pluto gebracht wird. Auch sie kann **zwanghafte** oder gar **sadistische Züge** annehmen. Aber in ihrer reinsten Form lässt sie durch echte Hingabe das »Ego« sterben und sorgt so in zweifacher Hinsicht für neues Leben. Denn nur Sexualität kann durch dieses Wunder der Empfängnis und Geburt eine Antwort auf den Tod sein.

Hier lässt sich ferner das **Sippenerhaltungs-Prinzip** des Gottes der Unterwelt einordnen, bei dem jeder unbewusst auf Gedeih und Verderb den **Auftrag der Ahnen** weiterführt. Diese Tatsache gilt es für uns genauso zu erkennen und zu verwandeln, wie die unter Umständen in der Kindheit aufgenommenen unbewussten **Leit- und Glaubenssätze** wie beispielsweise: »Du bist dumm« oder »Das schaffst du ja doch nicht«. Sehr schön nachzulesen in Berichten und Büchern über die **Transaktions-Analyse** von Eric Berne.

Man sieht, dies ist kein leichtes Thema. Wer setzt sich schon gerne mit zwanghaften, zerstörerischen Machenschaften oder gar mit dem Tod auseinander. Aber Werden und Vergehen gehören nun einmal zum Leben. Und nach diesen Gesichtspunkten ist die Lehre der **Reinkarnation** (Wiederverkörperung) eigentlich ganz logisch. Doch daran zu glauben, muss jeder für sich selbst entscheiden; ähnlich wie bei dem Glauben an Gott.

Zum Glück ist Hades/Pluto aber nicht nur negativ zu sehen. Wie wir gesehen haben, ist er auch der Herr der Schätze, die jeder nur tief in sich selbst verborgen finden kann. Und sein Ruf ist der einer **Wandlung,** der die Menschen, die ihm folgen, **auferstehen** lässt wie den berühmten **Phönix aus der Asche.**

Sicher ergeht es dir ähnlich wie Leo, der jetzt erst einmal eine kleine Pause braucht. Man kann sich auch nach jedem der einzelnen Akteure eine kurze schöpferische Auszeit nehmen, den Text mehrmals durchlesen oder sich ausführlichere Informationen suchen. Jedoch sind diese spannenden Geschichten deshalb so wichtig, weil man das Verhalten der antiken Götter in den entsprechenden Tierkreis- oder Planetenprinzipien wiederfinden kann. Und durch die Erinnerung an ihre Geschichte versteht man dann viel schneller und besser, warum die Menschen sich so oder ähnlich verhalten, denken oder handeln.

Jupiter
Zeus
Schütze

Jupiter römisch, und **Zeus** griechisch, ist der **erste und größte der Götter des Olymp.** Ihm untersteht außer dem Himmel auch die Erde, deren Herrschaft er sich mit seinen Brüdern Poseidon/Neptun, dem Gott des Meeres, und Hades/Pluto, dem Gott der Unterwelt, teilen muss.

Er ist also der Größte unter Gleichen. Seine Hauptbeschäftigung besteht im Zeugen neuer Nachkommen, was aber oft missverstanden wird. Es soll nämlich vielmehr ein **Indiz** für die **Vielzahl und die Fülle neuer Möglichkeiten** sein. Dadurch repräsentiert er höchstpersönlich das stets **expandierende Urprinzip.**

Um zum Ziel zu kommen, verwandelt er sich selbst oder auch seine Gespielinnen oft in die unterschiedlichsten Tiere. Hier ist seine **Nähe** zu den **Tieren** (besonders zu den **Pferden**) ersichtlich. Unterstrichen wird dies noch durch seine Tochter **Artemis/Diana,** der beim Mond schon erwähnten amazonenhaften, jungfräulichen **Göttin der Jagd.** Der ebenfalls schon bei der Sonne besprochene **Apollon** ist ihr **Zwillingsbruder** und für **Weisheit und Kultur** zuständig, womit **Jupiter/Zeus** ja in einem sehr hohen Maße zusätzlich in Verbindung gebracht wird.

Auch **Athene,** die er aus seinem eigenen Kopf gebar, nachdem er seine schwangere erste Geliebte Metis (die Siebengescheite) verschlungen hatte, war nicht nur die **Göttin der Schlachten,** sondern vor allem eine **Göttin der Weisheit und der Kunst.** Sie wurde dann die Stadtgöttin der Athener, und die Römer setzten sie mit **Minerva** gleich.

Zeus hatte einfach Angst, dass ihn seine eigenen Kinder, dem Orakel nach, stürzen würden, und so verschlang er Metis einfach, als diese sich in eine Fliege verwandelt hatte. Wegen der Klugheit der Göttin Metis, jetzt im Bauch von Zeus, wird das Bauchgefühl selbst heute noch als sehr weise angesehen.

Die Legende von **Prometheus** dagegen**,** der den Göttern das Feuer stahl, steht für **Lern- und Bewusstwerdungsprozesse.** Als Strafe des Zeus wurde Prometheus nackt an einen Felsen gekettet. Seine Leber wurde täglich von den Geiern aufgefressen, doch erneuerte sie sich stets vollkommen in einer jeden Nacht. Befreit wurde er durch Chiron, den verwundeten Heiler, auf den wir noch zu sprechen kommen. So ist auch die Leber als eine der Jupiterzuordnungen zu verstehen.

Dabei wird gleichzeitig die sich immer wieder erneuernde **Überzeugungskraft** deutlich, mit der sich unser Gott Zeus/Jupiter bei **Glaubensfragen** einbringt. Auch mit seinem typischen Handwerkszeug, dem **Blitz und dem Donner,** trifft er so manchen, der seinen Anordnungen zuwiderhandelt. Hierbei zeigt sich manchmal eine gewisse **Überheblichkeit.**
Nicht zuletzt ist es dieses oft etwas **arrogante Gebaren,** welches sich besonders der **Adel,** die **Religion** und die **Wissenschaft** auf ihre Fahnen geschrieben hatten und haben.

Ebenso möchte Zeus so manche Auserwählte, oft gegen ihren Willen, zu ihrem Glück zwingen, wobei ihm jedes Mittel recht ist. Dies spricht für seinen **Überzeugungsdrang** und seinen **Missionierungseifer.**

Auf der anderen Seite ist er ein **Gott der Fülle** und **unterstützt** gar manchen Helden sehr **wohlwollend.** Und trotz der Geschichte mit Metis liegt ihm das **Glück** seiner Kinder sehr am Herzen. So manches behütet er vor dem Zorn seiner eifersüchtigen Gattin Hera.
Er lässt sich sogar herab, um sich mit Herakles unerkannt bei den ersten olympischen Spielen zu messen. Hierdurch wird sein **Interesse am Sport** unterstrichen.
Bei seinen amourösen Abenteuern ist er natürlich sehr viel unterwegs. Dies bringt ihn folglich in die Verbindung zu **Abenteuer und Reisen.**

Schon in seiner Kindheit wird Zeus/Jupiter durch **glückliche Umstände** gerettet, um den Einschränkungen seines Vaters Kronos/Saturn etwas entgegensetzen zu können. Er tritt dessen Nachfolge an und bewirkt **Entfaltung,** wenn auch manchmal etwas **überzogen.** Sein Prinzip sorgt für **Expansion, positiv wie negativ,** was oft vergessen wird. Denn sicher ist es nicht so angenehm, wenn sich vor allem die roten Zahlen auf dem Konto vermehren.

Saturn
Kronos
Steinbock

Saturn, römisch, und **Kronos,** griechisch, ist der **Herr der Zeit.**
Er verkörpert damit das **einschränkende und begrenzende Urprinzip.**
Als Sohn des Himmelsgottes Uranos und seiner Mutter Gaia, der Erde, musste er schon sehr früh **Verantwortung** übernehmen, der er sich kaum entziehen konnte.
Gaia ist erzürnt, dass Uranos unermüdlich neue Wesen schafft, die zum Teil wirklich hässlich sind. Als solche Wesen, die Kyklopen, oft auch Zyklopen genannt (einäugige Riesen), den Aufstand gegen Uranos wagen, wirft er sie in den Tartaros (Unterwelt). Gaia stachelt ihre anderen Kinder, die Titanen, zur Vergeltung an.
Dem jüngsten, Kronos, übergibt sie eine Sichel, mit der dieser den Vater Uranos dann entmannt.

Kronos wird zum **Anführer der Titanen,** die von da an die alleinige **Herrschaft über die Erde** hatten. Er verbannt die Kyklopen nun sofort wieder, heiratet seine Schwester Rhea und führt ein überaus **machtvolles, strenges Regiment,** in dem er für **Recht und Ordnung sorgt.** Hier wird sein **ehrgeiziges, rücksichtsloses Streben** nach **Macht, Ruhm, Ehre** und **Anerkennung** sichtbar; ebenso wie sein **Konkurrenzverhalten.**
Es wird ihm aber vorausgesagt, dass **auch er seinerseits** von einem seiner Söhne entthront würde. Aus **Angst** davor verschlingt er alle seine Kinder. Hier werden einerseits die **Schuldgefühle** verständlich, die sich aus seinen Handlungen ergeben sowie eine gewisse Tendenz zur **Selbstbestrafung.** Andererseits werden aber auch die vielen Möglichkeiten sichtbar, derer **er sich selbst beraubt,** indem er seine eigenen **Schöpfungen vernichtet.** Dies bedeutet **Lebensfeindlichkeit** sowie **Hemmung** und **Einschränkung.**
Durch eine List gelingt es Rhea, ihm eines seiner Kinder vorzuenthalten, indem sie ihm einen in Windeln gewickelten Stein gibt.
Bei diesem Nachkommen handelt es sich um den bereits vorher besprochenen **Zeus/Jupiter.**

Als dieser herangewachsen ist, wird Kronos/Saturn abermals überlistet. Es wird ihm ein Trank verabreicht, der ihm zum Erbrechen aller seiner göttlichen Kinder zwingt.

Diese verbünden sich wiederum mit den verstoßenen Kyklopen im Kampf gegen ihren Vater. Aus Dankbarkeit bewaffnen jene die göttlichen Brüder **Poseidon mit dem Dreizack, Hades mit der Tarnkappe und Zeus mit Blitz und Donner.** So bewaffnet gelingt es ihnen, ihren **Vater Kronos** zu überwältigen.

Anschließend teilen sie die Herrschaft über Himmel und Erde, das Meer und die Unterwelt unter sich auf. **Zeus** übernimmt fortan, wie schon gesagt, die Regentschaft über den Himmel und auch über die Erde vom Olymp aus.

Er ist gnädig zu seinem Vater und **verbannt** ihn nach Latium. **Kronos** siedelt sich dort an und bringt dem Volk des dortigen Königs Janus **Kultur, Landwirtschaft** sowie **Wirtschaften** im Allgemeinen und **Recht und Ordnung** in der **Staatsführung** bei. Er wird identisch mit **Janus** und zeichnet sich durch **zwei Köpfe,** beziehungsweise zwei Gesichter aus, den sogenannten »Januskopf«.

Einer dieser Köpfe blickt nach hinten und hält Rückschau in die **Vergangenheit,** der andere blickt nach vorne in die **Zukunft.**

So ist auf einmal aus dem **einengenden Kronos/Saturn** ein **weiser Lehrer** und **Schicksalsprüfer** geworden. Er hat aus der **Erfahrung gelernt,** sich auf das wirklich **Wesentliche** zu **konzentrieren** und **ernsthafte** sowie **konstruktive Strukturen** zu geben.

Die **Römer** übernahmen die Figur des geläuterten **Saturns** und feierten ihm zu Ehren um die Weihnachtszeit herum (**Steinbock**) eine Woche lang ein Fest, bei dem es auch Geschenke gab, die sogenannten **Saturnalien,** die unserer heutigen Weihnachtszeit ähneln.

Saturn hat also durchaus nicht nur negative Seiten. Aber zuerst wird sein Prinzip meist als Hemmung und Einschränkung erfahren. Dann erfolgt die Kompensation durch das Streben nach Karriere und Anerkennung in der Gesellschaft. Erst durch die zeus-jupiterhafte Sinnüberprüfung kann diese Forderung des Saturn entmachtet werden. Unter Umständen kann es bis zur sogenannten »Midlife-Crisis« dauern bis diese Erkenntnis endlich greift, denn **Saturn** hat sehr **viel Zeit** und **Ausdauer.** Wenn es sehr gut ausgeht, kann man sich aber dann danach die wirklich **positiven Seiten des Saturn** tatsächlich zunutze machen.

Hierzu gehört natürlich auch, die berühmte Schwelle des Saturn zu überwinden und damit seine »**eigene Verantwortung**« zu übernehmen. Denn Kronos/Saturn hat sich selbst, wenn auch zum Teil **notgedrungen,** durch die Entmachtung seines Vaters **zum Herrn über Gut und Böse** aufgestellt. So ist es unsere Aufgabe, dieses zu durchschauen und zu erkennen, dass **die Polarität in unserer Welt der Preis für unser Bewusstsein ist.**

Ebenso kommt diese Tatsache in der schon erwähnten Sage von Prometheus mit seinem Feuerdiebstahl und der Strafe durch die Götter zum Ausdruck. Kronos/Saturn symbolisiert hier den **Felsen,** an den man durch das Bewusstsein gekettet ist und von dem es sich zu befreien gilt.

Wir haben hier außerdem eine Parallele zum **Sündenfall** aus der Bibel, wobei Saturn gerne mit Satan in Verbindung gebracht wird. Jedoch hinter Satan verbirgt sich ja Lucifer, der **Lichtbringer**, und das **verlorene Paradies ist auch hier der Preis für die Bewusstheit.**

Uranos	**Uranos** ist der schon erwähnte **Urvater der Götter** und **erster Herr des Himmels.** Seine Mutter **Gaia, die Erde,** tauchte aus dem Chaos auf und gebar ihn, ohne es zu bemerken, im Schlafe.
Uranus	
Wassermann	

Er zeugte sich sozusagen aus sich selbst und stieg auf in den Himmel. Von dort aus begann er sofort, seine Mutter durch fruchtbaren Regen zu berieseln. Diese gebar daraufhin aus ihren vielfältigen Öffnungen die Pflanzen und die Tiere, Flüsse, Seen und Meere sowie die vielfältigsten Gestalten und schließlich die Götter und die Menschen. Diese sorgten ihrerseits wiederum für nicht enden wollende **neue Kreationen.**

Somit steht **Uranos** für das **exzentrische, unstete Urprinzip** und die **göttliche Vielfalt** der **schöpferischen Ideen.** Daher ist es unsere Aufgabe, **unsere eigene uranische Idee** in uns selbst zu entdecken und zu verwirklichen. Wann immer uns **Zufälle, Geistesblitze, Erfindungen** oder sonstige **originelle Ideen** erreichen, sind sie sicherlich uranischer Herkunft.

Uranos brachte aber nicht nur wohlgefällige Wesen hervor, sondern auch durchaus hässliche, wie die schon erwähnten Kyklopen, die er dann selbst ins Innere der Erde, in den Tartaros verbannte. Hier zeigt sich noch einmal seine **exzentrische** und auch gefühlsmäßig **distanzierte Art.** Sein **schöpferisches Potenzial** aber ist **unermesslich** und **genial.** Doch Genie und Wahnsinn liegen ja bekanntlich sehr dicht beieinander.

Das Verstoßen ihrer Kinder und auch das **nervöse, unstete** nimmer enden wollende Zeugen neuer Kreaturen wurde Mutter Erde zu viel, sodass sie schließlich ihren jüngsten Titanensohn Kronos um Hilfe bat. Es kam zu der schon erzählten Geschichte der **Entmachtung von Uranos durch seinen Sohn Kronos.** Aber auch die Sage der aus seinem letzten Samen **schaumgeborenen Aphrodite** gehört hierher, sodass er noch im Sterben die Möglichkeit der Rückkehr zu himmlischen Gefilden durch die Liebe schuf.

Uranos lebt aber überdies weiter in der Gestalt des olympischen **Gottes Hephaistos.** Er ist so **außergewöhnlich** in seiner Erscheinung von Geburt an, dass man sich seiner schämte und ihn aus dem Olymp auf die Erde warf. Er übersteht den Flug aber gut, landet im Meer und wird von Ziehmüttern in einer Grotte aufgezogen. Wir finden hier die Verbindung des freien uranischen Prinzips zum **Fliegen** sowie zur **Luft- und Raumfahrt.** Hephaistos setzt das Werk der Kinder von Uranos, den Kyklopen, fort und wird ein **erfinderischer** Kunstschmied. Als die Götter merken, welches **Talent** ihnen entgangen ist, holen sie ihn zurück auf den Olymp.

Es kommt zu seiner **ungewöhnlichen** Heirat mit Aphrodite, was ihn wiederum mit dem uranischen Prinzip verbindet. Ebenso ist dies der Fall, als seine Mutter Hera wegen eines **Aufstandes** gegen Zeus am Himmelsgewölbe aufgehängt wird, hilft er ihr **spontan.**

Jedoch wird er wegen seines **revolutionären Verhaltens** erneut aus dem Himmel geworfen. Diesmal bricht er sich seine beiden **Unterschenkel.** Dies deutet auf die Analogie von Uranus zu den **Unterschenkeln** hin sowie auf seine **Neigung zu Unfällen.**

Daraufhin fertigte er sich nicht nur goldene Krücken an, sondern auch **mechanische** Frauen, die ihm alle Arbeit abnehmen und sogar sprechen können. Wie man sieht, sind unsere heutigen **Roboter** gar nicht so etwas sehr Neues unter dem Himmelszelt.

Ebenso schuf er die äußere Gestalt der **Pandora mit ihrer unheilvollen Büchse** voller Widerwärtigkeiten für die Erde; während nach einer anderen Theorie diese Übel für die Menschheit von einem zornigen Zeus stammten, weil Prometheus, wie schon erwähnt, den Göttern das Feuer gestohlen hatte.
Fortschritt kann sich also durchaus trotz Behinderung, oder gerade deshalb ergeben. Aber ungeachtet seiner Genialität hielten viele Hephaistos für einen komischen Kauz oder gar für einen Narren. Doch gerade die **Narrenfreiheit** ist es, die absolute **Freiheit** als solche ermöglicht und **sich über andere zu erheben** vermag.

Uranos bedeutet also: **Schöpferische Kräfte,** die aus sich selbst schöpfen und nicht zuletzt, sich höchstpersönlich in seiner eigenen **uranischen Idee** zu finden. Ferner gehört es zu diesem Thema, immer wieder **Inspirationen** aufzunehmen, die dem **Fortschritt** und der **Weiterentwicklung** der Menschheit dienen. Außerdem können auch **Aufstände** und **revolutionäre Ideen,** die lang ersehnte **Freiheit und Gleichheit** bringen. Natürlich kann dies zu erheblicher **Nervosität** und enormem **Stress** führen. Daher bedarf es in solchen Situationen eher einer gewissen **Distanziertheit** zu sich selbst.

Poseidon
Neptun
Fische

Poseidon ist neben Zeus und Hades der dritte der drei göttlichen Brüder, die ihren Vater Kronos/Saturn entthronten, welcher wiederum seinen Vater Uranos entmachtet hatte. Ihm fiel bei der Verlosung über die Herrschaftsgebiete der Götter das Meer zu, welches das **auflösende, grenzenlose Urprinzip** symbolisiert.

Genau wie sein Bruder Hades war auch Poseidon/Neptun nicht sehr glücklich über dieses Los. Er beginnt sofort damit, sich einen **reichen, ausgedehnten Unterwasserpalast** zu bauen, in den er sich **zurückziehen** kann. **Fantastische** Meereswesen, die selten aus der Tiefe **auftauchen,** umgeben diesen Palast.

All das zeigt die **Sensibilität,** die **Reichhaltigkeit,** die **Grenzenlosigkeit,** die **Rückzugstendenz,** die **Fantasie** und ferner das **Meer des Unbewussten** an, welche das poseidonische/neptunische Prinzip beinhaltet.
Poseidon will seinem Bruder Zeus in nichts nachstehen und so hat er ähnlich wie dieser zahlreiche Liebschaften und Nachkommen.
Nur geschieht dies eher **heimlich** und ist daher weniger bekannt. Es zeigt aber die durchaus vorhandene **Vielfalt,** ja sogar die absolute **Grenzenlosigkeit neptunischer Möglichkeiten** an.

Da er seine Angebeteten aber häufig in **Angst** und **Schrecken** versetzte, musste er oft zu **List, Lügen, Unklarheit, Verschleierung** oder gar zu **Zauberei** und **Verwandlungskünsten** greifen, um sie zu erobern.
Hier wird einmal der **angstauslösende** Moment deutlich, zum andren spiegelt sich das ganze Spektrum der **Lügen** und der **Illusionen** wider, die ebenso dem neptunischen Prinzip zugeordnet sind.

Bei seiner Gattin **Amphitrite,** was **Seherin** bedeutet, zahlte sich seine **Langmut** so aus, dass sie schließlich, vielleicht auch nur aus **Mitleid,** seinem Werben doch noch nachgab.

Bei der folgenden grandiosen Hochzeit versammelten sich nahezu alle Kreaturen, welches den **Einklang der Natur** unter seinem Zepter, dem Dreizack, symbolisiert.
Ähnlich wie die Zeusgattin Hera war Amphitrite nicht sehr von den Seitensprüngen ihres Mannes begeistert und benutzte bei ihren Rachefeldzügen oft **Gift** oder gar **Zauberkünste,** die natürlich ebenso mit zum neptunischen Repertoire gehören.
Auch Poseidon selbst nutzt die **Kräfte der Natur** durch gewaltige **Stürme** und ebensolche **Flauten;** ferner gelingt es ihm, seinen Feinden die **Wahrnehmung zu vernebeln** und ihnen eine reine **Scheinwelt** vorzugaukeln. Ihn selbst treibt eine **unklare Sehnsucht,** aber er bleibt immer ganz **geheimnisvoll** im **Hintergrund.**

Unter anderem spiegeln sich hier **Angst und Träumereien, Betrug und Illusionen, Unklarheit und Geheimnisvolles** sowie **Fantasie und Zauberkräfte,** wie sie oft in der Welt der **Film- und Showbranche** zu finden sind. Doch letztlich leben sie natürlich genauso **tief im Inneren in jedem** von uns selbst.

Poseidon vollbringt sogar ein **Wunder,** als er seinen Dreizack in die Erde stößt und aus ihm drei Quellen hervorgehen, die zu dem **unversiegbaren Fluss Lerna** werden. Außerdem zeugt er mit Theophane nach **Verwandlungskünsten** den **Widder** mit dem **goldenen Vlies,** welches ein Symbol der **Einheit** darstellt.
Hier zeigt sich sein **Ahnungs-** und **Einfühlungsvermögen,** das sehr **intuitiv** ist und schon fast an **Hellsichtigkeit** grenzt.
All das sind typisch neptunische Eigenschaften, ebenso **Mitleid** und **Helfen, Einfühlungsvermögen** und **Sensibilität, Ahnungsvermögen** und **Intuition.**

Ebenso gilt **Pegasos, das geflügelte Ross** als eine seiner Schöpfungen. Nicht zu vergessen sind die vielen weißen Pferde, die sich bei seinem Palast tummeln und seine goldene Kutsche ziehen, was für die **Triebhaftigkeit** seiner **Gefühle** spricht, denen sogar – ähnlich wie bei Pegasos – **Flügel** verliehen werden können.

Trotzdem gelingt es ihm nach etlichen Versuchen nicht, sein Reich zu vergrößern, beziehungsweise mehr Einfluss auf der Erde zu bekommen, was ihn sehr **enttäuscht** und oft auch ziemlich **traurig** oder sogar **beleidigt** sein lässt.
So stiftet er weiterhin **Chaos** und **Verwirrung, vernebelt** die Sicht und lässt **Traumzustände** sowie **Sucht** und **rauschhafte Sinnestäuschungen, Halluzinationen, Ekstase** und **wilde Orgien** grassieren. Hier arbeitet er gerne mit **Dionysos, dem Gott des Weines,** zusammen.

Besonders deutlich werden die Attribute Poseidon/Neptuns bei der **Reise des Odysseus.** Dieser muss viele Prüfungen bestehen, bevor er nach Hause zurückkehren kann. Nach seinem Abstieg in den Tartaros wurde ihm ein glückliches Ende seiner Reise prophezeit, wenn er Poseidon ein Opfer bringe.

Er wurde mit allen positiven und negativen Möglichkeiten des Meeresgottes konfrontiert. So kam es dann, dass er seine wertvollen Kleider **opfern musste,** um **nackt** aus dem **Meer des Unbewussten** aufsteigen zu können und um, an den Mast seines Schiffes gefesselt, den verführerischen Gesängen der Sirenen widerstehen zu können. – Einer glücklichen **Heimkehr** stand nun nichts mehr im Wege, aber es war und bleibt eine wirkliche **Odyssee.**

Das neptunische Prinzip ist nicht gerade einfach zu meistern. Es hat fast zu viele Aspekte; sowohl positive als auch negative kommen hier reichlich zusammen. Denn: **Wie leicht kann man sich täuschen und flüchtet sich in Träume, in Illusionen oder Süchte.** Aber das **Vertrauen** auf eine **glückliche Heimkehr** nach vielen **Odysseen** scheint immer **durch.**

So ist die mythologische Reise des Helden immer wieder ein schönes Gleichnis für den menschlichen Entwicklungsweg.

Leo ist noch ganz aufgeregt, es war wirklich unglaublich spannend. Und er ist gar nicht müde geworden, dass es so interessant wird, hätte er nicht geglaubt. Und Heldengeschichten sind natürlich genau nach seinem Geschmack.

Es bleibt jedem selbst überlassen, noch tiefer in diese Geschichten einzutauchen und sie ausführlich zu lesen. Es gibt genügend Bücher zu diesen Themen und auch im Internet ist vieles dazu zu finden.

Hier war es nur wichtig, einen Zusammenhang von den Namen der Götter und ihrer Verbindung zu den Planeten herzustellen. Aus ihrem Charakter und ihren Geschichten ergeben sich dann die Beziehungen zu den Eigenschaften, die wir bei den einzelnen Tierkreiszeichen und Planetenstellungen wiederfinden. Man könnte auch sagen, es sind innerseelische Prozesse, die sich auf diese Art und Weise zeigen. Denn: Jeder Mensch trägt all diese archetypischen Kräfte in sich – nur eben in total unterschiedlicher Gewichtung und Auslebensform.

Leo ist immer noch ganz hingerissen von der Vielfalt des Geschehens.

Er wird diese Bilder noch lange vor Augen haben, und manchmal kann man ja ruhig ein wenig träumen ... Heldentaten und Odysseen spielen sich ab, schöne Frauen und mutige Krieger kommen zum Einsatz, genau wie schlaue Füchse und echte Götter.

Dabei fällt Leo noch das Bild von Peter Paul Rubens ein, wie Zeus/Jupiter in der Gestalt eines Adlers den schönen Jüngling »Ganymedes« raubt, um ihn zum Mundschenk der Götter des Olymp zu machen. Ja, selbst Knabenliebe hat es damals schon gegeben.

Aber auch die 3 Moiren, die Schicksalsgöttinnen, die noch über den Göttern stehend, die Schicksalsfäden in der Hand halten, kommen ihm in den Sinn.

Ja, es macht Leo richtig Spaß, sich mit diesen tollen Erkenntnissen auseinanderzusetzen. (Die Reihenfolge der mystischen Geschichten wurde entsprechend der Reihenfolge der einzelnen Tierkreiszeichen und ihrer Planeten gewählt, wobei die Stier- und Waagevenus sowie der Zwillings- und Jungfraumerkur jeweils zusammen besprochen wurden.)

Zum besseren Verständnis hier noch einmal eine Tabelle mit den positiven und negativen Eigenschaften der Götter und Planeten.

Planetenprinzipien

Planet	Prinzip positiv	Prinzip negativ
Widder/Mars	Kampf Durchsetzung Energie Initiative	Streit Aggression Schwäche Gewalt
Stier/Venus	Eigenwert Sicherheit Abgrenzung Besitz	Wertlosigkeit Materialismus Sturheit Armut
Zwillinge/Merkur	Kommunikation Selbstdarstellung Beweglichkeit Rhetorik	Aufdringlichkeit Zurückhaltung Ungeschicklichkeit Sprachlosigkeit
Krebs/Mond	Gefühle Fürsorge Erleben Empfinden	Labilität Bemuttern Kälte Ablehnung
Löwe/Sonne	Herz Handeln Selbstständigkeit Spaß	Stolz Untätigkeit Unselbstständigkeit Frust
Jungfrau/Merkur	Nutzung Analyse Vernunft Arbeit	Ausnutzung Pedanterie Anpassung Dienen
Waage/Venus	Liebe Schönheit Harmonie Balance	Unentschlossenheit Schlamperei Heuchelei Ungleichgewicht
Skorpion/Pluto	Macht Täter Verbindlichkeit Leidenschaft	Ohnmacht Opfer Fixierung Magie
Schütze/Jupiter	Expansion Wissen Sinn Bildung	Mangel Überheblichkeit Sinnlosigkeit Verständnislosigkeit

Planet	Prinzip positiv	Prinzip negativ
Steinbock/Saturn	Verantwortung Recht Gesellschaft Erfolg	Wertung Schuldgefühl Hemmung Verdrängung
Wassermann/Uranus	Freiheit Gleichheit Originalität Inspiration	Stress Nervosität Exzentrik Langeweile
Fische/Neptun	Sensibilität Intuition Fantasie Träume	Helfen Flucht Angst Illusionen

Leo ist nun wieder etwas beruhigt. So kann er sich das jetzt recht gut merken. Er beschließt, etwas zu entspannen und dann auf die Jagd zu gehen ...

Dabei denkt er noch ein wenig darüber nach, dass ja wirklich alles im Leben hier auf der Erde seine zwei Seiten hat, einmal positiv und einmal weniger positiv. Eines wäre ohne das andere gar nicht denkbar und wahrnehmbar. Wie sollte man sonst ohne die Nacht den Tag erkennen? »So ist das eben hier in der Dualität«, meint er kopfschüttelnd und trottet auf leisen Pfoten davon.

Die Einteilung des Tierkreises

In den heute gebräuchlichen runden Horoskopzeichnungen bilden die **Tierkreiszeichen den äußeren Kreis,** der dem **Tierkreisband der Sternbilder um die Erde entspricht,** wie wir es schon beim Zodiak oder Tierkreis besprochen hatten.

Dieses Band der Sternbilder wird auch **Ekliptik** genannt. Solch ein Kreis beträgt wie immer 360 Grad. Teilt man nun dieses Rund der Tierkreissternbilder durch die 12 Zeichen, so ergeben sich **12 Abschnitte** zu jeweils **30 Grad.** Wir können somit die **12 Geburtszeichen** von **Widder bis Fische** darin einteilen. Des Weiteren kann man die einzelnen **Zeichen von 30 Grad** wiederum **in 3 Dekaden zu jeweils 10 Grad** unterteilen. (Siehe Aufstellung bei den Tierkreiszeichen.)

Dies entspricht nahezu perfekt dem Lauf der Sonne durch das Jahr mit seinen etwa 365 Tagen und den 12 Monaten zu jeweils 30 und 31 Tagen, wobei die Monate dem

Zyklus des Mondes zugeordnet sind. Das **astrologische Jahr beginnt** allerdings nicht mit dem 1. Januar, sondern erst **am 21. März,** dem sogenannten **Frühlingspunkt** (siehe separates Kapitel), mit dem ersten Tierkreiszeichen, dem Widder. Der davor liegende Februar kann mit sonst 28 Tagen in Schaltjahren zum Ausgleich der genau 365,24 Jahrestage 29 Tage haben.

Der **Tag** selber stellt letztlich die **Drehung der Erde um sich selbst** dar, was wiederum eine ganz besondere Bedeutung im Horoskop hat. Denn das jeweils **im Osten** der Ekliptik (Tierkreisband) **aufgehende Zeichen** zur Geburtszeit am Geburtsort bestimmt den **Anfang der Häuser** und damit den **Aszendenten.**

Hier dreht sich die Erde, bildlich gesprochen, innerhalb von 24 Stunden durch alle Sternzeichen um sich selbst. Dabei tangiert sie jedes Sternzeichen etwa 2 Stunden.

Aus alledem ist ersichtlich, dass die Sonne, der Mond und der Aszendent von besonderer Bedeutung und Wichtigkeit im Geburtshoroskop eines Menschen, dem sogenannten Radix, sind.

Der **Aszendent** bildet dann zusätzlich auch den **Anfang** des **inneren Kreises,** dem **astrologischen Häusersystem,** welches den **einzelnen Lebensgebieten** im menschlichen Dasein entspricht. Wen wundert es, wenn auch dieses wiederum **12 Orte** sind, die **Analogien** zu den **12 Zeichen** haben. Zu jedem dieser **Zeichen** gehört entsprechend **ein Planet,** oder anders ausgedrückt: Die **Planeten symbolisieren ein kosmisches Urprinzip,** ebenso wie die **Zeichen die archetypischen Fähigkeiten** eines Menschen andeuten.

Die **Häuser** sind jedoch unterschiedlich **groß** und ebenso **verschieden** über die einzelnen **Tierkreisgrade** verteilt. Man kann jedoch trotzdem sehr gut erkennen, welches **Haus** von welchem der **Zeichen angeschnitten** wird, was für die **Deutung** von besonderer **Wichtigkeit** ist. Außerdem zeigt sich, wie und wo die einzelnen **Planeten** in den jeweiligen **Zeichen und Häusern zu finden** sind. Hierdurch kommt sodann die besondere **Einzigartigkeit** und **Individualität** eines jeden **Horoskops,** und damit die seines **Eigners, zum Ausdruck.**

Durch eine **Dreiteilung** des Kreises mit den **12 Häusern** ergeben sich die **vier Quadranten,** die ihrerseits zusätzlich einen **übergeordneten Lebensbereich** repräsentieren. Zu ihnen gehören jeweils **3 der 12 Häuser.** Den **Beginn** eines jeden **Quadranten** bilden **4 besondere Punkte,** die man als sogenanntes **Achsenkreuz** bezeichnet.

Hinzu kommt die **Zugehörigkeit** der **Zeichen** zu den **vier Elementen,** ferner die **Polarisierung** in **männliche** und **weibliche Zeichen** sowie deren **Qualität,** also ob sie **kardinal** (zielgerichtet), **fest** (bewahrend) oder **veränderlich** (beweglich) ausgerichtet sind.

Leo meint: »Das ist mir alles viel zu theoretisch, geht es nicht ein wenig einfacher?«, stöhnt er genervt.

»Ja, am Anfang ist es vielleicht ein bisschen schwierig, bei allem gut durchzublicken, lieber Leo. Aber du wirst sehen, mit der Zeit geht es ganz von selbst. Genau wie bei allem anderen, was man so lernt.«

»Na ja«, tröstet sich Leo, »dann kann ich ja jetzt wieder das Leben genießen«, meint er nun schon fröhlicher.

»Unbedingt Leo, du bist doch der geborene King und ein Lebenskünstler dazu.«

Die Horoskophälften

Doch nun die Aufteilung noch einmal aus einer anderen Sicht:

Es ist wie »bei Muttern zu Hause«. Ähnlich einem Kuchen kann man den **Tierkreis** zuerst in **zwei Hälften** teilen, wobei die beiden Hälften durchaus ihre eigene Bedeutung haben.

Teilt man dann den Tierkreis zuerst von oben nach unten in eine linke und eine rechte Seite, ist oben der **MC**, unten der **IC**.

Es ergibt sich auf der linken Seite die **Ich-Hälfte** und auf der rechten Seite die **Du-Hälfte**. Bei einer Betonung der beiden Hälften durch Planeten kann man sehen, ob der Horoskopeigner mehr auf sich selbst bezogen ist, oder ob er vermehrt andere zur Komplettierung seines Lebens braucht. Je nachdem, wie die Planeten in den Häusern verteilt sind und welche Zeichen betroffen sind, kann man dann seine Schlüsse zu den Gegebenheiten in bestimmten Lebensgebieten ziehen.

Wird der Kreis zuerst quer geteilt, so spricht man vom oberen Teil als der **Taghälfte**, was der Bewusstheit entspricht. Danach beginnt die untere Hälfte, die **Nachtseite**, welche eher mit dem Unbewussten und Instinktiven in Beziehung steht.

Die obere Hälfte beginnt mit dem **Aszendenten**, also dem **Sonnenaufgangspunkt im Osten (AC)**, in Richtung Uhrkreiszeigersinn und geht aufsteigend zum **Medium Coeli (MC) (Süden)**, dem höchsten Punkt im Horoskop, dem **Sonnenmittagsstand** oder der **Himmelsmitte**, analog unserem Lebensziel. Er bewegt sich dann weiter wieder abfallend zum **Deszendenten (DC)**, entsprechend dem **Sonnenuntergangspunkt im Westen**. Beim **DC** beginnt nun die untere Hälfte der Horoskop-Zeichnung und es geht in Richtung **IC**, dem **Imum Coeli (IC)** weiter, was mit dem **Norden** oder **Mitternachtspunkt** gleichzusetzen ist. Dieser bestimmt wiederum den tiefsten Punkt des Horoskops, welcher unserer Herkunft entspricht. Von hier aus geht es jetzt wieder aufsteigend zum **Aszendenten (AC)** zurück. Das Unbewusste kommt wieder ans Licht und wird ständig in neues Leben geboren – ähnlich als wenn ein neuer Tag beginnt.

Die Horoskophälften und die Verwirklichungsachsen

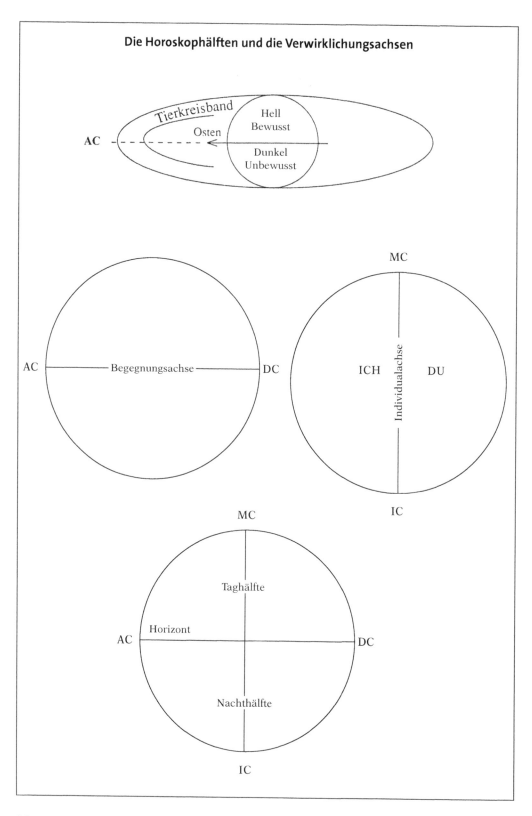

»Warum gibt es denn jetzt immer noch keine richtigen Kuchenstücke?«, fragt sich Leo. Er wird langsam ungeduldig, denn er bekommt großen Hunger. »Aber Leo, du isst doch sicher keinen Sahnekuchen, da ist dir eine Portion Fleisch bestimmt viel lieber, oder«?

»Natürlich«, antwortet Leo, »obwohl ich eigentlich wirklich viel lieber Vegetarier geworden wäre, aber das kann man sich ja leider nicht aussuchen«, brummelt er fast unhörbar leise vor sich hin.

Die vier Quadranten

Wenn man den Kuchen nun zweimal geteilt hat, ergeben sich **vier Viertel** und damit die **vier Quadranten.** Dies führt uns wiederum zu neuen Aussagen. Entgegen dem Uhrzeigersinn bildet das erste Viertel des Horoskopkuchens den **ersten Quadranten**, den **Körper-Quadranten.** Er spannt sich diesmal nach unten beginnend vom **AC** zum **IC.** Daran schließt sich vom **IC** zum **DC** der **zweite Quadrant**, der **Seelische Quadrant** an. Wir befinden uns in der **Nachthälfte** des Horoskops, also sind uns viele Dinge unseres Körpers und unserer Seele unbewusst. <u>**Alle diese unbewussten Themen sind jedoch in unseren Zellen und in unserem Emotionalkörper gespeichert.**</u>

Am **Deszendenten** begegnen wir der Umwelt und dem **Du**, dessen Spiegelung uns neue Möglichkeiten zu weiterer Bewusstseinserweiterung gibt. Voraussetzung ist natürlich, dieses auch als Spiegel zu erkennen und nicht zu bekämpfen. Die **Taghälfte** des Horoskops beginnt. Zwischen dem **DC** und dem **MC** liegt also der **dritte Quadrant**, der **Geistige-Quadrant.** Denn aus dem sich uns Begegnendem ergibt sich unsere Weltanschauung.

Vom **MC** wieder zurück zum **Aszendenten** schließt sich dann der **vierte Quadrant,** der **Überpersönliche Quadrant** an. Er zeigt uns sinnbildlich unseren Platz in der Gesellschaft.

So ergibt sich aus den **Achsen AC – DC** und **IC – MC** ein großes **Kreuz**, welches man das **Achsenkreuz oder auch das Verwirklichungskreuz nennt**, siehe Abbildung, S. 80. Diese Konstellation ähnelt, wie gesagt, den vier Himmelsrichtungen **Osten – Westen** und **Süden – Norden.**

Leo hat das mit dem »Vegetarier« ganz vergessen und hätte jetzt wirklich gerne ein Stück von dem Kuchen, aber wenn es geht, doch lieber »Fleischkuchen«, meint er und ihm läuft schon das Wasser im Maul zusammen. Natürlich würde er problemlos auch ein ganzes Viertel oder mehr, also einen, zwei, drei oder gar alle vier Quadranten nehmen. Hm, Hm ... leckt er sich genüsslich die Lefzen.

»Du musst dich noch ein wenig gedulden Leo, dies ist ein ganz wichtiger Akt, der dir in Fleisch und Blut übergehen sollte, dann hast du es später viel leichter.«

»Diese Einteilung werde ich bestimmt nicht vergessen«, antwortet Leo und schüttelt sich ungeduldig. Aber er passt dann doch total neugierig wieder ganz ruhig und besonnen extra gut auf, denn die weitere Einteilung der Häuser ist sehr interessant, da es sich ja um die einzelnen Lebensgebiete auf dieser Welt handelt.

Die Häuser innerhalb der Quadranten

Jeder Quadrant wird wiederum zweimal unterteilt, sodass sich insgesamt 12 Teile ergeben, die **12 Häuser oder die 12 Lebensgebiete.** Diese Stücke sind jedoch nicht so akkurat und etwa gleich groß wie bei einem Kuchen, sondern sie können sehr unterschiedlich in ihrer Größe sein. Das liegt aber an dem verwendeten **Häusersystem,** hier bei uns ist es meist das **Placidus-System.** Ferner gibt es noch das Koch-Häusersystem, bei dem alle Häuser gleich groß sind, nämlich 30 Grad. Es wird besonders in der Schweiz von der »Huber-Schule« und von Claude Weiss vom Institut »Astrodata« mit der Zeitschrift »Astrologie Heute« noch benutzt. Alle anderen Systeme sind kaum mehr aktuell.

Die **gegenüberliegenden Häuser** sind bei **Placidus** jedoch **immer gleich groß.** Unter anderem findet man so zum Beispiel sehr große Häuser, die sich oft sogar über mehrere Tierkreiszeichen erstrecken. Dadurch kommt es zu sogenannten eingeschlossenen Zeichen, bei denen ein Tierkreiszeichen gar kein Haus anschneidet, sondern zwischen zwei anderen Zeichen liegt, also davon eingeschlossen ist. Andere Häuser können wiederum so klein sein, dass ein Zeichen gleich für zwei Häuser zuständig wird. Die **Größe der Häuser** hat allerdings **keinen Einfluss auf die Deutung.**

Zu den Verwirklichungskreuzen, den Quadranten und den einzelnen Häusern, wird jeweils noch ausführlich berichtet.

Gehen wir noch einmal zurück zu den Horoskophälften. So schön es auch ist, sich in der bewussten Hälfte des Horoskops zu befinden, so ist doch durch Normen, Rollenerwartungen und Moral vieles an eigentlichem Potenzial verdrängt worden. Und es ist wirklich sehr schwer, seine **ureigenste Berufung** wahrzunehmen und ihr folgen zu können, ohne fremdbestimmt zu sein. Siehe der **MC** als Lebensziel.

Genauso schwierig ist es oft, seine echte, **wirkliche Identität** zu erkennen. Darüber gibt dann jeweils der **IC** Aufschluss. Genauso ist das Herausfinden seiner wahren und wirklichen Fähigkeiten und Talente oft gar nicht so einfach. Hier ist das astrologische **Herrschersystem** recht hilfreich und man kann zu guten, präzisen und erstaunlich zutreffenden Aussagen kommen. Siehe das Herrschersystem.

Die vielen Bücher lassen sich kaum aufzählen, die einzelne Teile dieser so komplexen Themen zum Inhalt haben und diese ausführlich behandeln. Das zeigt, dass sich über jeden dieser vielschichtigen astrologischen Bausteine problemlos ganze Bücher füllen lassen.

Leo bekommt nun endlich seine wohlverdiente Belohnung. Zufrieden leckt er sich jetzt um das Maul und putzt ausgiebig sein Fell. »Das muss ich erst recht verdauen und auch darüber schlafen. Vielleicht sieht es morgen dann schon viel besser aus, und ich blicke leichter durch«, denkt er voller Respekt.

Mach es wie er, gönne dir erst einmal etwas Leckeres ... bei einer kleinen konstruktiven Pause. Lass alles auf dich wirken und die Gedanken ruhig abschweifen oder mache einen kleinen Spaziergang und genieße die Natur.

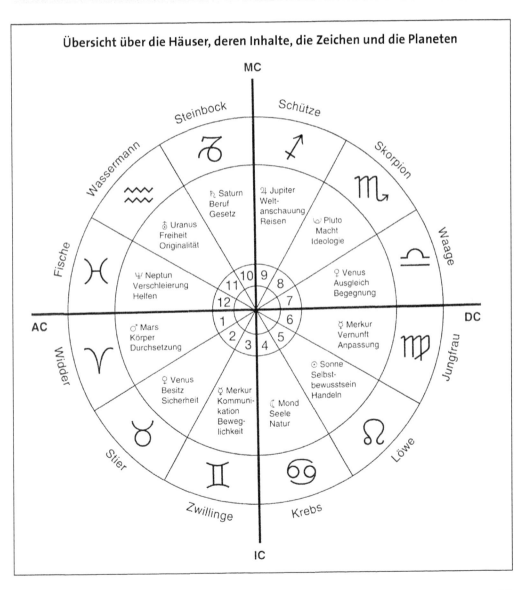

Übersicht über die Häuser, deren Inhalte, die Zeichen und die Planeten

83

Die 12 astrologischen Häuser, Felder oder Lebensgebiete

Wir wollen die Häuser nun noch einmal aus einem anderen Gesichtspunkt betrachten. Auch wenn es zu Wiederholungen kommt, so trägt dies doch nur zur Vertiefung des Gesagten bei.

Wie wir schon gehört haben, sind die Tierkreiszeichen im äußeren Kreis der Horoskopzeichnung zu sehen. Den inneren Kreis bilden die sogenannten Häuser, bei denen es sich um die entsprechenden Lebensgebiete handelt. Sie haben alle einen Bezug zu den 12 Zeichen und deren Herrscherplaneten. Damit symbolisieren sie die von C.G. Jung beschriebenen archetypischen Fähigkeiten des Menschen. Zusätzlich kommt es hier außer dem **»Was« der Planeten** und dem **»Wie« der Zeichen** noch zu dem **»Wo« der Häuser.**

Denken wir zurück an unseren Kuchen und beziehen auch die vier Quadranten wieder mit ein. Jedes dieser Viertel wird noch zweimal unterteilt, sodass sich 3 Stücke ergeben. Insgesamt hätten wir dann wiederum 12 Teile.

Nun ist es jedoch so, dass jedes Stück etwas ganz Besonderes ist. Die jeweils **ersten Häuser eines Quadranten** bilden den Anfang innerhalb des entsprechenden Anlagenprinzipes. Sie legen sozusagen den **Keim.** Man nennt sie auch **Eckhäuser,** und sie haben eine **kardinale Qualität,** was »grundlegend wichtig, dynamisch und führend« bedeutet.

Die jeweils **mittleren Häuser** eines Quadranten sorgen dann für die **Ansammlung des Angelegten,** man könnte auch sagen, sie kümmern sich um die **Verwurzelung** und das Wachstum der Anlagen. Sie haben die **fixe** oder **feste Qualität** der **Beständigkeit.**

Die **Endhäuser** haben die Aufgabe der **Ausbreitung,** oder auch der **Verzweigung** von **Anlagen** und **Fähigkeiten.** Sie sollen die individuelle Pracht und Authentizität des jeweiligen Naturells zum Ausdruck bringen, denn Ihre **Qualität** ist auf **Beweglichkeit** ausgerichtet.

Rückwärts gesehen steuern die hinteren Häuser wiederum die vorhergehenden und stärken oder schwächen sie auf diese Art und Weise. Dies spielt sich in den **körperlichen, seelischen, geistigen und übergeordneten Bereichen der einzelnen Quadranten** so ab.

Ferner besteht ein **Zusammenwirken der ersten, zweiten und dritten Häuser** auf höherer Ebene. Zum Beispiel beeinflusst das erste Haus des **Körperlichen Quadranten** das erste Haus des **Seelischen, Geistigen** oder **Übergeordneten Prinzips** ebenso, wie diese wiederum den körperlichen Part tangieren können. Es lässt sich also eine sehr starke Vernetzung und Verflechtung innerhalb der erwähnten Themen der einzelnen vier Quadranten erkennen.

Zusätzlich beginnt beim **7. Haus das erste Haus des Du,** was folglich zu weiteren Verbindungen und Verflechtungen führt. Ferner bilden die einzelnen Häuser auch **Achsen zu den gegenüberliegenden Häusern,** die man mit in die Betrachtung einbeziehen sollte. Doch dazu an anderer Stelle mehr. Und letztlich wird bei der Ausarbeitung und Deutung der Konstellationen nach dem Herrschersystem vor allem von den **Häuserherrschern** ausgegangen, also den **dem Tierkreiszeichen zugehörigen Planeten.**

Die Einteilung der Häuser richtet sich nach der benutzten Methode ihres Erfinders. In unseren Breitengraden wird, wie gesagt, das Placidus-Häusersystem bevorzugt.

Jetzt ist auch Leo zufrieden. »Im Prinzip ist es ja wirklich ganz einfach«, freut er sich. »Immer nur an leckeren Kuchen denken und sich das schönste Stück aussuchen« ... Heute gibt es also zur Feier des Tages Tierkreiskuchen mit Planeten.

»Jetzt will ich aber endlich wissen, für welche Lebensgebiete die einzelnen Stücke stehen«, meint er ungeduldig.

»Schau in der nachstehenden Tabelle nach, dann siehst du, wie leicht es ist. Und stell dir vor: Die Tierkreiszeichen, die Planeten und die Häuser haben einen engen Bezug zueinander.«

Widder	**Mars**	und	1. Haus haben ähnliche Themen
Stier	**Venus**	und	2. Haus haben ähnliche Themen
Zwillinge	**Merkur**	und	3. Haus haben ähnliche Themen
Krebs	**Mond**	und	4. Haus haben ähnliche Themen
Löwe	**Sonne**	und	5. Haus haben ähnliche Themen
Jungfrau	**Merkur**	und	6. Haus haben ähnliche Themen
Waage	**Venus**	und	7. Haus haben ähnliche Themen
Skorpion	**Pluto**	und	8. Haus haben ähnliche Themen
Schütze	**Jupiter**	und	9. Haus haben ähnliche Themen
Steinbock	**Saturn**	und	10. Haus haben ähnliche Themen
Wassermann	**Uranus**	und	11. Haus haben ähnliche Themen
Fische	**Neptun**	und	12. Haus haben ähnliche Themen

Zum besseren Verständnis noch einmal in Groß:

»Tierkreiszeichen, Planet, Haus – Tierkreiszeichen, Planet, Haus ...«, murmelt Leo immer wieder vor sich hin und zählt es an seinen einzelnen Krallen ab, damit er es nie wieder vergessen wird.

Die Tierkreiszeichen, die Planeten und die Häuser:

Zeichen	Planet	Haus (ähnliche Themen)
Widder	Mars	1. Haus
Stier	Venus	2. Haus
Zwillinge	Merkur	3. Haus
Krebs	Mond	4. Haus
Löwe	Sonne	5. Haus
Jungfrau	Merkur	6. Haus
Waage	Venus	7. Haus
Skorpion	Pluto	8. Haus
Schütze	Jupiter	9. Haus
Steinbock	Saturn	10. Haus
Wassermann	Uranus	11. Haus
Fische	Neptun	12. Haus

Die Analogien im Horoskop

I. Quadrant – Körper-Quadrant

1. Haus Durchsetzung	**Kardinal** Keim Anfang	**Analog Widder/Mars** auf der körperlichen Ebene
2. Haus Besitz	**Fix** Verwurzelung Ansammlung	**Analog Stier/Venus** auf der materiellen Ebene
3. Haus Selbstdarstellung	**Beweglich** Verzweigung Ausbreitung	**Analog Zwillinge/Merkur** auf der körperlich materiellen Ebene

II. Quadrant – Seelischer Quadrant

4. Haus Gefühle	**Kardinal** Durchsetzung Keim	**Analog Krebs/Mond** auf der seelischen Ebene
5. Haus Selbst	**Fix** Besitz Verwurzelung	**Analog Löwe/Sonne** auf der emotionalen Ebene
6. Haus Arbeit	**Beweglich** Ausdruck Verzweigung	**Analog Jungfrau/Merkur** auf der seelisch emotionalen Ebene

III. Quadrant – Geistiger Quadrant

7. Haus Begegnung	**Kardinal** Durchsetzung Keim	**Analog Waage/Venus** auf der geistigen Ebene
8. Haus Bindung	**Fix** Besitz Verwurzelung	**Analog Skorpion/Pluto** auf der verstandesmäßigen Ebene
9. Haus Sinn	**Beweglich** Ausdruck Verzweigung	**Analog Schütze/Jupiter** auf der geistigen verstandesmäßigen Ebene

IV. Quadrant – Übergeordneter Quadrant

10. Haus Berufung	**Kardinal** Durchsetzung Keim	**Analog Steinbock/Saturn** auf der übergeordneten Ebene
11. Haus Freiheit	**Fix** Besitz Verwurzelung	**Analog Wassermann/Uranus** auf der gesellschaftlichen Ebene
12. Haus Alternativen	**Beweglich** Ausdruck Verwurzelung	**Analog Fische/Neptun** auf der übergeordneten gesellschaftlichen Ebene

Die Quadranten mit den Achsenkreuzen

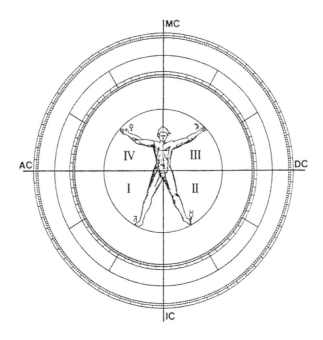

Die Quadranten mit den Häusern 1–12

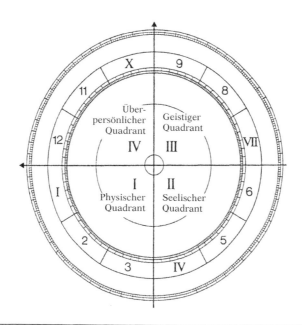

Die Achsenkreuze

Die Achsenkreuze ergeben sich aus der Vierteilung des Tierkreises in die vier Quadranten zu jeweils drei Häusern. So, wie wir es vorher schon besprochen hatten.

Der Punkt, an dem das jeweils **erste Haus** eines dieser **Quadranten** angeschnitten wird, ist von besonderer **Bedeutung.** Ein übergeordneter Lebensbereich endet hier und ein **neuer Themenbereich** beginnt. Man könnte die **vier Quadranten** außerdem mit den **vier Jahreszeiten** vergleichen, zu denen sie ja tatsächlich auch einen Bezug haben. Denn immer zeigt der AC einen Beginn an – ähnlich dem Frühlingspunkt im Widder, egal in welchen Zeichen dieser dann wirklich zu finden ist. Die Tag- und Nachtgleichen von Frühling und Herbst entsprechen also dem AC und dem DC im Horoskop. Bei den Frühlings- und Herbstanfängen sind der Tag und die Nacht jeweils gleich lang. Ferner gehören die Sonnenwenden von Sommer und Winter dazu. Bei diesen hat die Sonne jeweils um die Mittagszeit den höchsten oder niedrigsten Stand beim MC oder IC, je nachdem, auf welcher Seite der Erdkugel man sich gerade befindet. Hiermit, oder auch mit den **vier Himmelsrichtungen,** sind die Punkte der Achsenkreuze sinnbildlich zu vergleichen.

Die Längsteilung des Radix-Rundes erstreckt sich vom **IC** zum **MC**. Es ist die **Senkrechte** oder vertikale Linie, die unser Horoskop in eine linke und rechte Seite aufteilt. Der **IC** zeigt uns unsere **Herkunft** an und der **MC** unser **Entwicklungsziel.** Es ist somit eine männliche Linie, die das Entstehende aufzeigen soll. **Der männliche Weg ist also ein »Handelnder«.**

Die linke Seite des Horoskops wird als die **Ich-Seite** angesehen und die rechte Seite als die **Du-Seite.** Je nachdem, wie die Planeten in den Häusern verteilt sind und welche Zeichen betroffen sind, kann man seine Schlüsse auf die Fülle der **Persönlichkeit** (Charisma) oder auf eine **Ego-Betonung** ziehen, wenn sie sich auf der linken Seite befinden. Stehen jedoch vermehrt Planeten auf der rechten Seite der Radix-Zeichnung, geht man von einer **Du-Bezogenheit** oder dem **Altruismus** als stete Hilfsbereitschaft und echte Uneigennützigkeit aus.

Vom **AC** zum **DC** spannt sich eine horizontale Linie, die von der eigenen **Person** zur **Umwelt** oder auch vom **Ich** zum **Du** führt. Hier wird das Horoskop, wie wir schon gesehen haben, in eine obere und in eine untere Hälfte aufgeteilt. Das **Unbewusste** und das **Bewusste** sollen wieder zu einer Einheit werden.

Die obere Hälfte des Horoskops gleicht also der **Taghälfte,** was der hellen Seite oder unserer **Bewusstheit** entspricht. Die untere Hälfte gilt als **Nachtseite,** was mit dem **Unbewussten** oder dem **Instinktiven** übereinstimmt. Auch hier gibt die Besetzung mit eventuellen Planeten nähere Aufschlüsse. **Diese horizontale Linie stellt das weiblich »Erkennende« dar.**

Zusammen bilden die vier Punkte das sogenannte **Verwirklichungskreuz,** das heißt, hier werden deutliche **Entwicklungswege** aufgezeigt. Die Achsenkreuze sind auf der vorherigen und der folgenden Abbildung genauer zu betrachten.

Der **IC (Imum Coeli) oder Nadir** entspricht also dem Norden, der Himmelstiefe oder dem Mitternachtspunkt.

Der **MC (Medium Coeli) oder Zenit** entspricht dem Süden, der Himmelsmitte, und damit dem Mittags-Sonnenhöchststand.

Der IC

Der **IC** bildet den **untersten Punkt** unseres Horoskops und zeigt uns unsere **Herkunft, die Basis unseres Seins und den Urgrund unserer Seele an.** Dies wird verkörpert durch das Zeichen **Krebs** und den dazugehörigen Planeten, den **Mond,** die beide zusammen unseren weiblichen Anteil repräsentieren.

Ferner steht der **IC** für unsere **Mutter,** die **Herkunftsfamilie,** unsere **wahre Identität,** die **Heimat** und unser **Heim** oder unsere **Wohnung.** Also für alles, was uns Geborgenheit gibt und uns zu Hause sein lässt. Wie dies nun für den Einzelnen aussieht, bestimmt das Zeichen, welches das **vierte Haus** anschneidet und den **IC** bildet, ebenso eventuelle Planeten im vierten Haus. Mehr dazu bei der Deutung nach dem Herrschersystem.

Der MC

Der **MC** steht ganz oben in unserem Radix-Horoskop und bildet dort den **höchsten Punkt.** Er zeigt uns unseren Entwicklungsweg mit dem **Lebensziel** an. Gleichzeitig gibt er auch Auskunft über unsere **Erziehung,** unsere **Berufung** sowie unseren **Platz in der Gesellschaft.** Gebildet wird er vom Zeichen **Steinbock** mit dem Planeten **Saturn,** der auch für unser **Über-Ich oder unser Gewissen** zuständig ist.

Das heißt, unsere eigentliche Entwicklung besteht hauptsächlich darin, die wahre Identität eigenverantwortlich zum Ausdruck zu bringen. Denn die vorherrschende Bewertung durch **Moral und Normen** führt eher zu einem **Rollenverhalten,** welches meist der eigenen wirklichen Natur überhaupt nicht mehr entspricht. Ebenso basiert die ständige Jagd nach immer mehr Erfolg, Ansehen und Anerkennung oft auf unbemerkten inneren Verletzungen, kann aber auch auf wenig Selbstwertgefühl oder eine unbewusste Fremdbestimmung hinweisen. Dies gilt es zu erkennen und wieder zu seinem wahren inneren Kern vorzudringen.

Wie dieser Weg aussehen kann oder aussehen sollte, zeigt uns das Zeichen am MC und eventuelle Planeten im zehnten Haus. Siehe der MC als Lebensziel und als Beruf und Berufung.

Die Achsenkreuze

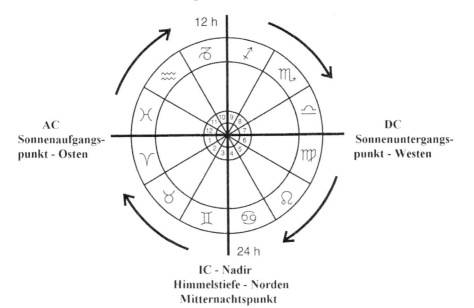

MC - Zenit
Himmelsmitte - Süden
Mittags-Sonnenhöchststand

AC
Sonnenaufgangs-
punkt - Osten

DC
Sonnenuntergangs-
punkt - Westen

IC - Nadir
Himmelstiefe - Norden
Mitternachtspunkt

Norden und Süden sind jeweils spiegelbildlich zu sehen.

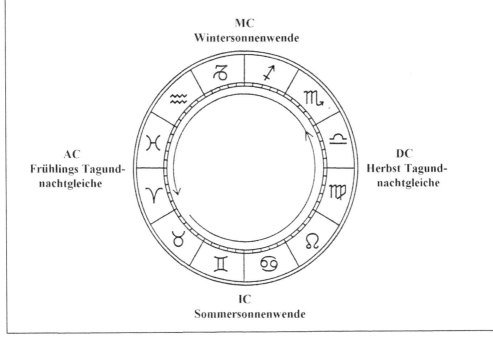

MC
Wintersonnenwende

AC
Frühlings Tagund-
nachtgleiche

DC
Herbst Tagund-
nachtgleiche

IC
Sommersonnenwende

Der AC

Der **AC** macht uns das **Anliegen** deutlich, weshalb wir hier auf dieser Welt sind. Er bildet den **Beginn** des **ersten Hauses** und damit auch die **Berechtigung unserer körperlichen Existenz.** Damit erfüllt er seine Analogie zum **Prinzip** von **Widder** und **Mars,** nämlich die der **Durchsetzung unserer eigenen Person.** Auf welche Art und Weise dies geschehen soll, sagt uns das Zeichen am AC, welches auch als Herrscher des AC bezeichnet wird, sowie **etwaige Planeten am AC oder im ersten Haus.** Siehe auch das Kapitel über die Aszendenten.

Der DC

Der **DC** bildet den Gegenpol zu AC und soll unser **Gegenüber,** die **Außenwelt** und das **Du** repräsentieren. Er symbolisiert also alles, was dem Horoskop-Eigner **begegnet.** Das **siebte Haus** versinnbildlicht zusätzlich **das erste Haus des Anderen.** Es kann dies jedoch auch eine **Spiegelung oder eine Projektion** von uns selbst sein. Projektion bedeutet, dass uns unsere eigenen verdrängten Anteile im Gegenüber wiederbegegnen und entgegenkommen. Oft ist es sogar so, dass wir sie vehement bekämpfen und gar nicht merken, dass wir damit uns selbst sabotieren. Die Aufgabe besteht nun darin, dieses zu erkennen und zu integrieren. Wer könnte das besser als **das Prinzip des Ausgleichs, der Balance und der Liebe,** die **Waage** und die **Venus?** Wie diese Integration aussehen kann, zeigt uns das Zeichen am DC sowie etwaige Planeten im siebten Haus.

Auf dem Weg vom **AC zum DC** ist also eine **Lernaufgabe** zu bewältigen und ein **Entwicklungsweg** zu bestreiten, der **vom Ich zum Du** und vom Du geläutert wieder zum Ich zurückführen sollte. Weitere Ausführungen über diese Themen lassen sich in dem Buch von Hermann Meyer »Die Gesetze des Schicksals« und ähnlichen Büchern finden.

Der **Deszendent** konfrontiert uns unter anderem auch mit unserem speziellen **Wunschbild** an einen **potenziellen Partner.**

Die Quadranten und die Achsenkreuze werden uns zukünftig bestimmt noch öfter begegnen und sich dadurch ganz sicher enorm viel stärker einprägen, auch wenn wir das jetzt noch gar nicht so recht glauben wollen.

Leo schaut gebannt auf die Zeichnungen. Er ist wieder einmal total überrascht, wie spannend das alles ist. Nun überlegt er, ob er sich auf der nördlichen oder südlichen Halbkugel der Erde befindet. »In unseren Breitengraden sind wir auf der nördlichen Seite, Leo. Bei uns ist Weihnachten im Winter, während zu dieser Zeit in Australien und Neuseeland Hochsommer ist.«

Leo ist ermüdet, der Stoff war doch ziemlich anstrengend. Er gähnt schlaftrunken und wird bestimmt von der Winter- und Sommersonnenwende träumen, denn schon unsere Vorfahren haben zu diesen speziellen Tagen besondere große und bunte Feste gefeiert.

Die Inhalte der einzelnen Häuser im Tierkreis

I. Quadrant – Körper

1. Haus (AC)	**Durchsetzungsfähigkeit**
	Persönlichkeit
	Instinktive Eigenart
	Auftreten
	Weltergreifung
	Ich
2. Haus	**Abgrenzungsfähigkeit**
	Sicherheitsbedürfnis
	Lebensstil
	Eigenwert
	Genuss
	Besitz, Finanzen
3. Haus	**Kommunikationsfähigkeit**
	Informationen aufnehmen
	Informationen abgeben
	Denken
	Beweglichkeit
	Geschicklichkeit

II. Quadrant – Seele

4. Haus (IC)	**Emotionsfähigkeit**
	Gefühle
	Identität
	Wohnung
	Herkunftsfamilie
	Seele
5. Haus	**Handlungsfähigkeit**
	Selbstausdruck
	Kreativität
	Firma
	eigene Familie
	Kinder, Spiel
6. Haus	**Arbeitsfähigkeit**
	Alltag
	Arbeitsplatz
	Nutzung, Vernunft
	Anpassung
	Gesundheit

III. Quadrant – Geist

7. Haus (DC)	**Begegnungsfähigkeit**	
	Du	
	Austausch	
	Erwartungen	
	Spiegelung	
	Projektion	
8. Haus	**Bindungsfähigkeit**	
	Ehe, Firma	
	Erbe, Sippe	
	Verträge	
	Vorstellungen	
	Fixierungen	
9. Haus	**Bildungsfähigkeit**	
	Weltanschauung	
	Sinnfindung	
	Wissenschaft	
	Religion	
	Reisen	

IV. Quadrant – Übergeordnetes

10. Haus (MC)	**Verantwortungsfähigkeit**	
	Erziehung	
	Über-Ich	
	Gesellschaft, Ruhm	
	Beruf, Berufung	
	Lebensziel	
11. Haus	**Teamfähigkeit**	
	Gruppen	
	Freunde	
	Gleichgesinnte	
	gemeinsame Unternehmungen	
	Visionen	
12. Haus	**Hingabefähigkeit**	
	Kosmos	
	Sensibilität	
	Demut	
	Alternativen	
	Heilung	

Leo ist beeindruckt, diese Übersicht findet er ganz toll. Da kann man immer schnell mal etwas nachschauen, und mit der Zeit gehen einem die Inhalte der Häuser in Fleisch und Blut über. »Übrigens, Fleisch und Blut, ich bekomme langsam Hunger ...«, meint er und schleicht sich, immer noch in Gedanken versunken, leise davon.

»Eine Familie habe ich ja schon und ein kleines Königreich auch. Ob ich wohl noch eine Firma gründen soll? Oder einfach mal wieder mit den Kindern spielen«, murmelt er vor sich hin und entscheidet sich für Letzteres.

Die Polaritäten

Da wir in einer **polaren Welt der Gegensätzlichkeiten** leben, sind natürlich auch die einzelnen Tierkreiszeichen in **männliche und weibliche** aufgeteilt, wobei sich männliche und weibliche Zeichen jeweils abwechseln. Dies soll keine Wertung sein, sondern es dient letztlich dem Verständnis dafür, dass sich die entsprechenden Energien auf verschiedene Weise ausdrücken wollen. Bei den **männlichen** Zeichen ist die Kraft **extrovertiert** und nach außen gerichtet. Bei den **weiblichen** Zeichen ist es umgekehrt, sie sind **introvertiert,** ihre Energie ist nach innen gerichtet. Man kann diesen Vorgang ebenso mit einer Spirale vergleichen, die sich vom Kern nach außen dreht, also etwas abgeben will, und dem entsprechenden Gegenstück, welches sich nach innen dreht und etwas aufnehmen will.

Leo kann es kaum fassen und ist ganz ungeduldig. »Wirklich unglaublich«, meint er, »deshalb gibt es so viel Unverständnis und Streit zwischen den Geschlechtern. Diese Tatsache sollten die Menschen einmal verinnerlichen, um mehr Verständnis füreinander aufzubringen.« Er schüttelt noch einmal nachdenklich den Kopf.

Es ist wie im wirklichen Leben, das Männliche richtet sich nach außen, will etwas zeugen und erzeugen, während das Weibliche nach innen gerichtet ist und etwas empfangen will. Dadurch hat es die Möglichkeit, etwas in sich aufzunehmen, zu entwickeln und zu gebären. Dieses müssen durchaus nicht nur leibliche Kinder sein, sondern das dahinter liegende Prinzip lässt sich auf alle Gebiete des Lebens übertragen. So entstehen durch aufgenommene Eindrücke beispielsweise Ideen, die dann in die Tat umgesetzt werden können, und es ergibt sich ein Projekt.

Man sieht also, dass nur durch die Vereinigung von Männlichem und Weiblichem etwas »Neues« entstehen kann, welches beide verbindet. Nun ist es aber durchaus so, dass jeder Mensch in sich selbst männliche und weibliche Anteile trägt, die es gilt, in Einklang zu bringen, um so zu einer Symbiose seines Empfindens und Handelns zu kommen. Man kann das Ganze auch mit der Elektrizität vergleichen, ohne deren Plus- und Minuspole es keinen Strom gäbe. Die Erdung können wir wiederum mit der Liebe gleichsetzen. Ohne sie gäbe es die Begegnung nicht. Und erst die Liebe zu uns selbst bringt uns in Einklang mit der Umwelt.

Wieder kommt Leo kaum aus dem Staunen heraus. »Das sind ja völlig neue Denkanstöße«, erklärt er voller Begeisterung. »Man sollte diese Tatsachen vielmehr in den Fokus stellen, denn es ist so unglaublich logisch ...«, schickt er immer noch mitgerissen hinterher.

Zum Glück sind wir heute wieder auf dem Weg zur Anerkennung der Gleichwertigkeit zwischen den Geschlechtern. Denn durch die Unterdrückung des Weiblichen im Patriarchat hat unsere eigene Natur ebenso gelitten wie die Natur unserer Mutter Erde, weil die Natur dem Weiblichen entspricht. Es wird nun endlich wieder der vermehrte Zugang zu unseren eigenen Gefühlen und Bedürfnissen möglich sein, um dadurch mehr Zufriedenheit und Wohlbefinden erlangen zu können. Ebenso wird die Zuwendung zu spirituellen Dingen, die in früheren Kulturen in einer hohen Blüte stand, dem rein wissenschaftlichen, verstandesmäßigen und männlichen Denken zum Ausgleich gegenüberstehen. Das lassen erste Anzeichen erkennen, zu denen auch das vermehrte Interesse an der Astrologie gehört.

männlich		weiblich	
Zeichen	**Planet**	**Zeichen**	**Planet**
Widder	Mars	Stier	Stier/Venus
Zwillinge	Zwillings/Merkur	Krebs	Mond
Löwe	Sonne	Jungfrau	Jungfrau/Merkur
Waage	Waage/Venus	Skorpion	Pluto (*Mars)
Schütze	Jupiter	Steinbock	Saturn
Wassermann	Uranus (*Saturn)	Fische	Neptun (*Jupiter)

* in Klammern die alten Zeichenherrscher

Die Beachtung dieser Polaritäten, der Extrovertiertheit und Introvertiertheit, wird uns bei der Betrachtung der jeweiligen Planeten, Elemente, Häuser und bei den Aspekten dann wieder begegnen. Hier bilden sie den Hintergrund der Feininterpretation. Wie wirkt es sich zum Beispiel aus, wenn ein männlicher Planet in einem weiblichen Zeichen steht, und wie ist der Elementhintergrund zu bewerten. Das sind die Fragen, die es zu beantworten gilt.

Insbesondere hinsichtlich der Aspekte bewirken gerade die genannten Unterschiede in der Polarität entweder Harmonie oder Spannungen. Wegen der besonderen Wichtigkeit wird diese Problematik bei den Aspekten noch einmal ausführlich beschrieben.

Mit zunehmender Routine werden solche Überlegungen wahrscheinlich automatisch mit in die Interpretation einfließen. Nun noch einmal zu den Polaritäten männlich–weiblich in Bezug auf die Elemente, wobei die einzelnen Elemente wiederum noch gesondert behandelt werden.

Leo ist schon sehr gespannt und hat seinen Kopf erwartungsvoll auf die Pfoten gelegt.

männlich	weiblich
Element Feuer	**Element Wasser**
Widder	Krebs
Löwe	Skorpion
Schütze	Fisch
Element Luft	**Element Erde**
Zwillinge	Stier
Waage	Jungfrau
Wassermann	Steinbock

Man bezeichnet die jeweils zugehörigen Zeichen auch als Feuer-, Wasser-, Luft- oder Erd-Trigon.

Hinzuzufügen bleibt noch, dass sich eine Entwicklung oder Problematik immer auch auf die vorherigen und nachfolgenden Zeichen eines Elementes auswirkt. Genauso wie die Keimung, die Verwurzelung und die Verzweigung innerhalb der Häuser und Zeichen eines Quadranten, die aufeinander folgen, ist das auch innerhalb der einzelnen Zeichen eines Elementes der Fall. **Rückwärts gesehen kann man sagen, dass der geistigen Idee der Impuls zur Tat folgt, also durch die seelische Wahrnehmung und Planung folgt dann die körperliche Umsetzung innerhalb der Quadranten oder der Elemente.**

Nun ist Leo doch wieder ziemlich geschafft. »Auf was habe ich mich da eingelassen?«, fragt er sich selbst. »Aber bestimmt kommen gleich wieder so tolle Zeichnungen, wo ich dann vielleicht doch alles wieder besser verstehen kann«, denkt er. »Später kann ich ja dann immer wieder mal nachschauen, und spannend ist es allemal«, fügt er leise gähnend hinzu.

»Ach ja, zu manchen Themen möchte ich unbedingt noch meine Meinung kundtun, aber dazu muss ich erst noch einmal in Ruhe nachdenken«, murmelt er sich in den Schlaf.

Tolle Bilder seiner Sternenheimat tauchen vor ihm auf und entführen ihn in eine andere wunderbare traumhafte Welt.

Die Qualitäten

Die Qualitäten ergeben sich aus der Dreiteilung der 12 Tierkreiszeichen. Es ergibt sich die Zahl vier, welche den 4 Quadranten entspricht.

Innerhalb der einzelnen Quadranten oder Viertel sind es jeweils 3 Zeichen, die den drei Qualitäten **Kardinal, Fix oder Beweglich** zugeordnet werden.

Im Grundhoroskop ergibt sich folgendes Bild:

Widder	Kardinal	1. Haus	Keim
Stier	Fix	2. Haus	Ansammlung
Zwillinge	Beweglich	3. Haus	Verbreitung
Krebs	Kardinal	4. Haus	Keim
Löwe	Fix	5. Haus	Ansammlung
Jungfrau	Beweglich	6. Haus	Verbreitung
Waage	Kardinal	7. Haus	Keim
Skorpion	Fix	8. Haus	Ansammlung
Schütze	Beweglich	9. Haus	Verbreitung
Steinbock	Kardinal	10. Haus	Keim
Wassermann	Fix	11. Haus	Ansammlung
Fische	Beweglich	12. Haus	Verbreitung

Die Bedeutung dieser Zeichen-Qualitäten entspricht der Unterteilung der 3 Häuser eines jeden Quadranten, wie oben zu sehen ist. Im persönlichen Horoskop sind sie jedoch voraussichtlich anders verteilt. Das heißt: **Die einzelnen Quadranten und deren Häuser setzen sich aus den individuellen Zeichen zusammen, die sich durch den Aszendenten als Anfang ergeben.**

Die Aussagen für die Qualitäten sehen im Einzelnen so aus:

Kardinal	Zielgerichtete Durchsetzung der Anlagen
Fix	Sicherheitsorientiertes Bewahren des Angelegten
Beweglich	Bewegliche Verbreitung der Anlagen und Fähigkeiten

Jetzt muss nur noch geschaut werden, in welchen Lebensbereichen die Qualitäten zum Zuge kommen. Dabei dienen sie, genau wie die Elemente und Polaritäten, als zusätzliche Hintergrundinformation bei der Interpretation eines Horoskopes und können somit als letzte Feinheit bei der Deutung angesehen werden. Siehe auch Herrschersystem.

Man sollte jedoch nicht vergessen, dass sich die Vierergruppen der jeweiligen kardinalen, fixen oder beweglichen Zeichen untereinander gegenüber in einer Opposition befinden und ansonsten im Quadrat zueinander stehen, wie die folgenden Ausführungen zeigen werden.

Durch diese Anordnung ergeben sich jeweils wieder 3 Kreuze im Horoskop, ähnlich dem Achsenkreuz. Dieses hat ja mit:

Widder – Waage + Krebs – Steinbock eine »Kardinale« Qualität und
Stier – Skorpion + Löwe – Wassermann eine »Fixe« Qualität, dagegen
Zwillinge – Schütze + Jungfrau – Fische eine »Bewegliche« Qualität

Am besten betrachtet man dazu eine Horoskopzeichnung und wird sofort erkennen können, dass es hier gilt, wie schon bei den Häuserachsen besprochen, etwas in Einklang zu bringen und zu integrieren.

Die Darstellung im Einzelnen:	**= Vierteilung der 12 Zeichen in kardinal, fix und beweglich**
Kardinal (zielgerichtet) Führungsqualität	**Opposition (verträgliche Elemente)**

Widder (Feuer)　　　　　　**Waage** (Luft)

Hier könnte die Frage auftauchen: Wie verbindet sich der Kampfgeist des Widders mit der Ästhetik und Friedfertigkeit der Waage? Oder wie wirkt sich die Unentschlossenheit der Waage auf die Initiative des Widders aus?

Krebs (Wasser)　　　　　　**Steinbock** (Erde)
Bei dieser Konstellation geht es um Identität, Gefühle und Familie beim Krebs einerseits und Anerkennung, Karriere und Platz in der Gesellschaft durch den Steinbock andererseits.

Fix (bewahrend) Festhaltend bis stur

Stier (Erde)　　　　　　**Skorpion** (Wasser)
Die Frage hier könnte lauten: Wie sieht es mit der Bindung und Wertschätzung des Stiers an materielle Güter aus und wie steht es mit derjenigen für geistige Werte beim Skorpion?

Löwe (Feuer)　　　　　　**Wassermann** (Luft)
Wie verbinden sich der Stolz und die Souveränität des Löwen mit dem Freiheitsdrang und der Distanziertheit des Wassermanns?

Beweglich (verzweigend)
locker und leicht

Zwillinge (Luft)   **Schütze** (Feuer)

Inwiefern ergänzen sich das Denken und die Kommunikation des Zwillings mit der Religion und der Weltanschauung des Schützen?

Jungfrau (Erde)   **Fische** (Wasser)

Wie verhält es sich mit der Vernunft und dem Ordnungssinn der Jungfrau gegenüber der Sensibilität und den durchaus möglichen chaotischen Gefühlen der Fische?

Unter diesen Gesichtspunkten betrachtet, sieht man vielleicht die ein oder andere Eigenschaft eines Zeichens in einem anderen Licht. Hinzu kommt die Verknüpfung mit den jeweiligen Hauspositionen und dem Stand der Planeten.

Nun zu den Quadraten: **= Dreiteilung der 12 Zeichen in**
                                                 4 Quadrate
                                           (jeweils 2 andere Zeichen dazwischen)

Kardinale Zeichen   **Quadrate**
Zielstrebig   **(gegensätzliche Elemente)**

Widder (Feuer)   **Krebs** (Wasser) **und Steinbock** (Erde)
Wie wirken sich die Fürsorge des Krebses und die Einschränkungen des Steinbocks auf die Durchsetzung des Widders aus?

Waage (Luft)   **Krebs** (Wasser) **und Steinbock** (Erde)
Was kann die Balance der Waage zwischen dem Familiensinn des Krebses und den Karriereambitionen des Steinbocks ermöglichen?

Krebs (Wasser)   **Widder** (Feuer) **und Waage** (Luft)
Gelingt es, die eigene Identität als Forderung des Krebses zwischen der Tatkraft des Widders und dem Gerechtigkeitssinn der Waage zu leben?

Steinbock (Erde)   **Widder** (Feuer) **und Waage** (Luft)
Ist das Streben des Steinbocks nach Anerkennung in der Gesellschaft wichtiger als der Mut des Widders und die Liebe der Waage?

Fixe Zeichen
Zentriert

Stier (Erde)   **Löwe** (Feuer) **und Wassermann** (Luft)
Wie lassen sich die Genussfähigkeit des Stiers mit der Kreativität des Löwen und der Originalität des Wassermanns verbinden?

Skorpion (Wasser)   **Löwe** (Feuer) **und Wassermann** (Luft)

Gelingt es trotz der Ideale des Skorpions, mit dem wahren Selbst des Löwen und der echten Freiheit des Wassermanns Gemeinsamkeiten zu finden?

Löwe (Feuer)   **Stier** (Erde) **und Skorpion** (Wasser)

Ist die Selbstbehauptung des Löwen mit der Abgrenzungsfähigkeit des Stiers und mit der Bindungsfähigkeit des Skorpions in Einklang zu bringen?

Wassermann (Luft)   **Stier** (Erde) **und Skorpion** (Wasser)

Wie sieht die Konfrontation der Gleichberechtigung des Wassermanns mit der Sinnlichkeit des Stiers und der Leidenschaftlichkeit des Skorpions aus?

Bewegliche Zeichen
Ausbreitend

Zwillinge (Luft)   **Jungfrau** (Erde) **und Fische** (Wasser)

Wie lassen sich die Leichtigkeit der Zwillinge mit der Vernunft der Jungfrau und der Verletzlichkeit der Fische vereinen?

Schütze (Feuer)   **Jungfrau** (Erde) **und Fische** (Wasser)

Ist die Großzügigkeit des Schützen mit der Analysefähigkeit der Jungfrau und mit der Fantasie der Fische zu verbinden?

Jungfrau (Erde)   **Zwillinge** (Luft) **und Schütze** (Feuer)

Hat die Anpassungsfähigkeit der Jungfrau einen Einfluss auf das Selbstdarstellungsbedürfnis des Zwillings und den Edelmut des Schützen?

Fische (Wasser)   **Zwillinge** (Luft) **und Schütze** (Feuer)

Wie zeigt sich die Wechselwirkung zwischen der Beeindruckbarkeit der Fische, der Neugierde der Zwillinge und der Toleranz der Schützen?

Man sieht, es gibt vielfältige Möglichkeiten der Kombination, die sich hier nur auf jeweils ein Beispiel beschränken. Aber allein schon ein solcher Vergleich lässt mögliche Probleme erkennen. Doch auch ganz andere Dinge treten zutage. Wer hätte beispielsweise gedacht, dass der Krebs oder die Waage kardinal, also zielstrebig sind? Oder wer vermutet vom Löwen oder Wassermann fixe, und damit festhaltende, bewahrende Tendenzen? Und wer hält die Jungfrau oder die Fische auf Anhieb für beweglich?

Es kann also ganz lohnend sein, diese Dinge einmal aus total verschiedenen Blickwinkeln zu betrachten.

So sieht Leo es auch. Er musste sich sehr konzentrieren und hätte beinahe die Lust verloren. Aber zum Glück gibt es ja die Möglichkeit, die Dinge humorvoll und spielerisch anzuschauen und sie einige Zeit wirken zu lassen. Danach macht es vielleicht sogar Spaß, damit zu jonglieren, ähnlich wie mit Bällen. Am Anfang kann man diese Betrachtungen auch getrost weglassen, da sie nur der Verfeinerung und Ausmalung der einzelnen Aussagen dienen.

Leo aber ist ehrgeizig und will es genau wissen. Er probiert einige Rechenbeispiele aus:
- 12 : 2 = 6 = Polarität männlich – weiblich
- 12 : 3 = 4 = Elemente und Quadranten
- 12 : 4 = 3 = Qualitäten kardinal, fix, beweglich

»So einfach kann das sein«, freut er sich und führt gleich einen wilden Tanz auf.
- Also teilt man die 12 Tierkreiszeichen durch 2, erhält man 6 männlich und 6 weiblich geprägte Zeichen.
- Teilt man die 12 Zeichen durch 3, erhält man jeweils 4 Zeichen, die den 4 Elementen oder den 4 Quadranten zugeordnet sind.
- Bei einer Teilung durch 4, ergeben sich die 3 Qualitäten kardinal, fix und beweglich.

Der Energiefluss im Tierkreis
– Die Polaritäten –

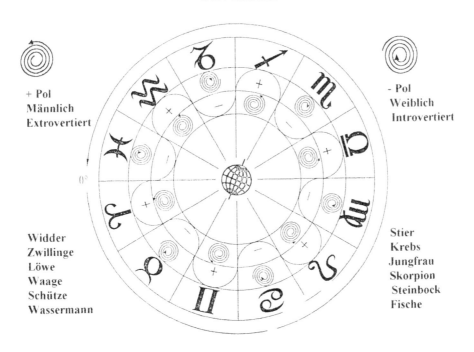

+ Pol
Männlich
Extrovertiert

- Pol
Weiblich
Introvertiert

Widder
Zwillinge
Löwe
Waage
Schütze
Wassermann

Stier
Krebs
Jungfrau
Skorpion
Steinbock
Fische

Das Yin/Yang Symbol

Sinnbild von Einheit, Polarität und Ausgleich der Energien

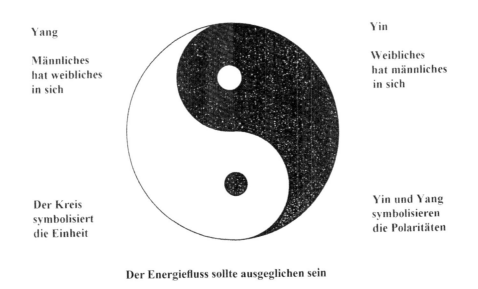

Yang

Männliches
hat weibliches
in sich

Yin

Weibliches
hat männliches
in sich

Der Kreis
symbolisiert
die Einheit

Yin und Yang
symbolisieren
die Polaritäten

Der Energiefluss sollte ausgeglichen sein

Die vier Elemente

Die **Elemente** sind die **Urkräfte des Universums.** Sie sind die Grundlage von allem, was ist, mit ihren Eigenschaften als **Glühendem, Gasförmigem, Flüssigem und Festem.** Bezogen auf die Astrologie bilden sie den Hintergrund zu den einzelnen Tierkreiszeichen und sagen etwas über deren **Energieausrichtung** aus. Zusammen bilden sie wiederum eine Einheit, nämlich den Kreis, der alles in sich enthält und auf den Punkt bringt. So gesehen birgt die Ausdehnung des Punktes zu einem Kreis nur weiträumigere Möglichkeiten der Anordnung und des Austausches dieser Energien.

Nun zu den einzelnen Elementen selbst:

Feuer	Luft	Wasser	Erde
Widder	Zwillinge	Krebs	Stier
Löwe	Waage	Skorpion	Jungfrau
Schütze	Wassermann	Fische	Steinbock

Wasser und Erde = weiblich   **Wasser braucht Erde, um es zu begrenzen.**

Feuer und Luft = männlich   **Feuer braucht Luft, um sich zu entfalten.**

Feuer und Luft bedingen sich genau wie Wasser und Erde, nicht nur, weil sie gleich polarisiert sind, sondern auch, weil sie einander brauchen. Siehe oben.

Die Elemente benötigen sich jedoch auch selbst zum Ausgleich, wie wir unten sehen werden.

Feuer braucht Wasser, um gelöscht oder eingedämmt zu werden.
Wasser braucht Luft zur Transformation (Verdunstung = Kreislauf des Regens).
Luft braucht Erde, um sie zu befruchten.
Erde dient dem Feuer als Grund.

Die Elemente im Einzelnen:

Feuer

Benötigt einen Funken, um sich zu entzünden	Bringt Wärme und Licht
Bedarf des Brennmaterials	Verbrennt das Material
Muss geschürt werden	Braucht ständig Nachschub
Braucht Grund und Boden	Hinterlässt Glut und Asche
Drängt nach oben	Brennt klein oder groß
Breitet sich aus	Muss unter Kontrolle bleiben

Das Feuer braucht innerhalb seines eigenen Elementes die geistige Inspiration des Schützen, das seelisches Potenzial des Löwen und die Tatkraft des Widders.

Wasser

Hat eine Quelle	Kann trübe und undurchsichtig sein
Sucht sich seinen Weg	Kann klar und sprudelnd sein
Kann seine Form verändern	Kann ausufern und tief sein
Fließt	Kann alles mit sich reißen
Ist anpassungsfähig	Kann ein stilles Gewässer sein
Nimmt andere Stoffe auf	Löst und weicht auf

Hier finden wir innerhalb des eigenen Elementes die Intuition des Fisches, die seelische Tiefe des Skorpions und den gefühlsmäßigen Ausdruck des Krebses.

Luft

Ist unsichtbar	Kann windig sein
Ist überall	Kann zum Sturm werden
Ist beweglich	Kann auch zerstören
Kann sich erwärmen	Kann befruchten
Kann kühl sein	Kann beleben
Kann eine leichte Brise sein	Dient dem Austausch

Innerhalb des Elementes bedingen sich die geistige Idee des Wassermanns, die seelische Begegnungsfähigkeit der Waage und die körperliche Beweglichkeit der Zwillinge.

Erde

Hat Struktur	Kann geformt werden
Kann genutzt werden	Ist real greifbar
Hat die dichteste Materie	Besteht aus verschiedenen Materialien
Ist fruchtbar	Hat Bodenschätze
Kann bearbeitet werden	Hat Schwere
Bietet Schutz	Bietet Erdung

Dieses Element zeichnet sich durch das geistige Strukturprinzip des Steinbocks aus, das seelische Nutzungsprinzip der Jungfrau und das körperliche Erhaltungsprinzip des Stiers.

Wir sehen, dass alles miteinander vernetzt ist. Auch wenn behauptet wird, dass Feuer und Wasser sich feindlich gegenüberstehen. Das Feuer breitet sich nach oben aus, das Wasser geht in die Tiefe, sie haben also verschiedene Pole, die sich gegenseitig bedingen, um zur Mitte oder zu einer neuen Synthese zu kommen. Vergleicht man dabei Feuer mit Begeisterungsfähigkeit und Wasser mit Tiefgründigkeit, so können sie sich aufs Förderlichste ergänzen.

Ebenso ist es mit Luft und Erde. Die Luft ermöglicht eine Befruchtung der Erde durch die Verteilung der Pflanzensamen. So entsteht neues Wachstum, das den Kreislauf der Natur ermöglicht. Hier verbindet sich das geistige Prinzip der Luft mit dem materiellen Tribut der Erde. Außerdem braucht die Erde ihre Atmosphäre, denn Menschen und Tiere, die ja auch zur Materie gehören, benötigen die Luft zum Atmen, denn ohne sie könnten sie erst gar nicht existieren.

Da die Verträglichkeit der Elemente besonders beim Partnervergleich oft zur Hilfe genommen wird, sollte man diese Faktoren einmal überdenken. Wobei **Feuer und Wasser** eine stärkere **Polarisierung** haben und **Luft und Erde** mehr dem **Ausgleich** dienen.

Die Elemente spielen ebenso bei Beurteilung der Temperamente eine Rolle. Und man sagt nicht umsonst, »**jemand befindet sich in seinem Element.**« Doch auch hier kommt es sehr häufig zu Mischformen.

Element	Temperament
Feuer	cholerisch
Wasser	phlegmatisch
Luft	sanguinisch
Erde	melancholisch

Leo kommt aus dem Staunen nicht heraus. So leicht hätte er sich das jetzt nicht vorgestellt. »Es macht sogar Freude, mit den Elementen zu jonglieren oder zu experimentieren«, meint er augenzwinkernd, »schließlich sind sie ja elementarisch ...«

Natürlich weiß auch er, dass es bei den Chinesen 5 Elemente gibt. Doch das ist eine andere Sache. Erstaunlich ist nur, dass man auch dort zu ähnlichen Ergebnissen kommt. Es gilt immer wieder mehr das »sowohl als auch« anstatt des »entweder oder«.

Die Elemente

 Feuer
Richtet sich energisch
nach oben aus
Widder, Löwe, Schütze

 Wasser
Richtet sich fließend
nach unten aus
Krebs, Skorpion, Fische

 Luft
Richtet sich beweglich
nach oben aus
Zwillinge, Waage, Wassermann

 Erde
Richtet sich manifest
nach unten aus
Stier, Jungfrau, Steinbock

Die Qualitäten

 Kardinal
nach oben strebend
**Widder, Krebs,
Waage, Steinbock**

 Fix
konzentriert, fixiert
**Stier, Löwe,
Skorpion, Wassermann**

 Beweglich
auseinanderstrebend
**Zwillinge, Jungfrau,
Schütze, Fische**

Die Wirk-Prinzipien der Elemente

Zur Verdeutlichung hier noch einmal der Aufbau der Wirkungsprinzipien innerhalb der einzelnen Elemente und die Möglichkeit ihrer Wechselwirkungen untereinander. Wobei es interessant ist, dass auf diese Art und Weise auch eine Vernetzung innerhalb der Quadranten und ihrer Inhalte stattfindet, die da heißen: **Körper, Seele, Geist und Übergeordnetes.**

Speziell für Leo hier die Tabelle mit der Wirkungsweise der Elemente. Es ist das jeweilige Element mit seinem dazugehörigen Prinzip, dem zuständigen Planeten und dem entsprechenden Tierkreiszeichen zu sehen.

Element	Prinzip	Planet	Tierkreiszeichen
Feuer	Aktivierung	Mars	Widder
	Gestaltung	Sonne	Löwe
	Erweiterung	Jupiter	Schütze
Erde	Erhaltend	Venus	Stier
	Regulierend	Merkur	Jungfrau
	Strukturierend	Saturn	Steinbock
Luft	Vermittelnd	Merkur	Zwillinge
	Ausgleichend	Venus	Waage
	Befreiend	Uranus	Wassermann
Wasser	Aufnehmend	Mond	Krebs
	Bindend	Pluto	Skorpion
	Auflösend	Neptun	Fische

Auf einem zweiten Blatt ist dazu die Wirkungsweise der Elemente noch einmal innerhalb der einzelnen Quadranten dargestellt. Hierbei ist sehr gut die Aufeinanderfolge von Körper, Seele, Geist und Übergeordnetem zu erkennen.

Leo nickt wissend mit dem Kopf und blickt neugierig auf das nächste Blatt. »Viel Glück Leo, ich glaube, du hast es jetzt sicher verstanden!«

Die Elemente innerhalb der Quadranten

Element	Zeichen	Planet	Quadrant
Feuer	Widder	Mars	Körperliches Feuer
	Löwe	Sonne	Seelisches Feuer
	Schütze	Jupiter	Geistiges Feuer
Erde	Stier	Venus	Körperliche Erde
	Jungfrau	Merkur	Seelische Erde
	Steinbock	Saturn	Übergeordnete Erde
Luft	Zwillinge	Merkur	Körperliche Luft
	Waage	Venus	Geistige Luft
	Wassermann	Uranus	Übergeordnete Luft
Wasser	Krebs	Mond	Seelisches Wasser
	Skorpion	Pluto	Geistiges Wasser
	Fische	Neptun	Übergeordnetes Wasser

Leo ist zu einem kleinen Spielchen aufgelegt. Nie hat er sich so wohl gefühlt und kann nun seine gestalterischen Fähigkeiten voll zum Ausdruck bringen. Man merkt, dass er voll und ganz »seinem Element huldigt«.

Nicht umsonst gehören sehr viele Schauspieler und auch andere Künstler dem Sternzeichen Löwe an oder haben eine besondere Löwebetonung, das heißt: Sie haben viele Planeten im Zeichen Löwe oder aber andere markante Punkte, wie beispielsweise: Der AC = 1. Haus für die instinktive Eigenart oder der MC = 10. Haus für die Berufung stehen im Löwezeichen. Oder aber es werden bestimmte Häuserspitzen wie das 2. Haus für Geldverdienen und das 6. Haus für die tägliche Arbeit vom Löwen angeschnitten.

Es gibt also immer wieder verschiedene Möglichkeiten, ähnliche Dinge auszudrücken. Und gerade das macht es ja so spannend.

Letztlich hat aber »jeder alles« in sich vereinigt, nur eben in sehr unterschiedlich schwerer Gewichtung. Deshalb tut sich vielleicht der »eine« mit manchen Dingen leicht und einem »anderen« fällt es total schwer. Dafür hat dieser dann wiederum andere Schwerpunkte, die ihm gut gelingen und die dem anderen dann weniger gut liegen.

Die Häuserachsen

Häuser	Achse	Prinzip
Haus 1 – Haus 7	Die Begegnungsachse	Widder – Waage
1. Horizontale Achse	Kardinal AC -DC	Feuer – Luft
Ich – Du	Quadranten >	Körper – Geist

Persönlichkeit und Begegnung, Körper und Geist sollen in Einklang gebracht werden.

Häuser	Achse	Prinzip
Haus 2 – Haus 8	Die Wertachse	Stier – Skorpion
2. Achse	Fix	Erde – Wasser
Besitz – Bindungen	Quadranten >	Körper – Geist

Körperlicher und geistiger Besitz sollen verbindlich aufeinander abgestimmt sein.

Häuser	Achse	Prinzip
Haus 3 – Haus 9	Die Kommunikationsachse	Zwillinge – Schütze
3. Achse	Beweglich	Luft – Feuer
Ausdruck – Sinn	Quadranten >	Körper – Geist

Körperlicher und geistiger Ausdruck sollen sich sinnvoll ergänzen.

Häuser	Achse	Prinzip
Haus 4 – Haus 10	Die Identitätsachse	Krebs – Steinbock
4. Senkrechte Achse	Kardinal IC-MC	Wasser – Erde
Identität – Berufung	Quadranten >	Seele – Gesellschaft

Identität und Berufung sollen eine Einheit bilden. Siehe Inhalt und Form.

Häuser	Achse	Prinzip
Haus 5 – Haus 11	Die Handlungsachse	Löwe – Wassermann
5. Achse	Fix	Feuer – Luft
Handeln – Gruppen	Quadranten >	Seele – Gesellschaft

Eigenes Handeln und Unternehmungen im Team sollen sich gegenseitig fördern.

Häuser	Achse	Prinzip
Haus 6 – Haus 12	Die Wahrnehmungsachse	Jungfrau – Fische
6. Achse	Beweglich	Erde – Wasser
Arbeit – Alternativen	Quadranten >	Seele – Gesellschaft

Arbeit und Alternativen sollen der Bewusstheit und der Weiterentwicklung dienen.

Man sieht, dass auch die Achsen der einzelnen Häuser eine Bedeutung haben, zumal die gegenüberliegenden Häuser immer gleich groß sind. Das Wichtige ist jedoch, dass sie zueinander eine Opposition bilden. Hierbei treffen immer zwei gegensätzliche Kräfte aufeinander, die es gilt, in Einklang zu bringen.

Die unterschiedlichen Elemente sind bei den Häuserachsen förderlich, weil sie sich ergänzen. Die Qualitäten und die Polaritäten hingegen sind gleich, was die Sache wiederum erleichtert. Die Einteilung der Quadranten bleibt. Doch dies alles ist sekundär, weil es nur eine zusätzliche Hintergrundinformation darstellt.

Beim jeweiligen individuellen Horoskop kommt es nämlich primär darauf an, welche Zeichen nun wirklich von den einzelnen Häusern angeschnitten werden. Hieraus ergeben sich erste konkrete Aussagen für die jeweilige Person, besonders wenn sich noch Planeten in den Häusern befinden. Man muss dann die Aussagen dieser angesprochenen Zeichen in Beziehung zu den Themen der Häuser setzen. Siehe Tierkreiszeichen, Planeten, Häuser, Dynamik des Aszendenten und Herrschersystem.

So kann sich jeder anhand der Symbolik der Astrologie die Deutung für sein eigenes Horoskop zusammenstellen. Voraussetzung ist natürlich, dass er die genauen Daten seiner Geburt kennt und eine entsprechende Horoskopzeichnung vorliegt.

Probleme ergeben sich oft, wenn die eine Seite solch einer Achse überbetont ist. Hier kann es lohnend sein, sich die gegenüberliegende Seite anzuschauen, um zu einer Lösung zu gelangen. Es ist ähnlich wie bei der Mondknotenachse, die ja auch in Einklang gebracht werden soll. Wie schon die Weisheit unserer Sprache sagt: »Der Klang zweier Töne sollte aufeinander abgestimmt sein, um miteinander harmonieren zu können.«

Ebenso spielt die Vernetzung der Quadranten eine Rolle. Wie wir sehen, bilden Körper und Geist ebenso eine Opposition wie Seele und Gesellschaft oder Übergeordnetes. Auch hier muss Arbeit an sich selbst geleistet werden, um zu einem besseren Verständnis für das Ganze zu kommen. Der Körper möchte vielleicht etwas anderes als der Geist, und die Seele schert es unter Umständen wenig, was die Gesellschaft will. Hiermit kann und sollte man sich auseinandersetzen und arrangieren. Dabei darf das Pendel ruhig einmal etwas stärker hin und her schwingen, mal zu der einen Seite und mal zu der anderen Seite, denn nur so kann es sich besser auf die erstrebenswerte Mitte hin einpendeln.

Ferner beginnt, wie schon gesagt, beim 7. Haus das 1. Haus des Du, welches wiederum eine Vernetzung zur Folge hat, wie wir später noch sehen werden.

Leo verdreht ein weiteres Mal seine Augen – er braucht jetzt unbedingt erneut eine kleine Pause. »Am besten schauen wir uns das Ganze dann in Ruhe noch einmal von vorne an, Leo. Außerdem ist die Materie jetzt schon wesentlich komplizierter geworden«, wird Leo sanft getröstet.

Der Aszendent

Ein Merkmal, woran man mich erkennt –
mein instinktives Handeln, mein Aszendent.
Will mir zeigen, was mein Anliegen hier –
bringt mich weiter auf dem Weg zu mir.

Sollte ich auch hier und da mal anecken –
er kann sich einfach nicht verstecken.
So trete ich auf, so sehe ich aus –
mit ihm, da kenne ich mich eben aus.

Er ist der Anfang in meinem Leben –
und mir vom Herrgott mitgegeben.
Wo sich teilen Dunkel und Hell –
genau da steht er, an dieser Stell'.

Im Osten, dort, wo die Sonne aufgeht –
da steht sein Zeichen, sein Planet.
Er steigt aus dem Unbewussten auf –
zum Bewusstsein, da drängt sein Lauf.

Der Aszendent (AC)

Das **Tierkreiszeichen,** welches zum **Zeitpunkt der Geburt** im **Osten aufging,** ist unser **Aszendentenzeichen.** Die Drehung der Erde um sich selbst ermöglicht uns diesen besonderen persönlichen Sonnenaufgang, der unser ganzes Leben prägt und entscheidend mitbestimmt. Denn **neben Sonne und Mond** ist der **AC = Aszendent** ein weiteres **wichtiges Zeichen** in unserem **Horoskop,** da er den **Anfangspunkt der Häuser oder Lebensgebiete** bestimmt. Durch seine **Orts- und Stundengebundenheit** hat er **Raumqualität,** denn innerhalb von **24 Stunden** tangieren alle Tierkreiszeichen diesen Punkt unterschiedlich lange und schnell, je nachdem, an welchem Ort auf dieser Erde man sich gerade befindet. In der Regel werden jedoch etwa **2 Stunden** angesetzt.

Die **Zeitqualität** im **Horoskop** wird durch die **Planeten** in den einzelnen **Tierkreiszeichen** angezeigt, sie sind je nach Datum, eben sehr unterschiedlich in den einzelnen Zeichen verteilt. Der **Aszendent** dagegen legt die **Spitze** des **ersten Hauses** fest. Denn erst durch die **Einteilung** der **Häuser** bekommen die **Planeten** ihren **Platz** in einem bestimmten **Lebensgebiet** des Horoskopeigners und sind so für die **Individualität** des **Einzelnen** von **maßgeblicher Bedeutung.**

Leo wünscht sich einen Globus, mit dem er ein wenig experimentieren kann und den er natürlich bekommt. Eifrig demonstriert er die Drehung der Erde um sich selbst, einschließlich ihrer Schräglage. Das Tierkreisband drum herum stellt er sich einfach in seiner Fantasie vor. Er freut sich tierisch, dass es tatsächlich gelingt, die Sonnenaufgänge in den Zeichen an bestimmten Orten und Zeiten zu finden.

Der **AC** (lat. ascendere = aufsteigend) zeigt den Moment an, **wo die Seele aus der Unbewusstheit in die Bewusstheit der Materie tritt und inkarniert.** Entsprechend ihren Erfahrungen aus der Vergangenheit wählt sie genau diese Situation, um sich in einem neuen Körper in einem neuen Leben weiterentwickeln zu können. So wie man nach dem Erwachen aus dem Unbewussten des Schlafes alles Vergangene mit in den neuen Tag nimmt. Sehr anschaulich beschrieben wird diese Thematik von Peter Orban und Ingrid Zinnel in ihrem Buch »Drehbuch des Lebens«.

Der **Aszendent** bestimmt also unsere **individuelle Eigenart** und damit unsere **ureigenste Persönlichkeit.** Ferner hat er Einfluss auf unser **instinktives Reaktionsmuster,** das vor allen Dingen bei unvorhergesehenen Situationen zum Ausdruck kommt. Da aber auch die anderen Planeten in den einzelnen Tierkreiszeichen, besonders bei starken Betonungen, auf unser Verhalten durchscheinen, kann man den Aszendenten einer Person nicht immer gleich auf Anhieb genau bestimmen oder sofort erkennen.

Der **AC** hat ebenfalls Einfluss auf unser **körperliches Erscheinungsbild** und unser **Temperament,** welches aber wiederum noch durch andere Faktoren an signifikanten Stellen des Horoskops mitbestimmt wird. Denn sowohl das Verhalten als auch die Charaktereigenschaften drücken sich körperlich aus. (Siehe die Lehre von der Physiognomie.) Es kommt aber meist zu Mischformen, die ein generelles Erkennen erschweren.

Die **Hauptaufgabe des Aszendenten** ist es jedoch, **Assistent der Sonne** zu sein. Er ist das Instrument und das Potenzial der uns zur Verfügung stehenden Mittel, mit denen die Anliegen der Sonne wahrgenommen und verwirklicht werden können. Dabei ist es jedoch anfangs sehr schwer, die erlöste oder auch die erwachsene ideale Form zu erzielen. Wahrscheinlich wird es ziemlich lange dauern, dieses Ziel zu erreichen. Denn die Sonne verkörpert ja unser Selbst, der **Aszendent** hingegen repräsentiert das **Ich oder das Ego.** Dieses Ego muss zuerst ausgebildet werden, um sich dann zurücknehmen zu können und um später dann vom **Ich zum Selbst und vom Haben zum Sein** zu gelangen.

Beim **Aszendenten** besteht unter anderem immer auch eine **innere Dynamik,** die das instinktive Verhalten in den weiteren Häusern des Tierkreises entsprechend seiner Ausgangsposition mitgestaltet. Das heißt, die **Färbung durch den AC** wird in allen Bereichen des Lebens sichtbar sein. Oder anders ausgedrückt, der AC ermöglicht durch die Festlegung des Häusersystems unsere Erfahrungen innerhalb der einzelnen Lebensgebiete, so wie sie durch die Häuser vorgegeben sind. Dabei kann es durch eingeschlossene Zeichen und das Anschneiden mehrerer Häuserspitzen im gleichen Zeichen noch zu zusätzlichen Mischformen kommen.

Ferner sind **Planeten direkt am Aszendenten** und **im ersten Haus** mit zu berücksichtigen, ebenso die **Aspekte,** die andere Planeten hierzu und direkt zum AC bilden. Nicht zu vergessen das **zwölfte Haus,** welches uns zeigt, was wir verloren haben oder von was wir uns erlösen wollen. Und genau das sagt uns unser Aszendent, der für einen neuen Anfang sorgt und damit unser Hauptanliegen auf dieser Welt zum Ausdruck bringt.

An dieser Stelle ist unten nur ein ganz kurzer Satz über den jeweiligen Archetypus der 12 Aszendenten wiedergegeben. Alles andere entspricht wiederum den Aussagen über die einzelnen Tierkreiszeichen, Planeten und Häuser. Zur Verdeutlichung ist ferner noch das Element angegeben, was rückwärts gesehen wieder die Verwirklichung eines geistigen Prinzips in ein Seelisches und dann in ein Materielles sichtbar werden lässt. Darunter kann man ebenso sehen, was im 12. Haus verloren ging, und was damit das spezielle Anliegen des Aszendenten noch einmal deutlich macht, ja sogar besonders notwendig erscheinen lässt.

AC Widder	**Umsetzung von Impulsen in die Tat – körperliches Feuer** Zugang zu Wünschen und Träumen verloren
AC Stier	**Wertschätzung der Materie – körperliche Erde** Fähigkeit, für sich selbst zu kämpfen, verloren
AC Zwillinge	**Informationsvermittlung, Selbstdarstellung – körperliche Luft** Hat Eigenes verloren
AC Krebs	**Prinzip der inneren Fürsorge – körperliches Wasser** Fähigkeit zur Selbstdarstellung verloren
AC Löwe	**Verwirklichung des geistigen Auftrags – seelisches Feuer** Selbstfürsorge verloren (Mutter war in der Kindheit nicht unbedingt greifbar)
AC Jungfrau	**Nutzung der Materie – seelische Erde** Fähigkeit zum Handeln verloren (in der Kindheit fehlte eventuell der Vater)
AC Waage	**Balance in der Begegnung erlangen – seelische Luft** Fähigkeit, die Materie zu nutzen, verloren
AC Skorpion	**Von der Fremdbestimmung zur Selbstbestimmung – seelisches Wasser** Balance zwischen Macht und Ohnmacht verloren
AC Schütze	**Den geistigen Auftrag der Seele verkünden – geistiges Feuer** Verbindlichkeit zu sich selbst verloren
AC Steinbock	**Eigenverantwortlichkeit lernen – geistige Erde** Begeisterungsfähigkeit und Toleranz verloren
AC Wassermann	**Empfangen des geistigen Auftrags – geistige Luft** Eigenverantwortung verloren
AC Fische	**Inspirationen und Intuitionen nachgehen – geistiges Wasser** Fähigkeit, Neues zu wagen, verloren

Die Stellung vom Herrscherplaneten des Aszendenten zeigt an, wo und wie sich seine Qualitäten am besten verwirklichen lassen, oder auch, wo der persönliche Platz des Horoskopeigners in der Welt ist; siehe Herrschersystem.

Diese Aussagen stammen teilweise aus einer Mitschrift des Seminars »**Der Aszendent und seine innere Dynamik**« von und mit Wilfried Schütz, nachzulesen in seinem Buch »Das Menschenspiel«.

Leo überlegt sich, was er wohl für einen Aszendenten haben könnte. »Bestimmt hast du auch einen Löwe-Aszendenten, Leo, aber auch Skorpion oder Schütze wären möglich, wenn ich dich so anschaue.«

Leo ist zufrieden und gibt sich der Mittagssonne hin. »Komisch«, denkt er noch, »die Sonne scheint für jeden gleich, egal, ob er gut oder böse ist.«

»Der liebe Gott ist vielleicht doch gar kein so strenger alter Mann mit erhobenem Zeigefinger ...«, sinniert er weiter.

»Nein, bestimmt hat er diese schöne Welt erschaffen als eine reine Selbstregulierungsmaschinerie ...«, ist sein Fazit.

»Leo, du bist ja ein richtiger Philosoph!!!«

Da ist schon etwas dran, denn der Kosmos hat seine eigenen Gesetze und reguliert sich auf eine bestimmte Art und Weise vollkommen selbst.

Am Ende des Buches sind diese universalen Lebensgesetze separat alle aufgeführt. Denn was nützt es uns ein Spiel zu spielen, das sich Leben nennt und dessen Regeln wir gar nicht kennen?

»Ja, so etwas Wichtiges sollten die Menschen schon in der Schule lernen«, meint Leo bekümmert.

Prima nachzulesen sind diese Erkenntnisse in dem ersten Buch von Hermann Meyer: »Die Gesetze des Schicksals« und natürlich ebenso in vielen anderen Büchern, die sich mit diesen Themen beschäftigen.

Der Deszendent (DC)

Der **Deszendent** liegt dem **Aszendenten** genau **gegenüber.** Zusammen bilden sie die **horizontale Linie** des **Achsenkreuzes.** Beide stehen gleichzeitig auch für einen neuen Anfang. Der **AC** zeigt den **Beginn** der **unteren unbewussten Hälfte** des Horoskops an, die den **materiell-körperlichen** und **den seelischen Quadranten** zum Inhalt hat. Gleichzeitig symbolisiert er den **Anfang des 1. Hauses** und repräsentiert damit unser **Ich,** unser **Ego** und unsere **Persönlichkeit.**

Die **Achse** geht vom **1. Haus** zum **7. Haus,** und deutet gewissermaßen auf eine Linie vom **Ich zum Du** hin. Denn der **DC** bildet den **Anfang** des **7. Hauses,** welches all unsere **Begegnungen** beinhaltet. Zusätzlich **beginnt** dort die **obere bewusste Hälfte** des Horoskops. Denn gerade durch alles uns **Begegnende** sollten wir wie durch einen **Spiegel** uns **selbst erkennen** können. Jene obere Hälfte des Radix wird durch den **geistigen** und den **überpersönlich-gesellschaftlichen Quadranten** gebildet.

Durch den **AC** und den **DC** ergeben sich zusammen mit dem **IC** und dem **MC** die sogenannten **Hauptachsen** und damit das fundamentale **Achsenkreuz** im **Horoskop.** Wie bei allen übrigen Häuserachsen sollen hier ganz besonders ein Einklang erreicht und die Mitte gefunden werden.

116

Am **Deszendenten** lässt sich demzufolge unsere **Begegnungsfähigkeit** einschätzen und unsere **Erwartungen** an **Partnerschaften** ablesen, denn das **7. Haus** entspricht der **Waage-Qualität**. Da der **AC** und das **1. Haus** den **Widder-Charakter** repräsentieren, und die Harmonisierung dieser beider Punkte so ungeheuer wichtig ist, wollen wir bei der nun folgenden Besprechung des **Deszendenten** den Aszendenten wiederum mit einbeziehen.

Die Häuserachsen im Einzelnen

DC Widder	**Erwartung der Tatkraft von außen**
	Eventuell begegnen einem aber auch Aggressionen
AC Waage	*Muss mit Friedfertigkeit sowie Unentschlossenheit in Einklang und in Balance gebracht werden*
DC Stier	**Wertschätzung soll gelernt werden**
	Materielle Werte, Sicherheit und Sinnlichkeit werden vom Partner erwartet
AC Skorpion	*Machtansprüche und Kontrollverhalten sollten transformiert werden*
DC Zwillinge	**Echter Austausch von Informationen mit dem Gegenüber als Lernaufgabe**
	Oberflächlichkeit sollte vermieden werden
AC Schütze	*Lernen, sich selbst darzustellen und auszudrücken, ohne zu missionieren und dem Partner seine eigene Weltanschauung zu lassen*
DC Krebs	**Fürsorge und Gefühle werden dem Partner überlassen**
	Seine eigenen Gefühle ausdrücken und sich nicht emotional unter Druck setzen lassen
AC Steinbock	*Verantwortung für sich selbst und für andere in Einklang bringen*
DC Löwe	**Persönliche Souveränität der anderen mit dem eigenen Auftreten in Einklang bringen**
	Sehnsucht nach einem Partner; aber Angst, sich vereinnahmen zu lassen
AC Wassermann	*Verhältnis von Nähe und Distanz im Sinne der partnerschaftlichen Freiheit regulieren*

DC Jungfrau	**Vom Partner den größtmöglichen Nutzen erwarten**
	Wechselspiel von dienen und bedienen lassen vermeiden
AC Fische	*Aus Träumen und Illusionen etwas Realistisches und Beständiges werden lassen*
DC Waage	**Harmonie und Schönheit werden im Außen gesucht**
	Selbst auf friedliches Miteinander und Ästhetik bedacht sein
AC Widder	*Trotz aller Impulsivität auch Rücksicht auf andere nehmen*
DC Skorpion	**Leidenschaft und Tiefgründigkeit begegnen einem beim Partner**
	Vorsicht vor Manipulation und Machtmissbrauch
AC Stier	*Materielle und geistige Werte sollen in Verbindung gebracht werden*
DC Schütze	**Sinnfindung wird durch den Partner erwartet**
	Eigenen Glauben finden und ein eigenes Weltbild erstellen
AC Zwillinge	*Von der Oberflächlichkeit zu tieferem Verständnis kommen*
DC Steinbock	**Verantwortung und Erfolg werden von anderen erwartet und bei anderen gesucht**
	Eigene Verantwortung in der Partnerschaft übernehmen
AC Krebs	*Nicht über Gefühle und Fürsorge manipulieren*
DC Wassermann	**Freiheit und Gleichberechtigung werden vom Partner gefordert**
	Eigene Freiheit und die Gleichberechtigung anderer integrieren
AC Löwe	*Andere nicht beherrschen wollen*
DC Fische	**Romantik und Fantasie bei sich selbst entwickeln**
	Nicht zum Hilflosen oder Helfer aus der Flucht und der Furcht vor sich selbst werden
AC Jungfrau	*Den wirklichen Nutzen für sich und andere aus allem erkennen und anwenden*

Es ist deutlich zu erkennen, dass der erwartete Weg zum Du nicht so ganz einfach ist. Zuerst steht meist eine Erwartungshaltung des Egos dahinter. Wenn diese nicht erfüllt wird, kommt es oft zu Schwierigkeiten, Problemen oder Auseinandersetzungen. Aber dies ist ja auch »der Sinn der ganzen Sache«. Denn der Horoskop-Eigner soll erkennen, dass alle seine Erwartungen und Wünsche niemals von außen gestillt werden können, sondern, **dass er alles, was er sucht, selbst in sich trägt.** Nur so kann ein innerer Entwicklungsweg beginnen, der ihm zeigt, wie er alle Erwartungen an die Anlagen des Deszendenten aus sich selbst heraus verwirklichen kann.

Erst dann kommt er in Harmonie und Einklang mit sich und seiner Umwelt, und ist dadurch in der Lage, eine beglückende und gleichberechtigte Partnerschaft im wirklichen Sinne des Wortes führen zu können. Denn zuerst müssen männliche und weibliche Anteile in sich selbst in Einklang gebracht werden, um zur unabhängigen Ganzheit zu werden. Die sogenannte »alchemistische« innere Hochzeit sollte der äußeren Zeremonie vorangehen.

Natürlich sind viele Partnerschaften oft auch karmisch bedingt. Den Partnern wird so die Gelegenheit gegeben, unerledigte Themen und Problematiken aus früheren Leben auszugleichen oder neue Inhalte zu lernen; doch dazu später mehr.

Wie heißt es noch so schön:

Das Glück findet man nur in sich selbst – und kann es erst dann wirklich mit anderen teilen.

Der Herrscherplanet des Deszendenten zeigt uns, wie und wo man dies am besten verwirklichen und erreichen kann; siehe Herrschersystem.

Leo ist ganz nachdenklich geworden. Sollte er sich tatsächlich noch einmal auf eine Partnerschaft einlassen? Er könnte ja mal wieder seine Löwenfrau und seine Löwenkinder besuchen. Sie hatten doch lange glückliche Zeiten miteinander verbracht, eine wunderbare Partnerschaft gehabt und waren so sehr froh über ihre vielen süßen kleinen Löwenkinder, die jetzt alle schon erwachsen sind und stolz ihr eigenes Leben führen.

Er gerät regelrecht ins Träumen und fühlt die vergangenen Zeiten sehr intensiv, da Familie, Spaß und Kinder nicht nur für Löwen sehr wichtig sind. Dankbar entschließt er sich trotz aller Sehnsucht jetzt als Ratgeber für die Menschen da zu sein und schläft darüber selig ein.

Religion

Ja, das Thema Partnerschaft ist schon oftmals falsch verstanden worden. Und daran sind leider die Religionen nicht ganz unschuldig. Denn die Interpretation ihrer Schriften wurde von den jeweiligen Machthabern oft missbraucht und stets zu ihren Gunsten ausgelegt.

Genau wie entweder alle zur »eigenen einzig wahren Religion« bekehrt werden sollten, oder aber eben kurzerhand ausgerottet werden mussten. Dies alles mag doch wirklich nicht im Sinne eines Gottes oder einer Religion sein! Und ein Krieg kann bestimmt auch nicht heilig genannt werden!

Leo schüttelt noch im Traum ungläubig den Kopf bei diesen Gedanken. Seine Meinung: »Man kann nichts aus dieser Welt schaffen, was nun einmal da ist, sondern man kann nur lernen, vernünftig damit umzugehen.« Und: »Alles ist gut, was dem Leben dient!« »Ja und ganz besonders wichtig ist immer auch die Absicht, die hinter jedem Handeln steht«, schickt er noch voller Eifer hinterher.

Der MC – Das Lebensziel

MC Widder	Setze deine ganze Tatkraft für die Umsetzung deines ureigensten Anliegens auf dieser Welt in Übereinstimmung mit anderen ein.
MC Stier	Erkenne deinen Eigenwert und sichere deine Existenz und erfreue dich an deiner Sinnlichkeit. Übe Wertschätzung an allem, was ist.
MC Zwillinge	Nimm Informationen auf und vermittle sie weiter. Gib deiner eigenen Selbstdarstellung und der von anderen genügend Raum.
MC Krebs	Finde deine eigene Identität heraus und lerne Fürsorge für dein eigenes Wohlergehen zu übernehmen. Übe es, Rücksicht auf deine Mitmenschen zu nehmen.
MC Löwe	Gewinne dein Herz zurück, finde deine Lebendigkeit wieder und drücke sie aus. Gründe eine Firma oder eine Familie, baue ein Haus und schaffe dir dein eigenes Reich.
MC Jungfrau	Ziehe aus allen Gegebenheiten den größtmöglichen Nutzen für dich selbst zum Dienste an der Welt, in der wir leben. Zeige Demut.
MC Waage	Schließe Frieden mit allem, was ist, und entscheide dich, der Welt die Schönheit zu ermöglichen und ihr die Gerechtigkeit zu vermitteln. Sorge für Harmonie.
MC Skorpion	Erkenne deine eigene Bestimmung, löse dich von alten überholten Programmen und transformiere dich von Machtansprüchen. Erhebe dich über dich selbst.
MC Schütze	Finde deinen eigenen Glauben, deinen eigenen Sinn und deine eigene Weltanschauung und lasse den anderen die ihre. Übe Toleranz.
MC Steinbock	Lerne Verantwortlichkeit dir selbst gegenüber zu tragen und finde deine eigenen Gesetzmäßigkeiten für deine Zielsetzungen, ohne über andere zu urteilen.
MC Wassermann	Erkenne deine Individualität, verliere die Distanz zu dir selbst und lebe Freiheit im Einklang mit den kosmischen Gesetzen. Erfinde die Welt und dich neu.
MC Fische	Empfinde dich selbst als einen unverzichtbaren Teil des »Großen Ganzen«. Ziehe daraus deine Lebensberechtigung und übe Sensibilität gegenüber dir selbst. Lebe deine Träume.

Während der Aszendent den Sonnenaufgang im Osten zum Inhalt hat, beschreibt der **MC,** das sogenannte **Medium Coeli,** den höchsten Stand der Sonne zur Mittagszeit im Süden. Es ist also sozusagen High Noon (12 Uhr mittags). Damit ist es auch der **höchste Punkt** im **Horoskop** und sagt etwas über unser **Lebensziel** aus.

Der Herrscherplanet des MC zeigt uns, in welchem Lebensgebiet wir diese Erfüllung finden können!

<u>Zum besseren Verständnis noch einmal:</u> Dem Tierkreiszeichen, in dem sich der MC befindet, ist ein Planet zugeordnet, ebenso wie bei allen anderen Zeichen auch. Bei einem MC im Widder wäre das beispielsweise der Mars. In dem Haus, wo dieser Mars dann im eigenen Horoskop tatsächlich steht, kann das Lebensziel am besten verwirklicht, erreicht und umgesetzt werden; siehe Herrschersystem.

Zusätzlich färben natürlich außerdem eventuell jene Planeten, die direkt am MC oder im 10. Haus stehen, die Angelegenheit noch viel individueller. Ebenso verhält es sich mit den Aspekten, die hier zum Tragen kommen.

»So einfach und so wunderbar kann Astrologie sein«, strahlt Leo. »Und das Schöne daran ist, dass es jeder erstaunt bestätigen wird, wenn er solche Erfahrungen erst einmal am eigenen Leib und im eigenen Leben hat machen dürfen«, fügt er noch leise kopfnickend hinzu.

Die Mittagssonne ist wieder so recht nach seinem Geschmack, da kann man so wunderschön dösen und träumen. Leo hat seinen MC natürlich im Löwen und sein Königreich liegt ihm zu Füßen. Aber: »Ich wäre selbst in der kleinsten Hütte der King«, fügt er dann noch grübelnd und ernst sinnierend hinzu.

Ja, so ist das tatsächlich mit den Löwen. Egal in welchem Bereich, sie erschaffen sich immer ihr eigenes kleines Königreich. Aber auch alle anderen Zeichen sind in der Lage, Erstaunliches zu leisten und zu schaffen, wenn sie dem Ruf ihres Herzens folgen können und für ihre Ideen vor Begeisterung brennen.

Wie heißt es so schön bei Antoine de Saint-Exupéry sinngemäß: »Willst du ein Schiff bauen, musst du bei dir selbst und bei deinen Helfern die Sehnsucht nach dem Meer wecken.« »Ach, das ist doch der, der auch gesagt hat: Man sieht nur mit dem Herzen gut«, sagt Leo ganz aufgeregt. »Ja, Leo, so ist es, das war beim kleinen Prinzen, du bist wirklich sehr weise.«

Der IC als Basis unseres Seins

Der **IC** oder auch **Imum Coeli** genannt, ist der **tiefste Punkt** in unserem **Horoskop** und gilt als **Urgrund unseres Seins.** Er beschreibt unsere eigentliche, wahre **Identität** – und diese heißt es als **innere Stimme** in uns selbst wahrzunehmen und ihr zu folgen.

Außerdem entspricht dieser Punkt unserer **Herkunftsfamilie.** Er gibt die dort herrschende Atmosphäre wieder, die wir sozusagen mit dem ersten Atemzug und mit der Muttermilch eingesogen haben und die uns ein ganzes Leben lang begleiten wird. Auch wenn wir es nicht wahrhaben wollen, hier liegt die **Heimat unseres Wesens.** Sonst wäre es uns nicht möglich gewesen, diese Familie und diese Eltern anzuziehen, um dort geboren zu werden und aufwachsen zu können.

Die Entwicklung erfolgt vom IC, dem Fundament unserer seelischen Wurzeln, zum MC als Integration des Individuums zum individuellen unabhängigen Mitglied der Gesellschaft. Die vertikale Linie des großen Kreuzes verbindet den IC und den MC, von den Wurzeln bis zur Entfaltung. Deshalb wird in der folgenden Aufstellung der MC noch einmal mit angesprochen.

IC Widder	**Pioniergeist, neues Terrain zu erobern**
	Der Stimme des Aufbruchs folgen
MC Waage	*Balance mit der Umwelt herstellen, friedliches Miteinander*
IC Stier	**Sicherheit und Beständigkeit erlangen**
	Dem Ruf nach Zugehörigkeit folgen
MC Skorpion	*Macht über sich selbst gewinnen*
IC Zwillinge	**Immer wieder allem Neuem gegenüber aufgeschlossen sein**
	Sich der Vielfalt hingeben
MC Schütze	*Optimistisch dem Leben entgegentreten*
IC Krebs	**Die Welt gefühlsmäßig erfassen**
	Sich beeindrucken lassen
MC Steinbock	*Ein kluger Lehrmeister werden*
IC Löwe	**Lebensfreude vermitteln**
	Dem schöpferischen Ruf folgen
MC Wassermann	*Das Leben mit Originalität versehen*
IC Jungfrau	**Aus der Vielfalt schöpfen**
	Die Stimme der Vernunft beachten

MC Fische	*Fantasie und heilende Kräfte nutzen*

IC Waage	**Das Bedürfnis, Frieden und Ausgleich zu schaffen**
	Die schönen Dinge des Lebens zum Ausdruck bringen
MC Widder	*Sich seiner Tatkraft besinnen*

IC Skorpion	**Sich seinem Forschergeist hingeben**
	Dem Ruf nach Tiefe folgen
MC Stier	*Sich in der Gemeinschaft abgrenzen und eigene Werte schaffen*

IC Schütze	**Großzügigkeit in allen Bereichen zulassen**
	Die Stimme des Glaubens finden und akzeptieren
MC Zwillinge	*Zum Austausch auf allen Ebenen bereit sein*

IC Steinbock	**Verantwortlichkeit und Zielstrebigkeit anerkennen**
	Erfolg anstreben, erfolgreich sein
MC Krebs	*Natürlichkeit und Gefühle zum Ausdruck bringen*

IC Wassermann	**Seine eigene Originalität und Individualität finden**
	Gleichberechtigung herstellen
MC Löwe	*Lebensfreude vermitteln und ausdrücken*

IC Fische	**Sich seinen Visionen und Träumen stellen**
	Sich dem Fluss des Lebens anvertrauen
MC Jungfrau	*Erkenntnisse in die Wirklichkeit umsetzen*

Der Entwicklungsweg ist genau wie der vom AC zum DC voraussichtlich nicht immer ganz einfach. Oft ist es schwer, seine eigene Identität überhaupt zu erkennen, weil sie vielleicht von sehr vielen anderen Dingen überlagert ist. Wie bereits gesagt, muss zuerst die innere Stimme und die eigene Intuition wiedergefunden, und das Vertrauen zu ihr aufgebaut werden. Von den zur zweiten Natur gewordenen Anpassungsmechanismen heißt es, zurückzufinden zu seiner eigenen wahren ersten Natur, um in zunehmendem Maße immer authentischer werden zu können.

Natürlich gelingt es einem mithilfe der Astrologie wesentlich schneller, diese Aufgabe zu bewältigen. Deshalb ist sie ja in der Tat eine wichtige Orientierungshilfe, genauso wie es der Kompass früher bei den Seefahrern einer war und es auch heute immer noch ist.

Der Herrscherplanet des IC zeigt uns wiederum an, wo und wie sich diese neu gefundene Identität dann zeigt und auswirkt; siehe Herrschersystem.

Leo denkt zurück an seine Kinderzeit, wo er behütet im Kreise seiner Familie die ersten Erfahrungen machen durfte. Wie toll hat er mit seinen Geschwistern getobt und dabei alles gelernt, was ein Löwe so wissen muss. Mutter Löwe hatte sie aber stets im Blick und ihrem wachsamen Auge entging nichts. Denn sie hat ihre Sprösslinge auch mal zurechtgewiesen, wenn sie es gar zu wild getrieben haben. Natürlich haben diese sich bei ihr genauso einiges abgeschaut, wie beispielsweise zu jagen, und so haben sie alles gelernt, was sie benötigen, um ihr Überleben zu sichern.

»Oh, das hat uns geprägt, uns geholfen, unsere Instinkte auszubilden und uns zu dem zu machen, was wir als ausgewachsene Löwen sind«, meint er nachdenklich ...

»Ja, da haben es die Tiere schon recht einfach, Leo. Aber auch die Menschen kommen nackt auf diese Welt, jedoch fehlt es ihnen an nichts. Auf wundersame Art und Weise ist durch ihre Eltern oder anderen Bezugspersonen mit allem, was sie benötigen, für sie gesorgt. Solange, bis sie dann erwachsen sind und selber für sich sorgen und einstehen können. Nur vergessen manche dabei, dass sie genauso mit absolut ›gar nichts‹ irgendwann einmal wieder gehen werden, wenn ihre Zeit dann gekommen ist. So gesehen ist alles auf dieser Erde für einen bestimmten Zeitraum nur geborgt oder zur Verfügung gestellt.«

»Da sollte man wirklich das Beste aus seinem Leben machen und es vor allen Dingen genießen und glücklich sein«, entgegnet Leo voller Inbrunst. Er könnte platzen vor lauter Freude und Lebensenergie. Spontan führt er regelrechte Freudentänze auf.

Der MC als Beruf und Berufung

Der **MC** sagt jedoch nicht nur etwas über unser **Lebensziel** aus, sondern er steht außerdem für die Wahl des **Berufes** und unsere **Berufung,** in die man als Mensch seine ureigenste **Persönlichkeitsentfaltung** einbringen kann. Hier am **MC** beginnt der **überpersönliche Quadrant** mit dem **Anfang des 10. Hauses,** das mit **Steinbock und Saturn** ja die **Gesellschaft** als solche zum Thema hat. Es ist wiederum die **Eigenverantwortlichkeit** gefragt, nicht nur eine normgerechte Rolle zu spielen, sondern sich mit seinem gesamten echten Potenzial für die Allgemeinheit einzubringen.

Oft ist es gar nicht so leicht zu erkennen, welches nun unsere wirkliche Berufung ist. Denn durch **Moral und Normen** sind wir manchmal erheblich **fremdbestimmt,** sodass wir gar nicht mehr erkennen können, was nun unsere »eigene wahre Bestimmung« ist. Unser Tun dient dann vielleicht nur dazu, **Erfolg und Anerkennung** in der Öffentlichkeit zu erhalten. Oder wir sind noch zu sehr mit der Sippe verstrickt und wollen es »denen«, bewusst oder auch unbewusst, »einfach nur zeigen«.

Häufig üben wir einen Beruf weitgehend nur notgedrungen als **Job** und zur **Sicherung der Existenz** aus. Das mag zeitweise vielfach sogar zwingend nötig sein, hinterlässt aber im Allgemeinen doch eher einen faden, frustrierenden Nachgeschmack und laugt unsere Kräfte aus. Erst wenn unsere Arbeit, unser Beruf oder unser Tun mit der tief aus dem Innersten kommenden Berufung übereinstimmt, stellt sich Zufriedenheit und Glück ein. Dazu kann der **MC ein wertvoller Wegweiser** sein.

Jedoch spielen bei der Berufswahl natürlich noch viele andere Faktoren eine Rolle, die mit in die Betrachtung einbezogen werden sollten: **Dazu gehören das zentrale Anliegen der Sonne und der Auftrag des Aszendenten, ebenso wie die Komponente des Mondes, die unsere seelischen Bedürfnisse anzeigt. Hinzu kommt das 6. Haus, welches die Arbeit als solche zum Inhalt hat und ausdrückt, wie man an Tätigkeiten herangeht. Nicht zu vergessen das 2. Haus, welches über die Art der Einkommenssicherung Auskunft gibt.**

Planeten, die in den angesprochenen Häusern und Zeichen angesiedelt sind, bilden mit ihren Aspekten ein weiteres Indiz für die Berufswahl, wobei Planeten direkt am MC und im zehnten Haus noch speziellere Aussagen ermöglichen. Auch das Herrschersystem kann selbstverständlich mit in die Deutung einbezogen werden. Alles in allem zeigt sich hier ein vielschichtiges Energiemuster, welches auf seine spezielle Art und Weise unbedingt irgendwie verwirklicht werden will.

Doch nun zum MC in den einzelnen Zeichen selber:

Zeichen	Eigenschaften	Typische Berufe – Berufsspektrum
MC Widder	Tatendrang	Sportler, Militär, Feuerwehr, Chirurg, Metzger, Schmied, Mechaniker, Ingenieur, Metallverarbeitung, Wettbewerb, Zahnarzt, Friseur
MC Stier	Sicherheitsbedürfnis	Bauer, Beamter, Bankier, Bäcker, Bauunternehmer, Makler, Juwelier, Versicherungen, Masseur, Sänger, Antiquitäten, Umweltschutz
MC Zwillinge	Beweglichkeit	Journalist, Schriftsteller, Verlagswesen, Redner, Medien, Vermittler, Übersetzer, Händler, Kaufmann, Verkehrswesen, Techniker, Tänzer
MC Krebs	Zuwendung	Gastwirt, Hotelgewerbe, Koch, Lebensmittelbranche, Ernährung, Pflege, Betreuer, Fürsorge, Gärtner, Innenarchitektur

MC Löwe	Selbstverständnis	Vorgesetzter, Chef, Manager, Unternehmer, Abteilungsleiter, Organisator, Trainer, Spieler, Regisseur, Star, Schauspieler, Showgeschäft, Kunsthandwerk

Leo blickt majestätisch in die Runde: »Er ist der Chef, ist doch klar«, denkt er sich und lässt erst gar keine Zweifel aufkommen. Würde er sich mit Schütze MC zum Priester berufen fühlen? Nein, kann auch Reisender, Reiter oder Holzfäller sein, klingt es in ihm nach.

MC Jungfrau	Genauigkeit	Buchhalter, Sekretärin, Analytiker, Wissenschaftler, Arzt, Labortätigkeit, Dienstleistung, Reinigung, Optiker, Feinmechaniker, Ökologie
MC Waage	Harmoniebedürfnis	Anwalt, Diplomat, Berater, Vermittler, Designer, Kunstgewerbe, Mode, Kosmetik, Choreographie, Fotografie, Grafik, Dekoration
MC Skorpion	Forschergeist	Therapeut, Psychologe, Chemiker, Forscher, Wissenschaftler, Kriminologe, Dresseur, Rettungsdienst, Sterbehilfe, Bestattungsunternehmer, Müllabfuhr
MC Schütze	Jovialität	Professor, Gelehrter, Philosoph, Priester, Missionar, Würdenträger, Reisewesen, Export, Jurist, Werbung, Pferdesport, Jagd, Holzwirtschaft
MC Steinbock	Ernsthaftigkeit	Richter, Polizist, Lehrer, Politiker, Architekt, Bildhauer, Historiker, Verwaltungswesen, Bergbau, Orthopäde, Schornsteinfeger
MC Wassermann	Freiheitsdrang	Erfinder, Luft- und Raumfahrt, Pilot, Elektriker, Sprengmeister, Informatiker, Tüftler, Astrologe, Revolutionär, Clown
MC Fische	Mitgefühl	Krankenpflege, Sozialwesen, Kunst, Schifffahrt, Filmbranche, Lyriker Musik, Grenzwissenschaften, Alternativszene, Drogenberater

Sicherlich wundert sich der ein oder andere, warum bei manchen Zeichen recht komische Berufsbilder herauskommen, wie beispielsweise Feuerwehrmann und Chirurg beim Widder. Dies liegt daran, dass nicht nur die Eigenschaft des Zeichens Widder, wie hier Tatendrang, sondern auch der Elementhintergrund mit berücksichtigt wird, und das ist beim Widder das Feuer.

Leo nickt zustimmend mit Verweis auf die obigen Zeilen.

So haben wir beim Wassermann durch den Hintergrund des Elementes Luft die Luft- und Raumfahrt, durch die schon ein großer Teilbereich an möglichen Berufen abgedeckt ist. Ähnlich ist es mit der Wasserwirtschaft und der Schifffahrt bei den Fischen mit ihrem Element, dem Wasser.

Hinzu kommt noch die Symbolik des dazugehörigen Planeten. Bei Mars/Widder ist das Schneiden unter anderem eine der Entsprechungen des Planeten, und schon sind wir beim Chirurgen oder Metzger. Ähnlich ist es mit dem Stier, wie passen Landwirt oder Sänger hier zusammen? Es ist die Bodenbearbeitung vom Element Erde her gesehen und die Stimme entspricht dem Prinzip der Stier-Venus mit dem Hals im körperlichen Bereich.

Was hat nun ein Gelehrter mit einem Pferdeliebhaber und Holz gemeinsam, wie es im Zeichen Schütze der Fall ist? Hier haben wir es mit Sinnfindung und Bildung vom Zeichen her gesehen zu tun, wohingegen Pferde und Holz auf einer anderen Ebene Attribute des Planeten Jupiter sind.

Beim Steinbock finden sich der Repräsentant des Staates, der Orthopäde und der Schornsteinfeger wieder. Auch hier spielt das gesellschaftliche Prinzip von Amt und Würden des Steinbocks und seinem Planeten Saturn eine große Rolle. Ebenso die Entsprechung des Saturnprinzips auf die Knochen (Orthopäde) und die Farbe schwarz beim Schornsteinfeger.

Wir sehen also, die Urprinzipien ziehen sich durch alle Schichten des Seins. Man muss nur etwas sensibel dafür werden, dann erkennt man ihre Symbolik auf allen Ebenen wieder. Natürlich vermischen und ergänzen sich die einzelnen Aspekte auch wieder miteinander und können umso vielfältiger genutzt werden. Daher fühlt sich zum Beispiel nicht nur ein Steinbock durch seine pädagogischen Ambitionen zum Lehrer berufen, sondern vielleicht ebenso ein Zwilling durch sein Mitteilungsbedürfnis oder der Schütze durch seinen Sinn für Bildung und Ähnliches.

Man sieht, die Möglichkeiten sind sehr breit gefächert. Und es liegt an jedem selbst, tief aus dem Innersten heraus seine ureigenste Berufung zu finden und ihr zu folgen. Dabei ist es interessant zu beobachten, dass instinktiv doch schon sehr viele Menschen in etlichen Bereichen das ihnen entsprechend Richtige tun. Nur wer unzufrieden ist, sollte einfach einmal in sich gehen und versuchen, Änderungen vorzunehmen. Er wird sehen, die ganze Palette an interessanten Aufgaben ist vielleicht reicher bestückt, als er je geglaubt hätte.

Jeder Mensch ist nun einmal total einmalig und sollte sich diese Chance nicht entgehen lassen!!!

Zu den einzelnen Berufsbezeichnungen sei noch angemerkt, dass sie hier zwar männlich aufgeführt sind, heutzutage jedoch alle Berufe von Männern und Frauen gleichermaßen ausgeübt werden können. Selbst die letzten Domänen der Männer, wie das Militär, der Fußball, das Skispringen und sogar die Raumfahrt sind heutzutage ganz selbstverständlich auch Frauen zugänglich. Und wie wir wissen, ist die Selbstverwirklichung den Frauen fast wichtiger als den Männern.

Leo ist wieder einmal ganz nachdenklich geworden. »Glücklicherweise ist im Tierreich noch alles ganz natürlich geregelt. Jedes Tier handelt einfach instinktiv, so wie die Natur es ihm vorgegeben hat, und ist einfach glücklich dabei«, denkt er sich.

»Die Menschen haben so viele Möglichkeiten und hadern doch immer wieder mit ihrem Schicksal und bereiten sich dadurch selbst Probleme. Sie machen sich einfach zu viele Gedanken«, grübelt er weiter. »Sicher ist ihr Verstand ihnen Fluch und Segen zugleich ... Doch dem inneren Ruf des Herzens folgen zu können, bedeutet bestimmt das allergrößte Glück«!

»Ferner ist ihr Streben nach Macht und Anerkennung sehr stark ausgeprägt. In ihnen lebt immer noch die Angst der inneren Kinder, nicht angenommen und geliebt zu sein«, lässt Leo weiter verlauten.

»Leo, du entwickelst dich ja nicht nur zum Philosophen, sondern auch zum Psychologen!«

»Ja, und zu heilen ist das nur durch Selbstannahme, was keinesfalls egoistisch ist, wie viele Menschen oft meinen«, erklärt Leo. »Denn solche Ängste vor Zurechtweisung, Bestrafung, Schuldzuweisung, Bloßstellung oder Beschämung wurden früher häufig geweckt, um die Menschen gefügig zu behalten, und sie werden es zum Teil heute immer noch«, verkündet Leo traurig.

»Das kann sogar zu schweren Krankheiten führen, wie wir gleich sehen werden. Denn Mobbing, Burn-out und Depressionen sind in unserer heutigen Zeit vermehrt anzutreffen und schlagen sogar auch auf die inneren Organe«, ergänzt Leo.

Wer in einer solchen Krise steckt, sollte sich nicht scheuen, professionelle Hilfe in Anspruch zu nehmen. Es gibt viele hilfreiche Bücher, Berichte und Tipps im Internet. Auch eine astrologische oder psychologische Beratung kann da sehr hilfreich sein.

Körperliche Zuordnungen – Krankheiten

Die spezifischen Energien der Tierkreiszeichen und Planeten haben außerdem Analogien zu bestimmten Körperteilen und deren eventueller Erkrankung. Besonderes Augenmerk sollte hier auf die Psychosomatik gelegt werden. Wenn etwa eine bestimmte planetare Energie auf anderem Wege nicht gelebt werden kann, bleibt ihr nichts anderes übrig, als sich auf der materiellen, beziehungsweise in diesem Fall auf der körperlichen Ebene, nämlich durch Krankheit auszudrücken. Deshalb haben uns Krankheiten fast immer eine wichtige Botschaft mitzuteilen. Siehe das Buch »Krankheit als Weg« von Thorwald Dethlefsen und Ruediger Dahlke sowie die Psychosomatik-Bücher von Michael Roscher, Hermann Meyer, Louise Hay, Kurt Tepperwein, Wilfried Schütz und vielen anderen.

Die gesamte Geschichte dieser Zusammenhänge ist jedoch schon sehr alt. Bereits antike und mittelalterliche Mensch-Tierkreiszeichen-Symbolfiguren versinnbildlichten ein solches Geschehen. So spiegeln unter anderem viele, auch heute noch gebräuchliche Redewendungen, dieses alte Wissen wider. Zum Beispiel: *Sich die Zähne ausbeißen, verschnupft sein, schwer zu schlucken und zu verdauen haben, an die Nieren gehen, sich zu Herzen nehmen* und Ähnliches. Deshalb sollte man bei einer Krankheit nicht nur die Symptome bekämpfen, sondern nach der Ursache forschen und lernen, die Botschaft der Krankheit zu verstehen und zum »Heil-Werden« zu nutzen. Denn auch Krankheit und Gesundheit bilden eine Polarität, bei der es heißt, die Mitte zu finden und das Heil für Leib und Seele zu suchen.

Doch nun zu den einzelnen Zuordnungen:

Widder/Mars	Kopf, Zähne, Muskelsystem (Durchsetzung) <Mit dem Kopf durch die Wand> Entzündungen, Fieber, Wunden, Säure, Galle
Stier/Venus	Hals, Nacken, Mund (Starrigkeit, Sicherung, Abgrenzung) <Halsstarrig wie ein Stier>, aber auch die Stimme, Erkältung, Heiserkeit, Schilddrüse, Gewichtsprobleme
Zwillinge/Merkur	Schultern, Arme, Hände, Bronchien, Lunge (siehe Geschicklichkeit und Atmung) <Beweglichkeit und Austausch geraten ins Stocken> sensorische und motorische Nerven, deren Störungen, z. B. Sprach- und Bewegungsstörungen, Asthma, Bronchitis

Krebs/Mond	Weibliche Brüste, Gebärmutter, Magen (nähren, ernähren, empfinden) <z.B. Liebe geht durch den Magen und wird als Kribbeln in der Magengegend empfunden oder es schlägt etwas auf den Magen> Lymphsystem, Bauchfell, Zwerchfell, Magenbeschwerden, Schleimhautirritationen, Gebärmutter- und Menstruationsbeschwerden, Brustkrebs
Löwe/Sonne	Herz, Kreislaufsystem (Sonne = Herz) <Motor des Lebens> Vitalität, Blutdruck, Herz- Kreislauferkrankungen (das Herz kann keinen Krebs bekommen, aber das Broken-Heart-Syndrom und viele andere Herzprobleme)
Jungfrau/Merkur	Verdauungssystem (Nutzung und Verwertung) <im Darm so wie im Leben, bzw. auch im Gehirn> (Erlebtes muss genauso verdaut werden wie die Nahrung) Augen, Ohren, Bauchspeicheldrüse, Blinddarm, Verdauungsstörungen, Darmerkrankungen, Stoffwechselstörungen, Sehstörungen, Hörsturz
Waage/Venus	Nieren, Harnwege (Säure- Basengleichgewicht) <Balance, Ausgleichsfunktion> Venen, Haut (Kontaktorgan) Nieren- und Blasenerkrankungen, Diabetes, Venen- und Hauterkrankungen
Skorpion/Pluto	Ausscheidungs- und Geschlechtsorgane (stirb und werde) <Ausscheidung unverwertbarer Substanzen sowie Zeugung neuen Lebens> Mastdarm, Harnröhre, Eierstöcke, Hoden, Prostata, Genitalien, Nase, Gene, Verkrampfungen, Verschlusskrankheiten, Geschlechtskrankheiten, Nasennebenhöhleninfekte, Gendefekte, Erbkrankheiten, Autoaggression (Opferung)
Schütze/Jupiter	Oberschenkel, Beine, Hüften (Expansion) <Fettablagerung oder Hüftprobleme> Leber, Cholesterin, Hüftgelenke, Lendenwirbel, Lebererkrankungen, Fettstoffwechsel, Oberschenkel- und Hüfterkrankungen, Ischias, Wucherungen, Schwellungen, Gewichtszunahme

Steinbock/Saturn	Knie, Knochen, Skelettsystem (Unbeugsamkeit, Härte) <aber ohne Skelett keine Struktur, das System würde zusammenbrechen> Haut (als Abgrenzungsorgan), Haare, Nägel, Sehnen, Bänder, Milz, Knochenmark, Wirbelsäulen- und Gelenkserkrankungen, Rheuma, Arthrose, Sehnen- und Bänderschäden, Knochenerkrankungen, Verhärtung, Versteifung, Steinbildung, Hautveränderungen, Ekzeme, Horn, Schuppenflechte, Mangelkrankheiten, Alterung, Verschleiß
Wassermann/Uranus	Waden, Sprunggelenke, Nervensystem (abheben, Nervosität) <möchte Originalität und Freiheit> Vegetatives Nervensystem, Hypermotorik, Reflexe, Erkrankungen in Schüben, Koliken, Epilepsie, Parkinson, Multiple Sklerose, Stress, Brüche, Unfälle, Prothesen
Fische/Neptun	Füße, Drüsensystem (enthält Inhalt von allem, besonders deutlich in den Fußreflexzonen) <Füße ermöglichen Erdkontakt und damit Anpassung des Bewussten an das Unbewusste> Fußerkrankungen, Vergiftungen, Pilze, Schwäche, Zerfall, Auflösung, Seuchen, Eiterung, Stoffwechselstörungen, Hormonstörungen, Süchte, Überempfindlichkeit

Man sieht hier, dass es sehr schwierig ist, bestimmte Krankheiten jeweils nur einer planetaren Kraft zuzuordnen. Die Übergänge sind wie immer fließend und mit etwas Übung kann man das Zusammenspiel sowie die Wechselwirkungen solcher Aspekte sehr leicht erkennen. Ferner lässt es sich gut beobachten, wie die einzelnen Steuerungssysteme wiederum Rückwirkungen auf die vorherigen und die nachfolgenden Prinzipien haben.

So steuert zum Beispiel der Zwilling das motorische Nervensystem, welches sich auch willentlich beeinflussen lässt und in körperlicher Bewegung zum Ausdruck kommt. Er ist nun damit sozusagen der Steuermann dieser Funktionen im ersten Quadranten, dem unser Körper unterliegt.

Der Jungfrau obliegt diese Aufgabe im zweiten Quadranten, der ja unserer Seele zugeordnet ist. Hier ist das sogenannte vegetative Nervensystem nicht mehr von unserem Willen her steuerbar, sondern kann lediglich noch durch unsere Gefühle beeinflusst werden. Diesem Programm unterliegt beispielsweise der Darm, wo sich dieses Vorgehen sehr gut beobachten lässt. (Man hat vor Aufregung oder Angst im wahrsten Sinne des Wortes »Schiss«.)

Im dritten, dem geistigen Quadranten, übernimmt der Schütze diese Steuerungsaufgabe. Die ihm zugeordnete Leber arbeitet einem Chemielabor vergleichbar an der Verwertung unserer Nährstoffe, die aus dem Darm durch das Blut aufgenommen und an die Leber weitergeleitet werden. Dies entspricht somit der geistigen Auseinandersetzung des Jupiter-Prinzipes an der Verarbeitung der uns erreichenden »geistigen Kost« bezüglich unserer Weltanschauung und unseres Lebenssinns.

Der vierte überpersönliche Quadrant wird von den Fischen navigiert. Sie sind für die Funktion der gesamten Drüsen im Körper zuständig, analog dem ihnen übergeordneten Thema der Feinstofflichkeit und der kosmischen Verbundenheit.

Deshalb sollte man den Menschen immer als eine Ganzheit betrachten, die wiederum in eine kosmische Ganzheit eingebunden ist. Der gesamte Organismus findet sich nämlich immer in jeweils kleineren Teilen wieder. Zum Beispiel in den Fuß-Reflexzonen, sowie im Ohr und bei der Iris- oder Gesichtsdiagnose. Es ist an der Zeit, dass auch die Ärzte diese Tatsache immer mehr mit berücksichtigen und vermehrt in ihre Arbeit mit einfließen lassen. Ganzheitliche Therapie heißt das Gebot der Zukunft, so wie es die Heilpraktiker zum Teil schon sehr lange praktizieren. Aber wie immer scheitert es vor allem an der Lobby der Pharmaindustrie in Wissenschaft und Politik.

Leo kann das alles nur bestätigen und ist ganz fasziniert von den vielschichtigen Zusammenhängen. Er überträgt es jetzt alles ganz genau auf seinen luxuriösen Löwenkörper, indem er ausgiebig sein Fell putzt.

Planeten und Krankheitsdispositionen

Falls der Mond in diesen Zeichen steht:

+ bedeutet, dass diese Nährstoffe besonders gut aufgenommen werden,
– meiden, falls möglich, Belastungen können auch Operationen sein

Hinzu kommt noch, dass bei zunehmendem Mond alles besser aufgenommen wird, und bei abnehmendem Mond ausgeschwemmt wird, er sich also besser zum Abnehmen eignet.

Planet	Organentsprechung	Dispositionen
Widder/Mars	Kopf	Kopfschmerz, Migräne
	Augen	Verletzungen
	Zähne	Zahnschmerzen, Karies
	Blut	Blutdruck, Blutwerte
	Mund	Entzündungen
	Ohren	Hörsturz
	Eiweiß +	Belastung –
Stier/Venus	Hals	Halsschmerzen
		Stimmbandreizungen
		Mandelentzündungen
		Luftröhre
		Speiseröhre
	Nacken	Verspannungen
	Kiefer	Sperren
	Salze +	Belastung –
Zwillinge/Merkur	Lunge	Lungenkrankheiten
		Entzündungen
	Bronchien	Bronchitis
		Katarrhe
	Arme	Bewegungsstörungen
	Fett +	Belastung –
Krebs/Mond	Magen	Magenverstimmungen
		Magenschleimhautentzündung
		Magengeschwüre
	Brust	Brustkrebs

	Kohlehydrate +	Belastung –
Löwe/Sonne	Herz	Herzkrankheiten
		Herzklappenfehler
		Herzinfarkt
		Herzmuskelschwäche
	Kreislauf	Kreislaufprobleme
		Bluthoch- oder -niedrigdruck
	Eiweiß +	Belastung –
Jungfrau/Merkur	Darm	Darmkrankheiten
		Darmgeschwüre
		Blinddarm
		Colitis
		Morbus Crohn
	Salze +	Belastung –
Waage/Venus	Nieren	Nieren- u. Blasenkrankheiten
		Nierenentzündung
		Nierensteine
		Nierenschwäche
	Blase	Blasenentzündung
		Blasensteine
	Fett +	Belastung –
Skorpion/Pluto	Sexualorgane	Geschlechtskrankheiten
		Gebärmutterschäden
		Eierstockveränderungen
		Unfruchtbarkeit
		Hormonstörungen
		Penisabnormalitäten
		Impotenz
		Hodendeformationen
		Prostataprobleme
	Harnleiter	Harnleiterentzündung
	Kohlehydrate +	Belastung –
Schütze/Jupiter	Leber	Leberleiden
		Fettleber
		Leberzirrhose
	Oberschenkel	Deformierte Oberschenkel
	Hüfte	Hüftgelenk

	Eiweiß +	Belastung –
Steinbock/Saturn	Knochen	Probleme mit den Knochen
		Osteoporose
	Knie	Gelenkschäden, bes. Knie
	Rücken	Rückenschmerzen
		Bandscheibenvorfall
	Zähne	Zahngeschichten
	Haut	Hautirritationen
	Nägel	Nagelschädigungen

	Salze +	Belastung –
Wassermann/Uranus	Unterschenkel	Brüche Unterschenkel
		Fußgelenk
		Knochenbrüche aller Art
	Venen	Krampfadern

	Fett +	Belastung –
Fische/Neptun	Füße, Zehen	Fußprobleme
		Fußfehlstellungen
		Fersensporn
		Deformierte Zehen
	Drüsen	Überfunktion, Unterfunktion
	Süchte	Genussmittel vermeiden

	Kohlehydrate +	Belastung –

Regelmäßige Beobachtung des eigenen Körpers und seiner Funktionen, sowie Gesundheitskontrolle sind sehr wichtig!!!

Leo schaut sich die folgenden Bildtafeln genau an und verinnerlicht nun die, den einzelnen Organen zugeordneten Tierkreiszeichen und Planeten sehr sorgfältig. »Das kann ich mir wunderbar merken«, freut er sich und brüllt einmal laut vor Zustimmung und Begeisterung, damit es auch ja jeder mitbekommt.

»Gesundheit ist sehr wichtig«, meint er dann erneut. Denn wie heißt es so schön bei Schopenhauer: »Gesundheit ist zwar nicht alles, aber ohne Gesundheit ist alles nichts« oder: »Alle Wünsche werden klein gegen den, gesund zu sein«. Noch deutlicher kommt es bei dem Spruch von Voltaire zum Ausdruck: »In der einen Hälfte des Lebens opfern wir die Gesundheit, um Geld zu erwerben. In der anderen opfern wir Geld, um die Gesundheit wiederzuerlangen. Und während dieser Zeit gehen Gesundheit und Leben

von dannen.« Wie wahr doch diese Sprüche sind, merkt man erst, wenn man ein kleines »Wehwehchen« hat, das einen einfach nur stört. Wie dankbar sollte man da für jeden Tag sein, an dem man keine Schmerzen hat, geschweige denn, an dem man nicht krank ist!

Jeder, der schon einmal am Bett eines kranken Kindes oder sonst eines anderen Kranken gesessen hat, weiß das zu schätzen. Gesundheit ist wirklich unbezahlbar. Und doch, möchte das Leiden einem vielleicht etwas sagen.

»Als Löwe muss ich auf mein Herz aufpassen«, meint Leo dann sinnig und hält seine mächtige Pranke vor die linke Brustseite. »Und pass auf, dass du in der Liebe dein Herz nicht ganz verlierst«, meint er einen seiner Löwenkollegen ganz hämisch erwidern zu hören.

Ja, ja, die Liebe ...

»Aber besonders schlimm ist es natürlich dann, wenn jemand unheilbar krank oder sehr alt ist. Wenn er dazu schon lange bettlägerig ist und die Schmerzen immer unerträglicher werden, kann der Tod auch eine Erlösung sein. Am schlimmsten ist es natürlich immer, wenn man als Angehöriger dem Leiden zusehen muss und nicht helfen kann«, bemerkt Leo nun sehr ernsthaft und betroffen.

»Ja, in solchen Situationen wird man dann oft sehr demütig, besinnt sich wieder auf Gott, fängt unter Umständen erneut an zu beten und hofft auf ein Wunder, bis man schließlich doch das Unausweichliche akzeptiert, lieber Leo.«

»Und stell dir vor: In früheren Zeiten wurde in solchen auswegslosen Situationen oft auch ein Pakt mit dem Teufel geschlossen und unter Umständen sogar die Seele verkauft, wie es manchmal noch in den Märchen zu lesen ist.«

Leo ist ganz aufgelöst vor lauter Mitgefühl. Aber so ist nun mal das Leben.

Der Mensch gekreuzigt an die Materie

(Der vitruvianische Mensch von Leonardo da Vinci)

Zuordnung von Körperteilen zu den Tierkreiszeichen

(Aus dem Stundenbuch des Duc de Berry)

Weitere drei verschiedene Versionen der Zuordnung von Körperteilen zu den Tierkreiszeichen

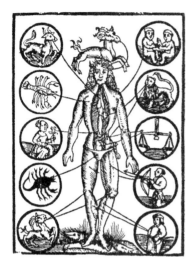

Links: Mittelalterlicher
Aderlaß - Mann

Unten: Initiative des
Neuanfangs beim Widder

Denn wie in Adam alle sterben,
so werden in Christus alle lebendig
gemacht werden.

Korinther 15/22

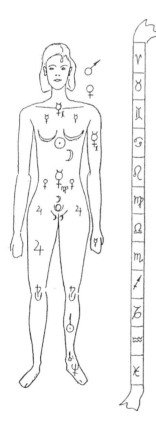

Links: Etwas modernere
Darstellung

Sonstiges

Der Frühlingspunkt

Ursprünglich beginnt der Tierkreis mit **0 Grad Widder.** Wir hätten damit gleichzeitig einen **Widder-Aszendenten (AC).** Dies entspricht dem **Frühlingspunkt,** beziehungsweise der **Frühlings-Tagundnachtgleiche.** Gegenüber bei **0 Grad Waage** ergäbe sich ein **Waage-Deszendent (DC),** welcher die **Herbst-Tagundnachtgleiche** zum Inhalt hätte.

Genauso ist es mit **0 Grad Krebs,** also einem **Krebs-Imum-Coeli (IC),** er entspricht der **Sommersonnenwende.** Während **0 Grad Steinbock** einen **Steinbock-Medium-Coeli (MC)** beinhaltet und mit der **Wintersonnenwende** gleichzusetzen ist. Wir gehen hierbei entgegen dem Uhrzeigersinn durch den Tierkreis (siehe Einteilung der Häuser). Dabei ist zu berücksichtigen, dass das Tierkreisband um die Erde von uns aus gesehen spiegelbildlich zu betrachten ist, und es auch einen Unterschied macht, ob man sich auf der Südhalbkugel oder der Nordhalbkugel der Erde befindet.

Ganz abgesehen davon, dass kaum jemand so planmäßig auf die Welt kam und sich dadurch andere Aszendenten als Widder ergeben, wollen wir auf etwas anderes hinaus: Dieser **Frühlingspunkt** bei 0 Grad Widder hat sich nämlich durch die Schräglage der Erdachse und die sich daraus ergebende leichte Rotation der Erde im Laufe der Zeit, also der Jahrtausende, etwas nach rückwärts verschoben ... und er wird es auch weiterhin tun. Dadurch ergibt es sich, dass die Sonnenumlaufbahn und die Erdäquatorlinie, die sogenannte Ekliptik, sich nicht mehr ganz genau bei 0 Grad Widder am 21. März treffen, sondern etwas früher. Deshalb sind wir auch nicht mehr im **Fische-Zeitalter,** sondern befinden uns schon im Zeitalter des **Wassermanns!**

Die Rückläufigkeit des Frühlingspunktes ist sehr langsam und würde durch den gesamten Tierkreis ca. 25 800 Jahre dauern. Man nennt diesen Zeitraum auch ein Weltenjahr. Für ein Zeichen werden etwa 2 150 Jahre benötigt, was einem Weltenmonat oder einem astrologischen Zeitalter entspricht. Man rechnet für 1 Grad ca. 72 Jahre.

Solch ein Wendepunkt in der Geschichte war gerade Ende 2012, wo der berühmte Kalender der Majas und auch diverse andere Zeitrechnungen endeten. Das Ende der Welt wurde vorausgesagt und es war vielen schon ein wenig mulmig zumute. Zum Glück drehte sich die Erde aber weiter ... Eine solche Veränderung vollzieht sich jedoch sehr langsam und ist wahrscheinlich schon lange Zeit im vollen Gange, wenn man die rasante Entwicklung des technischen Fortschritts bedenkt.

Wie gesagt, wird man derartige Auswirkungen meist erst viel später richtig bewusst wahrnehmen können.

Vielleicht ist die derzeitige Corona-Krise 2020 eine Antwort von Mutter Erde auf ihre Ausbeutung, mit der sie sich endlich eine Verschnaufpause verschafft. Eventuell kommen die vorausgesagten Umbrüche erst jetzt voll zum Tragen und bilden den Anstoß zu wirklich dringend notwendigen Veränderungen. Nutzen wir also die Gunst der Stunde.

Systeme, die eine Verschiebung des Frühlingspunktes vollständig mit in ihre Ausarbeitungen einbeziehen, arbeiten mit dem **Siderischen Tierkreis.** Dies ist besonders bei der indischen Astrologie der Fall. Sie bezieht die sogenannte Präzession lückenlos mit in ihre Berechnungen und Bewertungen ein. Hier geht man also vom exakt genauen Stand der angesprochenen Punkte und Planeten aus.

Wir tun das nicht und lassen alles so, wie es ist, weil wir davon ausgehen, dass nur die Symbolik der Planetenstände wichtig ist, und diese verändert sich ja nicht. Man nennt unser hier im Westen gebräuchliches System auch den **Tropischen Tierkreis.** Dabei kann man sich vorstellen, dass die Sprache der Sterne nur ein Messinstrument ist, ähnlich dem Thermometer, welches ja selbst auch keine direkte Hitze oder Kälte erzeugt, sondern sie lediglich anzeigt.

Natürlich gibt es noch andere Richtungen der Astrologie, die davon ausgehen, dass die Planeten selbst durch die ihnen innewohnenden Kräfte etwas bewirken. Beim Mond kann man sich das ja durch Ebbe und Flut oder auch bei Mondsüchtigkeit noch ganz gut vorstellen, zumal der Mond uns als Erdtrabant ja sehr nahe ist. Nur ist bei den anderen Planeten bisher noch nichts Derartiges bewiesen, und wir halten uns eben an unser bewährtes System.

Andererseits ist es jedoch so, dass alles, mit dem wir Menschen zu tun haben und mit dem wir verbunden sind, auf Resonanzen und Schwingungen beruht. Von daher gesehen könnte es schon sein, dass derartige Verbindungen auch zu den Planeten bestehen. Denn im ganzen Universum beruht ja vieles auf Magnetismus, sonst könnten die Himmelskörper ja gar nicht auf ihren Bahnen bleiben. Es gibt also noch viel zu erforschen.

Erstaunlich bei der ganzen Sache ist nur, dass alle Richtungen der Astrologie meist zu ähnlichen Ergebnissen kommen. Wahrscheinlich ist es wie bei allem in dieser Welt: Es gilt nicht nur ein »Entweder – oder«, sondern ebenso ein »Sowohl – als auch«!

Man kann dies nachlesen bei der Dualitätstheorie von Wellen und Teilchen, die beide Licht sind. Im Internet ist es unter CHEMIE.DE so beschrieben:

Jede Strahlung hat sowohl Wellen- als auch Teilchencharakter, aber je nach dem durchgeführten Experiment tritt der eine oder der andere Teil in Erscheinung.

Oh, oh, ... Leo schaut nachdenklich an den Himmel. »Das ist ja mal wieder total kompliziert«, meint er genervt. »Doch ›sowohl als auch‹ hat schon was«, überlegt er. »Ich könnte also mehrere Löwinnen zur Frau haben und sie alle lieben ... oder ich kann verschiedene Sorten Fleisch fressen, um satt zu werden.« »Ja, ja ist schon gut, Leo, aber nicht gleich so stark übertreiben.«

Zeit

»Es ist es wirklich sehr interessant, dass gerade 2012 ein solches Weltenjahr nach vielfältigen Berechnungen geendet haben soll, und wir uns am Beginn einer ›Neuen Zeit‹ befinden«, geht Leo zum nächsten Thema über. »Wir befinden uns tatsächlich in einer total interessanten Zeit des Umbruchs, Leo. Und wir sollten uns freuen und dankbar dafür sein, dies miterleben zu dürfen.«

In der folgenden Zeichnung sieht man die Neigung der Erdachse und die dadurch bedingte Verschiebung des Frühlingspunktes sehr gut.

Die Verschiebung des Frühlingspunktes

Der Himmelsäquator bildet eine Linie mit dem Erdäquator.

Der Tierkreis entspricht der scheinbaren Umlaufbahn der Sonne um die Erde, bzw. der Erde um die Sonne. Man nennt diese auch Ekliptik.

Diese Ekliptik ist um 23,5 Grad zum Äquator geneigt.
Den Schnittpunkt bildet der Frühlingspunkt bei 0 ° Widder.

Die Verschiebung des Frühlingspunktes nennt man Präzession.

Wir hatten die verschiedenen Zeitalter ganz am Anfang schon einmal angesprochen, deshalb jetzt noch einmal eine kurze Aufstellung:

- *Zwillingszeitalter*   *Nomaden*   *ca. 6.000 – 4.000 v. Chr.*
- *Stierzeitalter*   *Sesshaftwerdung*   *ca. 4.000 – 2.000 v. Chr.*
- *Widderzeitalter*   *Feldzüge Römer*   *ca. 2.000 – Zeitenwende*
- *Fischezeitalter*   *Christen*   *Zeitenwende – 2.000 n. Chr.*
- *Wassermannzeitalter*   *Technisierung*   *ca. 2.000 – 4.000 n. Chr.*

Wobei noch zu bedenken ist, dass die Übergänge immer fließend sind.

Die Umlaufbahnen der Planeten

Sonne   Zentralgestirn unseres Planetensystems, die Erde umkreist in Wirklichkeit die Sonne (heliozentrische Sicht – Astrologie geozentrische Sicht mit der Erde als Mittelpunkt)
365 Tage = 1 Jahr (siehe Lauf der Sonne durch das Jahr)
ca. 30 Tage in einem Tierkreiszeichen = 1 Monat

Mond   Kein Planet, sondern ein Erdtrabant
29,5 Tage = ca. 1 Monat (siehe Zyklus der Frau)
ca. 2 ½ Tage in einem Tierkreiszeichen

Merkur   Sonnennächster und damit schnellster Planet
Umkreist die Sonne in 88 Tagen, durch schleifenförmige Bewegungen (Rückläufigkeit), ist aber von uns aus gesehen etwa so schnell wie sie
ca. 30 Tage in einem Tierkreiszeichen

Venus   Zweitnächster Planet zur Sonne
Umrundet die Sonne in 225 Tagen, braucht aber von uns aus gesehen ebenfalls 1 Jahr
ca. 30 Tage in einem Tierkreiszeichen

Mars   Ab Mars beginnt die Reihe der äußeren Planeten, heliozentrische und geozentrische Umlaufzeiten sind gleich
Benötigt etwa 2 Jahre (687 Tage) zur Sonnen- und Tierkreisumrundung
ca. 57 Tage (2 Monate) in einem Zeichen

Jupiter   Größter Planet des Sonnensystems
Umrundet die Sonne in 12 Jahren
ca. 1 Jahr in einem Tierkreiszeichen

Saturn   Letzter ohne Hilfsmittel sichtbarer Planet des Sonnensystems, typisch sind seine ihn umkreisenden markanten Ringe (mit Eis überzogene Gesteinsbrocken)
Braucht 29,5 Jahre, um die Sonne zu umrunden
ca. 2,5 Jahre in einem Tierkreiszeichen

Mit Saturn enden die sieben klassischen Planeten des Altertums, die mit bloßem Auge sichtbar sind.

Wobei die **Sonne** und der **Mond schon immer** als Lichter galten und nur ein einziges Tierkreiszeichen beherrschten, nämlich **Löwe** und **Krebs,** wie wir schon gehört und gesehen haben. Während die anderen Planeten jeweils als Morgen- und Abendstern betrachtet wurden und für je zwei Tierkreiszeichen zuständig waren.

So wie die **Venus** für **Stier** und **Waage** auch heute noch jeweils als Morgen- und als Abendstern herrscht.

Ebenso verhält es sich mit **Merkur** bei den **Zwillingen** und der **Jungfrau.**

Früher beherrschte der **Mars** außer dem **Widder** auch noch den **Skorpion.**

Jupiter dagegen war für den **Schützen** und die **Fische** zuständig.

Und **Saturn** letztlich hatte seine Hände bei **Steinbock** und **Wassermann** mit im Spiel.

Noch heute kann man diese alten Herrscher mit in die Beratung einbeziehen und erhält dadurch wertvolle zusätzliche Hinweise.

Interessant ist ebenfalls, dass der Saturn tatsächlich so etwas wie eine äußere Begrenzung des Bewusstseins darstellt. Die neu entdeckten Planeten Uranus, Neptun und Pluto befinden sich also jenseits des Saturn, sind ohne Hilfsmittel nicht sichtbar und haben außerhalb unseres Bewusstseins eine kosmische Dimension. Man nennt sie deshalb **Transsaturnier.**

Uranus wurde dem **Wassermann** zugeordnet, **Neptun** den **Fischen** und **Pluto** dem **Skorpion.**

So ergibt sich ein völlig neues Bild im Tierkreis, das aber trotzdem sehr stimmig ist, genauso wie die Namen der Planeten (siehe Abbildung S. 54).

Uranus	Wurde 1781 entdeckt
	Umrundet die Sonne und den Tierkreis in 84 Jahren
	bleibt ca. 7 Jahre in einem Tierkreiszeichen
Neptun	Entdeckung 1846
	Ein Zyklus dauert fast 165 Jahre
	weilt etwa 14 Jahre in einem Zeichen
Pluto	Zuletzt entdeckter Planet im Jahre 1930
	Eine Umlaufbahn dauert fast 243 Jahre
	hält sich durchschnittlich 21 Jahre in einem Zeichen auf

Die Umlaufbahnen der Planeten

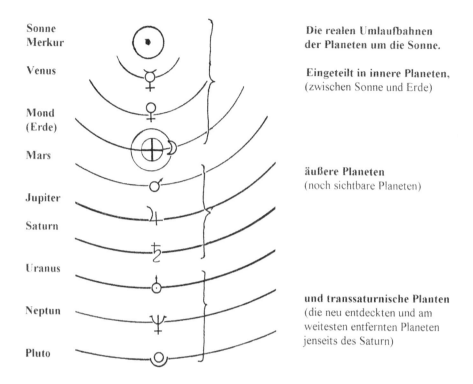

Sonne	Die realen Umlaufbahnen
Merkur	der Planeten um die Sonne.
Venus	**Eingeteilt in innere Planeten,**
	(zwischen Sonne und Erde)
Mond	
(Erde)	
Mars	**äußere Planeten**
	(noch sichtbare Planeten)
Jupiter	
Saturn	
Uranus	
Neptun	**und transsaturnische Planten**
	(die neu entdeckten und am
	weitesten entfernten Planeten
	jenseits des Saturn)
Pluto	

Je weiter von der Sonne entfernt, desto länger die Umlaufbahn

Die Asteroiden

Zwischen Mars und Jupiter befindet sich der Asteroidengürtel, Gesteinsreste aus der Entstehung des Sonnensystems oder eines ehemaligen Planeten, aus denen sich Kleinstplaneten bildeten, die auch schon teilweise mit in die Deutung einbezogen werden. Es sind dies z. B.: Ceres, Pallas, Juno und Vesta.

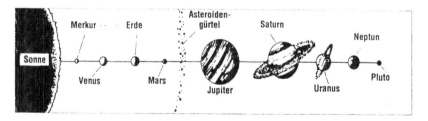

Zwischen Jupiter und Pluto befinden sich die sogenannten Kentauren, auch Kleinstplaneten, zu denen Chiron, Phollus, und Nessus gehören.

Die Asteroiden

Zwischen **Mars** und **Jupiter** befindet sich der sogenannte **Asteroidengürtel.** Es sind dies Gesteinsreste aus der Entstehung unseres Sonnensystems oder auch die Reste eines ehemaligen Planeten. Man nennt diese Gesteinsbrocken **Planetoiden.** Die bekanntesten sind **Ceres, Pallas, Juno** und **Vesta.** Ferner gibt es einen mit dem vielsagenden Namen **Psyche,** über den man allerdings noch nicht sehr viel weiß. Die vorher genannten Asteroiden werden dagegen schon heute teilweise in die Deutung mit einbezogen. Leider gibt es aber noch viel zu wenig brauchbare Erfahrungswerte. Hauptsächlich werden sie logischerweise mit etwas »Verlorengegangenem« in Verbindung gebracht. Es tut sich hier noch ein weites Feld möglicher zusätzlicher Deutungshilfen auf, denn die Zahl der noch nicht erforschten Asteroiden ist sehr groß. In der Astrologie der Zukunft wird sich der weitere Umgang zeigen, und das Wassermann-Zeitalter trägt sicherlich ebenso zu Erneuerungen bei.

Die Kentauren

Die Kentauren sind **Kleinstplaneten,** die sich zwischen den Umlaufbahnen von **Jupiter** und den **Transsaturniern** befinden. Es sind dies unter anderem **Chiron, Phollus** und **Nessus.** Besonders **Chiron** ist als der **verletzte Heiler** schon lange ein fester Bestandteil in jeder Horoskopzeichnung. Seine Entdeckung war 1977, und er befindet sich in einer Umlaufbahn zwischen Saturn und Uranus. Seine Deutung mischt sich aus dem Mythos des Kentauren Chiron und den Urprinzipien der beiden Planeten Saturn und Uranus, zwischen denen er so etwas wie ein Mittler ist. Auch seine Signatur, eine auf einem Oval stehende senkrechte Linie mit einer oberen Abzweigung, weist auf diese Schlüsselfunktion hin. Zu Chiron kommen wir später noch mit einer ausführlichen Beschreibung.

Leo ist fasziniert. Heute Abend wird er den Sternenhimmel noch viel intensiver als sonst betrachten. Vielleicht darf er ja einmal mit auf eine Sternwarte und dort durch ein Teleskop schauen, oder in ein Planetarium, wo man die Sterne am Himmel am allerbesten beobachten kann.

Frei nach Löwenart pirscht er sich dicht an die Geheimnisse der Asteroiden und Kentauren heran. Mögen sie ihn doch bitte an ihren mythologischen Geschichten teilhaben lassen. In seinen Träumen ist er zu jedem kleinen Abenteuer bereit. Vielleicht erfährt er ja auch etwas von dem angeblichen früheren Planeten im Asteroidengürtel, um den sich sehr spannende Geschichten und Theorien ranken.

Die Aspekte

Die sogenannten **Aspekte** ergeben sich aus den **Winkelverbindungen der Planeten** zueinander. Sie zeigen die diversen **Lernaufgaben und Entwicklungsmöglichkeiten** auf, mit denen der Horoskopeigner in diesem Leben konfrontiert sein wird. Wie gesagt, die Seele zieht genau diejenigen Konstellationen an, die sie zu ihrer Weiterentwicklung braucht.

Man kann die ganze Sache ebenso **karmisch** betrachten, wobei man davon ausgeht, dass die gesamten Erfahrungen früherer Leben der jetzigen Inkarnation zugrunde liegen.

Eine weitere Möglichkeit besteht in der **systemischen Begutachtung,** bei der die **Ahnen** im weitesten Sinne eine Rolle spielen. Indem man voraussetzt, dass jedes neue Familienmitglied automatisch seinen Platz in der Sippe einnimmt, welcher für deren Fortbestand von Nöten ist. Hier kommt vor allen Dingen auch das geistige Erbe der Vorfahren zum Tragen. Dies wird besonders bei **Familien-Aufstellungen** und in der **Transaktions-Analyse** deutlich.

Ferner ist eine psychologische Deutung möglich, in der sich die **pränatalen,** also schon **vorgeburtlich** in der Schwangerschaft gemachten Erfahrungen der Mutter oder der Familie, auf das Kind übertragen. Es ist immer wieder erstaunlich, wie genau sich die Gedanken der Mutter in astrologischen Symbolen im Horoskop des Kindes wiederfinden. Auch die Beziehung der Eltern zueinander in dieser Zeit ist deutlich zu erkennen. So kommt es unter anderem vor, dass bei mehreren Kindern diese Dinge, die im Stand der Planeten sichtbar werden, speziell auf die Eltern bezogen, völlig anders aussehen können, weil sich eben Veränderungen ergeben haben.

Günstig ist es, vielleicht alle drei Sichtweisen mit einzubeziehen. Vor allem, weil das Kind sich unbewusst die Situationen aussucht, durch die seine Konstellationen und Aspekte am besten zur Wirkung kommen können. Man könnte auch sagen, es kommt zu sogenannten Auslösungen, wie wir noch beim 7-Jahres-Rhythmus sehen werden.

Denn die Aspekte wirken sich, so wie sie sind, nur auf die jeweilige Person aus. **Aspekt** bedeutet ja nichts anderes als eine **bestimmte Sichtweise** unter vielen. Ein anderer würde sich vielleicht aus einer entsprechenden ähnlichen Situation gar nichts Besonderes machen. Jemand mit einem genau darauf abgestimmten Aspekt aber sieht sich eventuell in seiner gesamten Existenz bedroht. Dies kann natürlich seine Auswirkungen auf das ganze Leben des jeweils Betroffenen haben. Und hier liegt eben die ureigenste Lernaufgabe eines jeden Individuums.

Man sieht, die Schwere oder Leichtigkeit der Aspekte existiert eigentlich vor allem aus der individuellen Sichtweise des Einzelnen heraus. Er wird einfach solange mit den Auswirkungen solcher Aspekte konfrontiert sein, bis eine akzeptable Lösung gefunden worden ist, und der vermeintlich schwierige Aspekt seinen Schrecken verloren hat. Dies geschieht vor allem durch die Transite, die Unerledigtes immer wieder aus der Tiefe des Unbewussten hervorholen und uns erneut damit konfrontieren.

Natürlich gibt es auch harmonische Aspekte, die als Ausgleich zu den schwierigeren Thematiken fungieren. Jeder bekommt eben genau das, was er braucht, um wachsen zu können. Und wer an sich arbeitet, dem ist der Lohn seiner Bemühungen gewiss sicher. Hier ist die Astrologie besonders durch ihre Verbindung mit der Psychologie sehr hilfreich, beispielsweise im Auffinden von Problematiken und bei der Erarbeitung von Lösungen. Vor allen Dingen geht dies wesentlich schneller als bei langwierigen Therapien, weil sich die Hintergründe und die näheren Umstände des Themenkomplexes sehr schnell zeigen.

Insbesondere ist man aber niemals festgelegt, sondern hat jederzeit die Möglichkeit, selbst zu entscheiden, welchen Weg man weitergehen will. Der freie Wille hat oberste Priorität. Doch dazu mehr bei den Gesetzen des Schicksals.

Aspekt kommt aus dem lateinischen (aspicere) und heißt »ansehen«. Es kommt also darauf an, aus welcher Perspektive man etwas betrachtet. Man könnte es auch darauf beziehen, in welchem Verhältnis die Planeten zueinander stehen und sich gegenseitig »ansehen«, oder wie unsere Reaktionen darauf sind und wie deren Rückwirkungen ausfallen könnten.

Nun zu den Hauptaspekten:

Wie schon gesagt, bestimmen die Winkelverbindungen der Planeten im Horoskopkreis zueinander die Aspekte. Die Namen ergeben sich aus der Zahl, durch die der 360°-Kreis jeweils geteilt wird.

Ersichtlich sind sie durch farbige Linien in der Mitte des Horoskops, welche die Planeten miteinander verbinden.
* Spannungsaspekte wie Opposition und Quadrat sind rot
* Fördernde Aspekte wie Trigon und Sextil sind blau
* Gemäßigte Aspekte wie Quincunx und Halbsextile sind grün

Stehen **zwei oder mehre Planeten nebeneinander,** bilden sie eine **Konjunktion**
0 Grad – Orbis 10° (Orbis = Toleranz an Graden vor oder hinter der Stellung des Planeten)
Teilung durch 1 = Abspaltung einer Einheit von einer übergeordneten anderen Einheit = Wassermann/Uranus

Konjunktion	**die Auswirkungen ergeben sich aus der Verträglichkeit der beteiligten Planeten**
	Ferner aus dem Tierkreiszeichenhintergrund, den Elementen, den Polaritäten, den Qualitäten und den weiteren Aspekten sowie dem jeweiligen Haus, in dem sie stehen.
	Dies gilt im Übrigen für jede Konstellation!

Bei **180 Grad** Entfernung haben wir eine **Opposition,** die **beteiligten Planeten** befinden sich **gegenüberstehend** – Orbis 10°
Teilung durch 2 = 180° Polarisierung = Venus/Waage, die Liebe als Ausgleich

Opposition	**2 verschiedene Kräfte stehen sich gegenüber**
	verschiedene Elemente
	gleiche Polarität
	gleiche Qualität

Bei **120 Grad** Fläche zueinander ergibt sich ein **Trigon,** die **Planeten** sind durch **3 Zeichen getrennt** – Orbis 8°
Teilung durch 3 – aus These und Antithese bildet sich eine Synthese = Jupiter/ Schütze

Trigon	**die Planeten harmonisieren miteinander**
	gleicher Elementhintergrund
	gleiche Polaritäten
	gleiche Qualitäten

Bei **90 Grad** Zwischenraum kommt es zum **Quadrat,** die **Planeten** sind durch **zwei Zeichen getrennt** – Orbis 8°
Teilung durch 4 = (2 + 2) zwei Realitäten (innere und äußere) bilden das Kreuz der Materie = Urteil des Saturn/Steinbock

Quadrat	**ein Spannungsaspekt, der aber für Antrieb sorgt**
	verschiedene Elemente
	verschiedene Polaritäten
	gleiche Qualität

Bei **60 Grad** Unterschied sprechen wir von einem **Sextil**, die **Planeten** sind durch **ein** Zeichen voneinander **getrennt** – Orbis 4°

Teilung durch 6 = (3+3) Aufeinandertreffen zweier verschiedener Synthese-ebenen = Nähe zu Uranus/Wassermann – abgeschwächtes Trigon

Sextil	**wiederum ein harmonischer Aspekt**
	ergänzende Elemente
	gleiche Polarität,
	unterschiedliche Qualität

Es folgen die sogenannten Nebenaspekte:

Sie werden von vielen Astrologen gar nicht mehr mit in die Deutung einbezogen. Meiner Erfahrung nach können sie aber ein zusätzlicher Hinweis für bestimmte, immer wiederkehrende Schwierigkeiten im Leben eines Klienten sein.

Bei **150 Grad** Entfernung **zwischen den** einzelnen **Planeten** kommt es zu einem **Quincunx**, die Planeten sind durch vier Zeichen voneinander getrennt – Orbis 4° Ein Aspekt der Wandlung und daher plutonisch

Quincunx	**Ein sogenannter Lern- oder Erneuerungsaspekt**
	verschiedene Elemente
	verschiedene Polaritäten
	verschiedene Qualitäten

Wir sehen, die Spannungen sind durch den total unterschiedlichen Hintergrund eigentlich noch größer als beim Quadrat. Nur kommen sie nicht so deutlich zu Tage, sondern befinden sich eher schwelgend im Untergrund.

Der Quincunx gewinnt zunehmend an Bedeutung bei der Beratung

Bei **30 Grad** Entfernung haben wir ein **Halbsextil**. Die **Planeten** befinden sich in einem **benachbarten Zeichen** – Orbis 2° Nachbarn können Freunde oder Feinde sein

Halbsextil	**leichter Aspekt**

Für die meisten ein kaum wahrnehmbarer Aspekt. Letztlich kommt es auf die Verträglichkeit der beteiligten Planeten an.

Manche sehen das Halbsextil auch als einen besonderen karmischen Aspekt an.

Bei **45 Grad** Entfernung sprechen wir von einem **Halbquadrat** – Orbis 2°

Halbquadrat **unterschwelliger Spannungsaspekt**

Diesen Aspekt man sollte man nicht unterschätzen. Sorgt er doch oft für unerklärlichen Ärger und Rückschläge im Leben des Betroffenen.

Bei **135 Grad** Entfernung der Planeten spricht man vom **Anderthalbquadrat.**

$90° + 45° = 135°$ – Orbis 2°

Anderthalbquadrat **Spannungsaspekt**

Ähnlich wie beim Halbquadrat kommt es zu periodisch auftretenden Spannungen und Konflikten.

Bei **72 Grad** ergibt sich ein **Quintil** – Orbis 2°

Quintil **Begabungsaspekt!**

Weist auf angeborenes Talent hin, findet sich aber eher selten.

Bei **144 Grad** sprechen wir vom **Biquintil** – Orbis 2°

Biquintil **Begabungsaspekt !!!**

Deutet ähnlich wie ein Quintil auf eine besondere Begabung hin.

Bei **36 Grad** haben wir ein **Halbquintil** – Orbis 2°

Halbquintil **schwacher Aspekt**

Kaum wahrnehmbarer Aspekt.

Bei **108 Grad** ergibt sich schließlich noch das **Tredecil** – Orbis 2°

Tredecil **schwacher Aspekt**

Schwacher Aspekt der geistigen Entwicklung.

Gerade die letztgenannten Aspekte sind relativ selten. Aber es ist sicherlich dennoch sehr interessant, im eigenen Horoskop einen solchen zu finden, deshalb sind sie erwähnt.

Der Orbis

Wie oben schon erwähnt, ist der Orbis eine Toleranzgrenze an Gradzahlen zwischen den am Aspekt beteiligten Planeten. Natürlich ist ein echter Aspekt erst an der ganz genauen Gradzahl eindeutig festzustellen. Da aber in der Praxis die wenigsten Aspekte gradgenau sind, hat man die sogenannten Orben eingerichtet. Das sind jeweils die Grade der Abweichung, die noch einen Spannungsbogen des Aspektes zulassen.

Sonstiges

Die Angaben, wie viele Zeichen bei den einzelnen Aspekten zwischen den jeweiligen Planeten liegen, sollen dazu dienen, es dem Laien am Anfang zu erleichtern, die Art der Aspekte schneller zu erkennen.

Anhand der Umlaufgeschwindigkeit der beteiligten Planeten kann man ebenso sehen, ob der Aspekt zunehmend oder abnehmend ist.

Ist die **Gradzahl** des **schneller laufenden Planeten niedriger** als die des langsam Laufenden, spricht man von einem **zunehmenden Aspekt = applikativ.**
Das Thema gewinnt im Leben des Betroffenen zunehmend an Bedeutung!
Unter Umständen ist es sogar so, dass sich neue karmische Themen oder sogar Belastungen daraus entwickeln können!!!

Ist die **Gradzahl** des **schneller laufenden Planeten höher** als die des langsameren, haben wir es mit einem **abnehmenden Aspekt** zu tun = **separativ.**
Das Aspektthema hat seinen Höhepunkt schon vor der Geburt überschritten, es wirkt sich nun also nicht mehr so stark aus.

Solch ein Aspekt kann aber auch erst nach dem Tode eines Horoskopeigners posthum wirksam werden, wie es beispielsweise bei manchen Künstlern vorkommt, deren Ruhm erst im Nachhinein richtig voll wirksam wird.

Leo ist nun ganz von der Rolle. »Deshalb sind Mozart und Beethoven immer noch in«, meint er voller Begeisterung. »Und bei Elvis und vielen anderen wird es wahrscheinlich genauso sein. Ebenso sind einige Maler, Autoren und andere Künstler oder auch Erfinder und Entdecker wirklich erst viel später richtig berühmt geworden«, fügt er recht nachdenklich hinzu.

»Überhaupt ist das mit diesen Aspekten ein sehr interessantes Gebiet«, stellt Leo weiter fest. »Es erklärt beispielsweise, warum manches Thema die einen überhaupt nicht tangiert, und andere wiederum völlig aus der Bahn wirft.«

»Ja, Leo, so ist das. Es hat aber niemand schwierigere Aspekte im Horoskop, als er bewältigen kann. Und zum Ausgleich stehen ihm immer wieder andere, sehr hilfreiche Konstellationen zur Seite. Es kann sogar so sein, dass manche Aspekte sich fast gegenseitig aufheben. Außerdem hat man sich, wie du ja weißt, mithilfe der Engel das alles sehr sorgfältig selbst ausgesucht, bevor man durch das Tor des Vergessens ging.«

Man sieht Leo an, dass er noch eine Weile brauchen wird, um das alles zu verinnerlichen. Aber es sind wertvolle Erfahrungen, die er nicht missen möchte, gibt er zu verstehen. Auf diese Art und Weise kann er sich auch gut in andere hineinversetzen und verstehen, warum sie sich manchmal so und nicht anders verhalten.

»Lieber Leo, es ist ähnlich wie bei einem Radio- oder Fernsehsender, eine Verbindung ist nur auf bestimmten Frequenzen möglich. Sie sind zwar nicht sichtbar, aber auf diese Art und Weise ist alles im Universum vernetzt und verbunden. Dann kommt noch der Magnetismus hinzu. Entweder ziehen sich die verschiedenen Pole an oder sie stoßen sich ab. Du kannst es ja mal mit echten Magneten versuchen und wirst erstaunt sein, wie stark die Anziehung oder Abstoßung wirklich ist und wie sie sich zeigt.«

Leo ist den Ausführungen aufmerksam gefolgt und meint dann voller Begeisterung: »Dann basiert die Liebe und all unsere anderen Vorlieben auch auf Frequenzen, Schwingungen und Magnetismus?« – »Ja, da hast du völlig recht, Leo, aber unsere Abneigungen auch«, fällt die Antwort aus.

»Die Menschen sind eben sehr vielschichtig und müssen lernen, sich zwischen all ihren Extremen auf eine gesunde Mitte einzupendeln. Deshalb erscheinen sie manchmal auch so ambivalent«, fügt Leo noch hinzu und zufrieden begibt er sich auf seinen abendlichen Rundgang. Er hat wieder sehr viel gelernt heute.

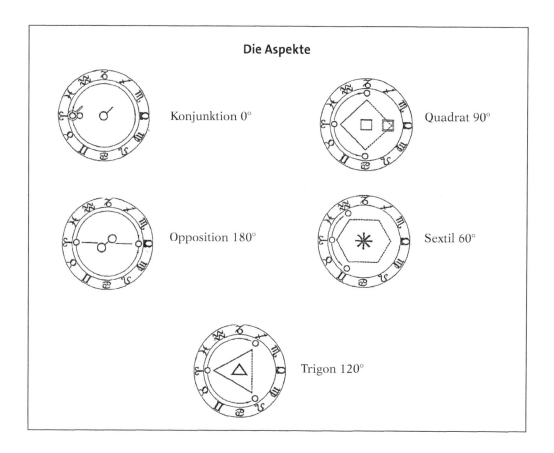

Die Aspekte

Konjunktion 0°

Quadrat 90°

Opposition 180°

Sextil 60°

Trigon 120°

Aspektfiguren

Es gibt eine Reihe von Figuren, die sich durch verschiedene Aspekte in einem Horoskop ergeben können. Falls vorhanden, unterstreichen sie ein Schwerpunktthema in der Deutung. Abbildungen der Aspektfiguren kann man im Internet finden.

Entspannte Opposition
Eine Opposition wird durch ein Trigon und Sextil entspannt.

Mystisches Rechteck
Zwei Oppositionen werden durch zwei Trigone und zwei Sextile entschärft.

T-Quadrat
Eine Opposition wird durch zwei Quadrate verstärkt.
Die Lösung liegt im Apex-Planeten. Das heißt, der Planet, auf den die beiden Quadrate gerichtet sind.

Großes Quadrat
Zwei Oppositionen verbinden sich mit vier Quadraten oder auch zwei T-Quadrate verbinden sich. Die Energien werden auf vier Ecken verteilt.

Kleines Trigon
Ein Trigon verbindet sich mit zwei Sextilen. Eine besondere Bedeutung hat wiederum der Apex-Planet.

Großes Trigon
Drei Trigone verbinden sich jeweils zu einem großen Dreieck. Alle drei Zeichen eines Elements bilden eine Einheit. (z. B. Feuer-, Wasser-, Luft- oder Erdtrigon)

Drachen
Ein großes und ein kleines Trigon verbinden sich. Getrennt sind sie durch eine Opposition, die das Schwerpunktthema bildet.

Yod, Gabel oder auch Finger Gottes genannt
Zwei Quincunxe verbinden sich mit einem Sextil. Hier wird der Apex-Planet zum besagten Finger Gottes.

Spiegelpunkte

Ferner gibt es **Spiegelpunkte,** auf die ich hier aber nicht näher eingehen möchte. Es sind dies sensible Punkte, die sich ergeben, wenn Planeten anderen Planeten dort gegenüberstehen würden, wie es sich aus einer Spiegelung der Achsen Widder – Waage und Krebs – Steinbock (die den Erdmeridianen entsprechen) ergäbe. Sie sind im Horoskop durch ein **S** gekennzeichnet und haben einen ähnlichen Charakter wie Quadrate, nur wirken sie verdeckter. Man könnte sie auch als Schattenthemen bezeichnen.

Halbsummen

Ein Planet steht in der **Halbsumme** (Hälfte der Gradentfernung) zwischen zwei anderen Planeten. Ihm kommt die **gleiche Bedeutung** zu wie einem **Apex-Planeten,** der in einen Aspekt eingebunden ist.

Planetenballungen!!!

Auch viele Planeten in einem Haus oder Zeichen (Planetenballungen) stellen einen Schwerpunkt dar, da sie ja auf Gedeih und Verderb aufeinander angewiesen sind.

Eingeschlossene Häuser

Eingeschlossene Häuser bilden ein zusätzliches Thema in dem entsprechenden Lebensgebiet. Sie kommen jedoch meistens erst bei zunehmendem Alter des Horoskopeigners zum Tragen.

Zwei Häuserspitzen im gleichen Zeichen

Die spezifische Qualität und Färbung durch das Zeichen wird auf zwei verschiedene Lebensgebiete übertragen.

Häuser ohne Planeten

Es kommt nur die Wirkung des Zeichens zum Tragen und die Rückwirkungen seines Herrscherplaneten. Dieser Raum wird auch »*Empty Space*« genannt.

Übergreifende Zeichen in den Häusern

Dies ist meistens der Fall. **Entscheidend ist aber, welches Zeichen das Haus anschneidet,** wenn es beginnt. Ihr zusätzlicher Einfluss verstärkt sich, wenn dort Planeten stehen.

Kritische Grade

Sie sind gegeben, wenn Häuser oder Planeten jeweils die ersten, die mittleren oder die letzten Grade eines Zeichens tangieren. Am stärksten wirken sie sich aus, wenn dort Planeten stehen.

Dissoziation

Aspekte von Planeten in der Nähe der Tierkreisgrenzen führen eventuell zu einer Änderung der elementaren und polaren Hintergründe. Der Aspekt verliert dadurch seinen sonst typischen Charakter.

Die Qualitäten

Die Qualitäten von an Quadraten beteiligten Zeichen können uns nach Wilfried Schütz noch einen Aufschluss über eine frühkindliche Verletzung geben:

Beginnt das erste Quadrat im Horoskop im Uhrzeigersinn gesehen:

- *in einem kardinalen Zeichen – spricht das für eine Verletzung in der – oralen Phase*
- *bei einem fixen Zeichen – spricht das für eine Verletzung in der – analen Phase*
- *bei einem beweglichen Zeichen – spricht es für eine Verletzung in der – genitalen Phase*

Leo brummt der Kopf. »Das war aber jetzt wieder einmal etwas für Könner und Fortge-schrittene«, meint er genervt. »Ja, so ist es Leo, einfach ein wenig Spielerei. Du kannst ja gerne einmal schnell nachschauen, ob sich vielleicht so etwas auch in deinem Horo-skop befindet.«

Nun trottet Leo gemächlich von dannen, um sich alles noch einmal durch den Kopf gehen zu lassen und in Ruhe sein Horoskop zu studieren.

Dabei entdeckt er tatsächlich ein Yod, also den berühmten Finger Gottes. Ja, er ist tat-sächlich schon etwas Besonderes. »Wow ... «, denkt er nur noch ungläubig.

Wäre er ein Gorilla, würde er sich jetzt voller Stolz mit beiden Fäusten fest auf die Brust klopfen und trommeln. Das sollten auch die Menschen öfters mal machen, um die Thymusdrüse zu aktivieren und ihr Selbstbewusstsein zu stärken.

Die Transite

Bei der Betrachtung der Transite wird die aktuelle Zeitqualität mit in die Deutung einbezogen. Das Radix- oder Geburtshoroskop gibt Aufschluss über die Anlagen, die Fähigkeiten und die Persönlichkeit eines Menschen. Gleichzeitig werden aber auch Entwicklungsmöglichkeiten, Lernaufgaben und mögliche Probleme sichtbar. Die jeweils anstehenden Themen werden durch den aktuellen Stand der Gestirne angezeigt. Das heißt, die derzeitigen Platzierungen der Planeten mit ihren Aspek-ten sowie ihre jetzige Verteilung in den Zeichen und Häusern sind nun relevant. Am allerwichtigsten ist jedoch ihre momentane Beziehung zu den bestehenden Konstel-lationen im Geburtshoroskop.

Denn das Radix-Horoskop ist ein Bild, beziehungsweise eine Momentaufnahme der Planetenstellungen zum Zeitpunkt der Geburt. Die Planeten jedoch wandern weiter und ziehen ihre Bahn. Je nachdem, in welcher Beziehung sie dann zum Geburts-horoskop stehen, entfaltet sich mehr oder minder spürbar ihre Wirkung.

Leben ist Bewegung, Wachstum und Ausgleich. So ist es die Aufgabe der laufenden Planeten, die Entwicklung des Horoskopeigners zu begleiten. Verdrängtes wird so lange immer wieder aus der Tiefe des Unbewussten hervorgeholt, bis eine adäquate Lösung erfolgt ist.

Am deutlichsten geschieht dies, wenn die laufenden Planeten, besondere Konstellationen oder auch die Hauptachsen des Geburtshoroskops direkt aktivieren. Das heißt, sie laufen dann unmittelbar über einen Radixplaneten in seinem Zeichen mit der entsprechenden Gradzahl oder sie bilden einen Aspekt zu ihm. Hierbei sind die Transite der langsam laufenden, am weitesten entfernten Planeten am wirksamsten. Überdies dauern sie am längsten. Je schneller der Planet sich bewegt, desto kürzer die Dauer und die Auswirkung des Transits.

Wie gesagt, können besonders die Transite der transsaturnischen Planeten Uranus, Neptun und Pluto zu starken Veränderungen im Leben eines Horoskopeigners führen. Ihnen folgen dann die Auswirkungen von Saturn, Jupiter, Mars, Venus, Merkur, Sonne und Mond. Siehe die Umlaufbahnen der Planeten.

Aber auch die Transite über die jeweiligen Tierkreiszeichen oder Häuser sind von Bedeutung. Selbst wenn kein Planet darin zu finden ist, sprechen sie die tangierten Lebensgebiete an. Hier sind wiederum die langsam laufenden Transsaturnier oft für ganze Generationen und Bevölkerungsschichten spürbar.

Miteinbezogen werden können ebenso die Transite von:

Lilith, Chiron und den Mondknoten.

Beispiel Corona

Dies zeigt sich besonders jetzt 2020/2021 aktuell durch die weltweite Coronakrise. Die Konjunktion von **Saturn und Pluto** im Steinbock stellt uns vor gravierende gesellschaftliche Veränderungen. Saturn im eigenen Zeichen deckt gnadenlos alle Versäumnisse der Vergangenheit auf und fördert Angst und Einschränkungen bei der Bevölkerung. Pluto konfrontiert uns mit Macht und Ohnmacht, ferner zwingt er uns zur Auseinandersetzung mit dem Tod.

Nun kommt noch hinzu, dass sich auch **Jupiter dazugesellt.** So wird alles Vorhandene noch einmal verstärkt und vergrößert. Denn Jupiter erweitert einfach alles, im Positiven genauso wie im Negativen. Da er sich zu Saturn und Pluto gesellt, steht uns sicher noch einiges bevor. Lassen wir uns also überraschen. Denn viel zu viel Angst lähmt uns nur, anstatt die Chance zur Verwirklichung kreativer neuer Ideen zu nutzen, die vielleicht schon lange, tief in uns verborgen, nur darauf gewartet haben, ans Licht zu kommen. Außerdem steht Jupiter für fremde Länder und Kulturen. Daher darf es uns nicht wundern, dass diese Pandemie zu einem weltweiten Thema geworden ist.

Aber auch **Neptun** steht derzeit im eigenen Zeichen Fische und sorgt für unsichtbare und grenzüberschreitende Tendenzen. Besser kann man das neue Virus nicht beschreiben.

Neptun verhilft aber auch zu ungewohnter Solidarität und uneingeschränktem Zusammenhalt.

Uranus im Stier weist außerdem auf die erheblichen wirtschaftlichen Turbulenzen hin. Wir sollten uns neue Prioritäten setzen und uns auf das Wesentliche konzentrieren. Ferner begünstigt er neue Technologien. Durch Homeoffice erschließen sich uns viel mehr individuelle Freiheiten, die wir vielleicht gar nicht mehr missen möchten. Ebenso könnten beim Lernen neue Wege beschritten werden.

Aber auch **Lilith** befindet sich im Stier und zeigt uns sehr eindrücklich Verletzungen unserer Werte an. Die Sorge um die eigene Existenz hält uns in Atem. Es ist sicher kein schöner Gedanke, wenn einem die Möglichkeit, Geld zu verdienen, verwehrt bleibt und man nicht weiß, wie man seinen Lebensunterhalt bestreiten soll.

Mars im Widder kommt ebenso immer mal wieder mit ins Spiel und aktiviert das Geschehen. Vergessen dürfen wir auch **Chiron** nicht, der für die Verletzung der Natur steht und im Zeichen Widder einen Neuanfang fordert.

Viele Planetenkräfte geballt zusammen oder in unheilvollen Verstrickungen bildeten schon immer eine Gefahr für die Menschheit. So war es bei vielen Naturkatastrophen und Kriegen, bei der Spanischen Grippe 1918 und beim Bekanntwerden des HIV-Virus um 1980. Wahrscheinlich ist es beim Ausbruch der Pest Mitte des 14. Jahrhunderts ähnlich gewesen. Doch Leben ist Veränderung, Rhythmus und Wachstum! Und so kommen sicher auch wieder bessere Tage auf uns zu. Bestimmt war es zu keiner Zeit einfach, auf der Erde inkarniert zu sein. Und für uns in der westlichen Welt ist es sowieso ein Geschenk, jetzt leben zu dürfen.

Wir sollten uns also die Chance einer vielfältigen Erneuerung unseres Lebens auf diesem Planeten nicht entgehen lassen.
Denn: Nach dieser Krise wird wahrscheinlich nichts mehr so sein, wie es einmal war, ähnlich wie nach dem Angriff auf das World Trade Center 2001.

Die wiederum Ende 2020, Anfang 2021 stattfindende Konjunktion von Saturn und Jupiter ist jedenfalls auch ein Zeichen der Hoffnung, denn bei Christi Geburt ist es wahrscheinlich ähnlich gewesen. Eine solche Sternenkonstellation hat augenscheinlich den Hirten und den weisen Königen aus dem Morgenland den Weg zur Krippe nach Bethlehem gewiesen. Vielleicht bricht nun wirklich eine »neue Zeit« an, wie es ja schon für Ende 2012 und Anfang 2013 prophezeit worden war.

Leo ist ganz nachdenklich geworden. Dass er so etwas noch einmal erleben würde, hätte er selbst im Traum nie gedacht.
Ja, wie sagte doch so schön der Philosoph Kierkegaard: »Das Leben wird vorwärts gelebt und rückwärts verstanden.«

Die Auswirkungen der Transite sehen folgendermaßen aus:

Planet oder AC, DC, MC, IC direkt	– starke Wirkung
Planet im Aspekt indirekt	– spürbare Wirkung
Über dem Haus	– Wirkung auf das Lebensgebiet
Über dem Zeichen	– Wirkung auf das Zeichenthema

Die Anliegen der Transitplaneten:

Pluto **Wandlung von alten Fixierungen**
bringt an die Oberfläche und transformiert (notfalls über das Schicksal)

Neptun **Lösung von überlebten Mustern**
interveniert, löst auf, sensibilisiert, spiritualisiert (eventuell Verluste)

Uranus **Befreiung von Beeinträchtigungen**
stört, stresst, nervt, revolutioniert, sprengt (auch Unfälle)

Saturn **Verantwortung für eigene Rechte**
konzentriert, konfrontiert, verzögert, verhärtet (eventuell Krankheit)

Jupiter **Sinnfindung des eigenen Glaubens**
öffnet Türen, sorgt für neue Möglichkeiten, fördert (Mäzen)

Mars **Durchsetzung der eigenen Persönlichkeit**
drängt, fordert, macht ungeduldig (will den Kampf)

Venus **Sicherung der eigenen Werte**
Balance der Begegnung
harmonisiert und sorgt für Entspannung

Merkur **Informationsverarbeitung und Prüfung**
Nutzung von Möglichkeiten
bringt unter Umständen Informationen und Kontakte, die wichtig sind

Sonne **Handeln aus dem eigenen Herzen**
Energie wird aufgeladen

Mond **Empfinden der eigenen Identität**
Gefühle können wechseln wie der Rhythmus des Mondes

Die Anliegen der Transitplaneten müssen nun mit den Themen und Aufgabenstellungen der Radixkonstellationen kombiniert werden, um die anstehende Problematik zu erkennen. Vor allem kommt es auf die jeweilige Auslebensform der entsprechenden Persönlichkeitsanteile an. Siehe Gesetze des Lebens.

Der Kosmos strebt nämlich die erwachsene, erlöste Form an und bringt sie immer wieder in Erinnerung. Dadurch können Transite, besonders der äußeren Planeten einschließlich Saturn, für erhebliche Krisen im Leben des Einzelnen sorgen, solange dieser nicht zu einer nötigen Änderung seines Verhaltens bereit ist. Das Dumme ist nur, dass einem dies meist nicht bewusst ist – aber dafür gibt es ja Astrologen.

Leo läuft ganz in Gedanken versunken im Kreis herum. Er stellt sich vor, da wäre jetzt ein Radix-Horoskop, und er wäre ein aktueller Transit-Planet, der darum herum kreist. Es macht ihm viel Spaß, sich in die verschiedenen Energien hineinzuversetzen.

- *Als Mars lässt er die Muskeln spielen und brüllt ganz ohrenbetäubend, sodass man direkt Angst bekommen kann.*
- *Im Auftrag der Venus ist er sehr feminin, putzt sich ausgiebig das Fell und setzt sein verführerischstes Lächeln auf.*
- *Bei Merkur ruft er seine Kollegen herbei, damit sie zusammen etwas Lustiges aushecken können.*
- *Von der Mond-Göttin möchte er gerne gestreichelt werden und legt sich genüsslich auf den Rücken.*
- *Bei der Sonne braucht er nichts anderes zu tun, als sich majestätisch hinzusetzen, denn er ist der uneingeschränkte König.*
- *Bei Jupiter genießt er seine Glückssträhne und ist total happy.*
- *Saturn ist gefürchtet, denn er prüft, ob man seine Lektionen gelernt hat. Leo duckt sich schon einmal vorsichtshalber und geht in Deckung.*
- *Uranus sprengt die Fesseln und wenn es sein muss, befreit er von einengender Arbeit oder unguten Beziehungen. Leo wittert die Freiheit.*
- *Neptun löst alles auf, was nicht mehr stimmig ist. »Jetzt bloß keine Fehler machen«, lenkt Leo kleinlaut ein.*
- *Bei Pluto scheiden sich die Geister. »Ich will weder Täter noch Opfer sein, sondern einfach ›darüber stehen‹«, schwört er sich jetzt.*

»So könnte es ewig weitergehen«, denkt Leo und macht sich auf zur nächsten Runde.

Pluto

Dabei fällt ihm noch etwas ein: »Weißt du überhaupt, dass Pluto gar kein richtiger Planet mehr ist?«

»Ja, sie haben ihm 2006 den Planetenstatus aberkannt, weil er so klein ist. Nun ist er nur noch ein sogenannter Zwergplanet mit der Nummer 134340, denn im Kuipergürtel soll es noch mehr solcher Kleinstplaneten geben. Tatsächlich hat er auch nur 1/3 der Größe unseres Mondes. Aber trotzdem ist es unglaublich, denn gerade er hat doch den mächtigsten und stärksten Einfluss von allen Planeten. Schon alleine die Namen seiner Monde Charon, Nix, Hydra, Styx und Kerberos (alles Gestalten aus der Unterwelt) lehren einen das Fürchten.

Doch was will man machen? Für uns bleibt sowieso alles so, wie es war, denn du weißt ja, lieber Leo, in der Astrologie ist es die Symbolik, die zählt. Außerdem sind sogar Bestrebungen im Gange, die Degradierung wieder rückgängig zu machen. Selbst die NASA sagt: »Für uns bleibt Pluto ein Planet.«

Der 7-Jahres-Rhythmus

Außer den Transiten gibt es noch ein anderes Mittel, um sogenannte Ereignisauslösungen nachvollziehen zu können, nämlich den 7-Jahres-Rhythmus.

Man betrachtet hierzu die Häuser vom 12. Haus beginnend in Richtung des Uhrzeigersinnes. Für jedes Haus werden 7 Jahre veranschlagt. Zum einen wird der Herrscher des Endes dieses Hauses zum Phasenherrscher der jeweiligen 7 Jahre. Zum anderen werden alle Planeten nach einer ausgerechneten Zeitspanne, die sich aus der Gradzahl ihres Standes im Haus ergibt, einmal ausgelöst. Hierzu muss wiederum die unterschiedliche Größe der Häuser analog 30 Grad umgerechnet werden, um den genauen Zeitpunkt der Auslösung ermitteln zu können.

Befindet sich **ein Planet im Haus**, handelt es sich um eine **direkte Auslösung.** Ansonsten, wenn **keine Planeten im Haus** stehen, spricht man von einer **indirekten Auslösung.** Da alle Häuser auf diese Art und Weise ein bestimmtes Alter des Horoskopeigners anzeigen, hier eine kurze Aufstellung:

Haus	Alter	
Am AC beginnend rückwärts		
12. Haus	Geburt – 7 Jahre	Baby, Kleinkind
11. Haus	7 – 14 Jahre	Schule, eigene Interessen
10. Haus	14 – 21 Jahre	Pubertät, Lehre, Studium
Am MC beginnend rückwärts		
9. Haus	21 – 28 Jahre	Heirat, Beruf
8. Haus	28 – 35 Jahre	Kinder, Karriere
7. Haus	35 – 42 Jahre	Haus, Position im Beruf
Am DC beginnend rückwärts		
6. Haus	42 – 49 Jahre	Festigung, beste Jahre
5. Haus	49 – 56 Jahre	Midlifecrisis, Neustart
4. Haus	56 – 63 Jahre	Endspurt, neue Projekte
Am IC beginnend rückwärts		
3. Haus	63 – 70 Jahre	Rente, Hobbys
2. Haus	70 – 77 Jahre	Enkel, Reisen
1. Haus	77 – 84 Jahre	Lebensgenuss, Dankbarkeit

Wäre ein Haus 25 Grad groß und 7 Jahre lang, würde man 25 : 7 rechnen = 3,57° = 1 Jahr, wäre das Haus 51 Grad groß und 7 Jahre lang, würde man 51 : 7 rechnen = 7,29° = 1 Jahr.

Stände bei 15 Grad ein Planet, rechnet man 15° : 3,57° = bei 4,20 Jahre nach Beginn dieser Siebenjahresphase wäre dann die direkte Auslösung. Oder beim zweiten Beispiel rechnet man mit 15° : 7,29° = 2,06 Jahre bis zur Auslösung in dieser 7-Jahres-Periode. Die meisten Astro-Computerprogramme errechnen aber diese verschiedenen direkten und auch indirekten Planetenauslösungen ganz automatisch, je nachdem welche Prognosemethode man auswählt.

Anhand solcher Methoden können, wie gesagt, bestimmte Ereignisse konkretisiert werden. Ob es sich um die erste Liebe, die Heirat, einen Berufswechsel, einen Umzug oder gar eine Krankheit oder einen Unfall handelt, kann dann meist sehr gut nachvollzogen werden.

Diese Vorgehensweise eignet sich auch, um die korrekte Geburtszeit zu überprüfen. Man braucht jedoch die genauen Zeiten einiger bestimmter Ereignisse, um auf die genaue Geburtszeit zurückkommen zu können.

Konkrete Vorhersagen können jedoch nicht gemacht werden. Es kann lediglich der Themenkomplex, mit dem man zur Auseinandersetzung konfrontiert wird, erarbeitet werden, sodass man sich hierauf einstellen kann.

Man sieht jetzt noch einmal, dass die Achsenpunkte eines Horoskopes schon eine starke Bedeutung haben, weil sich hier auch die markanten Eckpunkte der Sieben-jahres-Konstellationen befinden. **(AC = Geburt, MC = 21 Jahre, DC = 42 Jahre, IC = 63 Jahre).**

Leo findet es ganz interessant, jetzt einmal im Uhrzeigersinn um das Horoskop herumzu-gehen. »Die Zeichenherrscher wirken nun rückwärts«, vergewissert er sich noch einmal. »Oh, das ist ja total spannend«, freut er sich.

Auch die Einteilung eines Menschenlebens in je 7 Jahre empfindet er als sehr auf-schlussreich. »Ja, in jeweils 7 Jahren sollen sich auch sämtliche Zellen eines Körpers erneu-ern«, stellt er weise fest.

»Schade, dass einem am Anfang in der Jugend immer die Zeit viel zu langsam vergeht und später fragt man sich oft: Wo ist nur die Zeit geblieben?«, fügt er noch leise, kopf-schüttelnd und nachsinnend hinzu.

Die Mondknoten

Bei den **Mondknoten** handelt es sich um **zwei errechnete Punkte,** die sich aus der Umlaufbahn des Mondes um die Erde ergeben. Durch die Neigung der Erdachse, (bei der Verschiebung des Frühlingspunktes besprochen), ergibt sich die tatsächliche und die scheinbare Umlaufbahn des Mondes. Diese bilden an zwei Stellen jeweils einen Schnittpunkt in ihrer Bahn, das heißt, ihre Bahnen überschneiden sich an diesen Stellen. Man teilt diese Punkte, die durch die **Mondknotenachse** verbunden sind, in den **südlichen Mondknoten (absteigend)** und in den **nördlichen Mondkno-ten (aufsteigend)** ein.

Astrologisch gesehen stellt der **Südknoten** die **Vergangenheit oder die Herkunft** dar, während der **Nordknoten** die **Entwicklungsaufgabe oder die Zukunft** anzeigt. Der Weg soll dabei natürlich von Vergangenem hin zur Zukunft führen und in eine realistische Gegenwart und Mitte zielen. Die beiden **Mondknoten-Symbole** werden manchmal auch als **Drachenkopf und Drachenschwanz** bezeichnet. Der südliche ist so nach innen gebogen, dass er wie ein gefülltes Gefäß aussieht (Drachenschwanz), welches alle bisherigen Inhalte in sich trägt. Der nördliche ist nach außen gebogen (Drachenkopf) und kann mit neuen Eindrücken, Meinungen, Glaubenssätzen und Weltanschauungen gefüllt werden.

Innerseelisch gesehen bildet sich dabei zunächst meist ein **Konflikt,** denn die Per-sönlichkeit will lieber an den alten, vertrauten Handlungsmustern festhalten, als Neuland zu betreten. Selbst gut gemeinte Versuche scheitern oft an einem Rückfall in lieb gewonnene Verhaltensweisen. Doch man sollte nicht aufgeben, auch kleine

Kinder machen ihre ersten Schritte auf recht wackeligen Beinen. Zuerst kann man es kaum mit ansehen, später wundert man sich, wie schnell sie einem davonlaufen.

Karmisch gesehen gewährt der **Südknoten** ebenso einen Blick in die **Vergangenheit.** Er stellt nämlich die **Essenz** aller vergangenen Leben dar, wohingegen der **Nordknoten** zeigt, **wo** die Reise **hin**gehen soll.

Da die **Mondknotenachse** unsere **Lebensaufgabe** beinhaltet, gilt es hier ganz besonders, die Qualitäten der zugehörigen Achsen von Häusern und Zeichen in Einklang zu bringen. Ebenso sind Aspekte zu den Mondknoten oder Planeten, die direkt an einem der beiden Knoten stehen, mit zu berücksichtigen.

Hier, auf S. 164, folgt nun ein ganz kurzer Satz zu den jeweiligen Mondknotenkonstellationen, die denen der Häuserachsen sehr ähnlich sind. Auf dieselbe Art und Weise kann man mit den Zeichen verfahren, indem man sich deren Inhalte noch einmal vor Augen führt, und schon hat man eine individuelle Mondknotendeutung.

Die Rückläufigkeit von Planeten und Mondknoten

Während die Mondknoten von ihrer Natur aus immer rückläufig sind, kommt das bei den Planeten nur manchmal vor.

Man bezeichnet diese Zeiten, in denen so etwas zu beobachten ist auch als eine vermeintliche **Rückläufigkeit.** Vermeintlich deswegen, weil es gar keine richtige Rückwärtsbewegung ist, sondern es auf Grund der Geschwindigkeit eines anderen Planeten von der Erde aus gesehen nur so erscheint.

Das ist beispielsweise immer dann der Fall, wenn die Erde wegen ihrer elliptischen Bahn einen anderen Planeten augenscheinlich überholt und dieser sich so gesehen anscheinend rückwärts bewegt. Es ist so ähnlich, als wenn man in einem haltenden Zug sitzt, und der nebenstehende Zug fährt plötzlich an. Man hat das unweigerliche Gefühl, der eigene Zug würde sich in Bewegung setzen.

Die Rückläufigkeit der Planeten ist im Horoskop mit einem R versehen. Im Geburtskosmogramm soll dies auf ein karmisches Thema hinweisen. Außerdem kommen die Eigenschaften dieser Planeten im Leben des Horoskopeigners meist etwas zögerlicher zum Ausdruck.

Aktuell im täglichen Leben sollte man sich die Zeiten der Rückläufigkeit schon etwas genauer ansehen. Denn, diese Tage und Wochen eignen sich sehr gut um etwas bereits Begonnenes zu Ende zu bringen oder aufzuarbeiten. Um etwas Neues zu beginnen, sind sie dagegen weniger gut nützlich, was vor allem beim rückläufigen Merkur schon vielfach bekannt ist. Man sollte beispielsweise nichts Wichtiges kaufen (Haus, Auto, Computer etc.), keine Verträge unterschreiben und nach Möglichkeit auch nichts Neues beginnen (Arbeit, Umzug usw.).

Die Mondknoten in den Häuser- und Zeichenachsen:

Von Haus 1 zu Haus 7 Vom Widder zur Waage	Vom Ich zum Du
Von Haus 2 zu Haus 8 Vom Stier zum Skorpion	Von materiellen zu geistigen Werten
Von Haus 3 zu Haus 9 Von Zwillinge zum Schützen	Vom oberflächlichen zum tieferen, sinnerfüllten Denken
Von Haus 4 zu Haus 10 Vom Krebs zum Steinbock	Von kindlichen Gefühlen zu erwachsener Verantwortung
Von Haus 5 zu Haus 11 Vom Löwen zum Wassermann	Von der eigenen Person zur individuellen Gemeinschaft
Von Haus 6 zu Haus 12 Von Jungfrau zu Fische	Von der täglichen Arbeit zur universellen Bewusstheit
Von Haus 7 zu Haus 1 Von Waage zu Widder	Vom Du zum Ich
Von Haus 8 zu Haus 2 Von Skorpion zu Stier	Von geistigen zu materiellen Werten
Von Haus 9 zu Haus 3 Von Schütze zu Zwillinge	Vom höheren Sinn zum praktischen Alltagsdenken
Von Haus 10 zu Haus 4 Von Steinbock zu Krebs	Von der Verantwortung zu Gefühlen
Von Haus 11 zu Haus 5 Von Wassermann zu Löwe	Vom gemeinschaftsabhängigen Individuum zur eigenständig handelnden Person
Von Haus 12 zu Haus 6 Von Fische zur Jungfrau	Vom höheren Bewusstsein zur praktischen Arbeit

Da die Häuser- und Zeichenachsen der Mondknoten meist unterschiedlich sind, müssen diese entsprechend kombiniert werden. Beispielsweise geht die Häuserachse von 3 zu 9, die Zeichen gehören aber zur Achse Wassermann und Löwe. Somit gewinnen die Inhalte der Mondknoten eine zusätzliche Dimension, da sie sich aus 2 x 2 Komponenten zusammensetzen. Außerdem ist zu bedenken, dass die Mondknoten sich immer rückläufig bewegen.

Leo ist wieder einmal zutiefst beeindruckt. Es erscheint ihm unglaublich, was er da zu sehen bekommt. »Hier zeigt sich ja ganz deutlich, was ich anhand meiner Seelenanteile mit in dieses Leben gebracht habe«, stellt er immer noch staunend fest. »Und außerdem kann ich genau sehen, wo meine Entwicklung hingehen soll«, fügt er begeistert hinzu.

»Die Häuser, in der die Mondknotenachse liegt, zeigen mir also durch ihre Inhalte, was ich mitbringe, und was ich neu erlernen soll«, prägt er sich ernsthaft ein. »Die beteiligten Zeichen umschreiben es noch präziser und bildhafter«, nickt er bestätigend und zustimmend.

Reinkarnation

»Aber ein Problem habe ich noch.« Leo blickt mich fragend an. »Ich dachte immer, meine eigene Seele kommt ständig wieder in neuen Körpern zur Inkarnation? Ich hatte mich schon so gefreut und meine Angst vor dem Tod verloren«, sagt er traurig.

»Ja, Leo, das habe ich auch gedacht ...! Zuerst verheimlicht einem die Kirche solche Zusammenhänge von Karma und Wiedergeburt und man glaubt, mit dem Tod sei alles vorbei. Hinzu kommt noch die verheerende Angst vor Sünden, Schuld, Strafe, vor dem Fegefeuer oder gar vor der Hölle. Dann freut man sich, auf seiner Suche endlich eine Lösung gefunden zu haben, nachdem man von der Geschichte mit der Wiedergeburt gehört hat, und dann der Schock: Es stimmt ja doch wieder alles nicht« ...

»Es ist eben so Leo, schau dir mal die Bäume an. Jeden Herbst verlieren sie alle Blätter und im Frühjahr sprießen wieder neue hervor. Glaubst du, genau dasselbe Blatt, das im Herbst heruntergefallen ist, kann im Frühjahr wiederkommen? Nein, aber jedes neue Blatt trägt die gesamten Informationen des jeweiligen Baumes in sich, Buchen bleiben Buchen und Eichen bleiben Eichen.

So ähnlich ist es auch mit unserer Seele. Es gibt eben Seelengemeinschaften, von denen wir unsere Informationen mitbringen und in jedem neuen Leben Teilaspekte davon ausleben, die gleichzeitig aus unseren vorherigen Leben und neuen Anteilen bestehen. Da wir Menschen unseren freien Willen haben, suchen wir uns dies mithilfe unserer Engel selber aus. Ich gehe davon aus, dass es bei den Tieren so ähnlich ist.«

Leo starrt immer noch ungläubig vor sich hin. »Ist das der Grund dafür, dass man auch nach langer Zeit noch mit längst verstorbenen Seelen in Kontakt treten kann?«, fragt er ungläubig?

»Ja, genauso wird es wohl sein, denn kein Mensch kann das hundertprozentig bestätigen, da es zwischen dem Diesseits und dem Jenseits so etwas wie eine undurchdringbare Mauer gibt. Manche sagen auch, es wären sieben dichte Schleier.«

»Und was ist mit denen, die nicht an Reinkarnation glauben?«, fragt Leo.

»Die können halt bedenken, dass sie die Gene ihrer Ahnen in sich tragen und so deren Leben auf irgendeine Art und Weise fortsetzen.«

Leo nimmt einen tiefen Atemzug und legt sich geschafft auf die Seite. Das muss er erst einmal verarbeiten. Dabei denkt er noch: »Es ist schon komisch, dass die Därme und die Gehirnwindungen ähnliche Strukturen haben.« Damit schlummert er tief und traumlos ein.

»Ja, Leo, unser zweites Gehirn ist unser Bauch. Deshalb ist es auch so wichtig, auf sein Bauchgefühl zu hören. Am besten merkt man das, wenn man verliebt ist, da kribbelt es so schön im Bauch. Und im Gehirn muss man so manches Erlebte verdauen, so wie du jetzt im Schlaf. Beides ist von einer ungeheuren Bedeutung für unser Leben.«

Auch zu diesen Themen gibt es sehr viele interessante Bücher und Artikel zu lesen. Es lohnt sich allemal, zu »googeln« und auf Spurensuche zu gehen.

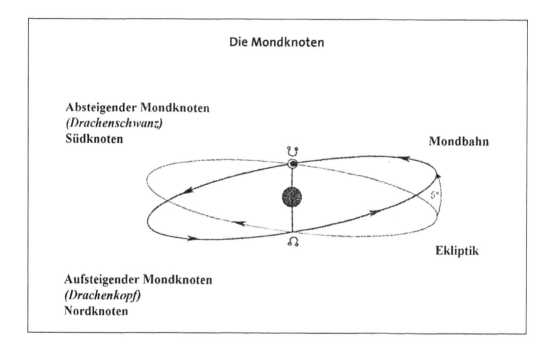

Lilith

Lilith wird ebenso wie die Mondknoten durch einen **errechneten Punkt** im jeweiligen Radix-Horoskop dargestellt. Sie hat die Bedeutung der **Schattenseite des Mondes** und wird oft auch als **schwarzer Mond** bezeichnet. Ihr Signum ist deshalb ein großes **L** oder eine **schwarze Mondsichel.**

Der Mond umkreist die Erde in einer elliptischen Bahn. Vom Mittelpunkt dieser Ellipse aus gesehen führt eine gedachte Linie zum Perigäum (Mond der Erde nah) und zum Apogäum (Mond der Erde fern). Befindet sich die Erde im Brennpunkt von der Ellipsenmitte zum Perigäum, bleibt der andere Brennpunkt zum Apogäum leer. Hier befindet sich nun Lilith, die so als 2. Brennpunkt in dieser Linie für die Polarisierung sorgt.

Es gibt jedoch außerdem noch einen Asteroiden mit dem Namen Lilith, der sich zwischen Mars und Jupiter bewegt. Dieser wird aber interessanterweise nicht, oder noch nicht, zu astrologischen Aussagen herangezogen. Dabei könnte er vielleicht viel besser zur Interpretation der mythologischen Lilith dienen als unser errechneter Brennpunkt namens Lilith.

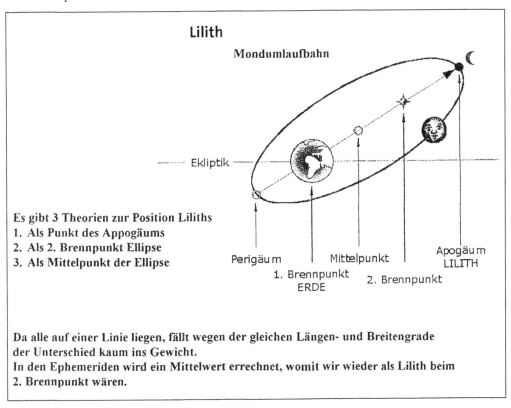

Lilith

Mondumlaufbahn

Ekliptik

Es gibt 3 Theorien zur Position Liliths
1. Als Punkt des Apogäums
2. Als 2. Brennpunkt Ellipse
3. Als Mittelpunkt der Ellipse

Perigäum
1. Brennpunkt
ERDE

Mittelpunkt

2. Brennpunkt

Apogäum
LILITH

Da alle auf einer Linie liegen, fällt wegen der gleichen Längen- und Breitengrade der Unterschied kaum ins Gewicht.
In den Ephemeriden wird ein Mittelwert errechnet, womit wir wieder als Lilith beim 2. Brennpunkt wären.

Lilith war nämlich nach der Überlieferung die erste Frau Adams im Paradies. Siehe die Schöpfungsgeschichte Genesis 1. Moses 1:26 ff: »*Gott schuf den Menschen nach seinem Bilde, er schuf sie als Mann und als Weib.*«

Lilith war selbstbewusst, freiheitsliebend, wild und von natürlicher Schönheit wie jedes weibliche Wesen. Stolz wollte sie sich daher Adam nicht unterwerfen und flüchtete aus dem Paradies. Seither wird sie mit der dunklen, geheimnisvollen und dämonischen Kraft des Weiblichen in Verbindung gebracht. Männer fühlten sich von dieser Kraft oft bedroht und hatten Angst davor. Deshalb wurde die Geschichte Liliths natürlich tunlichst verschwiegen und ist bis heute nur den wenigsten bekannt. Damit konnte die wesentlich gefügigere Eva an ihre Stelle treten. Siehe 1. Moses 2.18 ff. Und Eva war es dann auch, die für die Verführung von Adam und die Vertreibung aus dem Paradies verantwortlich gemacht werden konnte. Somit war ein Sündenbock gefunden. Und die Nachwirkungen davon sind teilweise heute noch spürbar.

Die mythologische Geschichte der Lilith wird bei der Interpretation des errechneten Punktes **Lilith** mit einbezogen. Hier ist es vor allen Dingen die Wiedererlangung der Anerkennung des unterdrückten weiblichen Prinzips, welches eine Rolle spielt. Sonst kann es vielleicht aus dem Unbewussten heraus schmerzvoll, selbstzerstörerisch, angstauslösend, destruktiv, verführerisch oder verschlingend erscheinen und sich melden.

Da es sich bei Lilith, dem schwarzen Mond, aber um die Schattenseite unseres Mondes und damit unserer Gefühle handelt, ist es ebenso möglich, dass sich hier seelische Verletzungen jeglicher Art zeigen können. Besonders Abweisung, Verurteilung oder Beschämung sind da zu nennen, denn sie können sehr großen Schaden in einer Seele anrichten und verletzend wirken. Ebenso kann die verlorene oder verdrängte Wahrnehmung der Gefühle und des Erlebens als besonders schmerzvoll empfunden werden. Deshalb sind uns auch die Menschenrechte so wichtig, die ja glücklicherweise hier bei uns und in den meisten Ländern der westlichen Welt im Grundgesetz verankert sind.

Nach dem Gesetz der Wiederkehr des Verdrängten, steigen solche Themen immer wieder aus dem Unbewussten auf und verlangen nach Integration.

Tierkreiszeichen, Haus und Aspekte zu Lilith geben wie immer Aufschluss über die Art und das Thema des Schmerzes. Die Umlaufbahn des schwarzen Mondes beträgt etwa 9 Jahre und Lilith aktiviert mit ihren Transiten die jeweilige Thematik beim entsprechenden Horoskopeigner. Sie ist dabei zirka 9 Monate in einem Zeichen, was interessanterweise wieder der Zeit der Schwangerschaft einer Frau entspricht.

Leo würde nun gerne die ganze Geschichte von Lilith lesen ... und verlangt nach einer Bibel.
»Das richtige Leben ist ja spannender als alles andere«, meint er. »Doch in einer normalen Bibel wirst du diesen Text nicht finden, Leo, da muss schon das Buch Genesis her.«
»Ja, die Angst der Männer vor weiblicher Stärke hat sie wahrscheinlich dazu gebracht, Dämonen in den Frauen zu sehen und sie zu verdammen ... Besonders den Kirchenmännern war alles Weibliche deshalb nicht geheuer! Dabei hat Jesus etwas ganz anderes gelehrt. Aber sie hatten nichts Besseres zu tun, als möglichst viele Hexen zu verbrennen.«

Leo schüttelt verständnislos den Kopf. »Und was ist mit den heutigen Missbrauchsfällen der Kirchenleute? Bleiben die alle ungestraft?«, fragt er.

»Ja, im Namen der Religion hat es schon viel Leid und viele Kriege gegeben. Immer nur, weil jede Konfession den Anspruch hat, die allein ›richtige‹ zu sein, und meint, alle andersdenkenden Seelen retten oder vernichten zu müssen.«

»Dabei haben alle Religionen ähnliche Inhalte und die Menschen wollen nur an ›einen Gott oder eine höhere Macht‹ glauben«, erklärt Leo sichtlich betrübt. Dann fällt ihm noch die Geschichte mit dem Ablasshandel ein, bei dem die Kirche sich ja auch nicht gerade mit Ruhm bekleckert hat.

Lilith in den Häusern und Zeichen

Zeichen/Haus	Verdrängung von Gefühlen und Erleben im Bereich
Widder 1. Haus	Wille, Selbstbehauptung, Eigenart Körperlichkeit, Geschlecht, Durchsetzung
Stier 2. Haus	Selbstwert, Besitz, Finanzen Sinnlichkeit, Genuss, Sicherheit
Zwillinge 3. Haus	Kommunikation, Sprache, Geschwister Selbstdarstellung, Geschick, Ausbildung
Krebs 4. Haus	Gefühle, eigene Natur, Mutter Geborgenheit, Heimat, Wohnung
Löwe 5. Haus	Handeln, Lebensfreude, Vater Kreativität, Lebendigkeit, Kinder
Jungfrau 6. Haus	Wahrnehmung, Auswertung, Reinlichkeit Arbeit, Gesundheit, Alltag
Waage 7. Haus	Liebe, Schönheit, Entscheidungen Begegnung, Harmonie, Gerechtigkeit
Skorpion 8. Haus	Selbstbestimmung, Ideale, Opferung Sexualität, Bindungen, Erbe, Sippe
Schütze 9. Haus	Weltanschauung, Glauben, Religion Bildung, Studium, Sinnhaftigkeit, Reisen
Steinbock 10. Haus	Anerkennung, Autoritäten, Erziehung Erfolg, Gesellschaft, Hemmungen
Wassermann 11. Haus	Freiheit, Originalität, Brüderlichkeit Gleichgesinnte, Unruhe, Stress
Fische 12. Haus	Urvertrauen, Sensibilität, Sehnsucht, Fantasie Enttäuschung, Hilfsbedürftigkeit, Angst

Die Einbeziehung von Lilith sowie Chiron und auch von den Mondknoten bei der Deutung eines Horoskopes sollte immer erst einmal separat nach der Auswertung der anderen Konstellationen erfolgen. Meist kristallisiert sich bei der Radix-Interpretation schon eine Problematik heraus, die durch die Hinzunahme dieser drei Faktoren zusätzlich erhellt und abgerundet werden kann.

Es ist bei solchen Gelegenheiten immer wieder faszinierend, zu sehen, wie zuverlässig der Kosmos arbeitet. Und wir sollten dankbar sein für dieses Geschenk astrologischer Symbolik, welches uns helfen kann, Antworten auf unsere Fragen zu finden. Außerdem wird uns der Einblick in die Zusammenhänge unseres Schicksals und unseres Karmas vermittelt, sodass wir Lernaufgaben erkennen und unser Bewusstsein auf diese Weise erweitern können.

Denn schon in der Bibel heißt es: »Suchet, so werdet ihr finden« und »Du wirst ernten, was du säst«.

Leo ist sehr beeindruckt von der Figur der Lilith und bedauert es total, dass diese Gestalt dem Großteil der Bevölkerung einfach vorenthalten wurde.

»Ja, und gerade die Bekämpfung des Weiblichen durch das Männliche hat schon viel Unglück in die Welt gebracht, Leo. Obwohl es früher im Matriarchat einmal anders war als zuletzt im Patriarchat. Doch heute ist zum Glück alles wieder auf einem guten Weg zu einer gerechten Regulierung und zu einem friedlichen und glücklichen Miteinander.«
»Ja«, stimmt Leo zu, »was kann denn jemand dafür, ob er männlich oder weiblich geboren wurde, oder ob er eine dunkle, rote, gelbe oder weiße Hautfarbe hat? Unglaublich, dass man früher sogar daran gezweifelt hat, ob Frauen überhaupt eine Seele haben, und Farbige als Menschen zweiter Klasse behandelt und als Sklaven gehalten hat!«
»Wenn man die Frauen schon verachtet, warum hat man sich denn mit ihnen eingelassen?«, fragt sich Leo. »Dann müsste man schon dazu stehen und sie meiden«, überlegt er. »Aber wahrscheinlich hat man sie als Besitz angesehen und entsprechend behandelt. Ja, sie waren entweder total abhängig oder fühlten sich als Gefangene in einem goldenen Käfig. Doch zum Glück gab es immer wieder Ausnahmen und männliche Wesen, die die Unterschiedlichkeit zu schätzen wussten und erkannten, dass es nichts Stärkeres als die freie Gemeinschaft in Liebe gibt, die sogar in der Lage ist, neues Leben hervorzubringen.«
»Zum Glück sind die Frauen heute wesentlich unabhängiger und selbstständiger geworden, sodass sie nicht mehr unbedingt in einer unbefriedigenden Beziehung ausharren müssen.«
»Ja, es ist wirklich toll, wie harmonisch heute junge Familien leben und auch die Väter viel mehr Anteil an ›Küche und Kind‹ nehmen«, schickt Leo noch froh gelaunt hinterher.

Chiron

Chiron gehört zu einer Gruppe von **Kleinstplaneten,** die auch Planetoiden genannt werden.

Ihre Umlaufbahnen befinden sich etwa zwischen Jupiter und Pluto. Ihre Namen erhielten sie nach den mythologischen Zentauren oder auch **Kentauren** genannt, die halb Mensch und halb Pferd waren. Der bekannteste von ihnen war Chiron, der verletzte Heiler, und so bekam der größte der Planetoiden diesen Namen.

Er bewegt sich auf einer **Umlaufbahn zwischen Saturn und Uranus** und wurde erst im Jahre 1977 entdeckt. Bei den neu entdeckten Himmelskörpern wird zu ihrer Interpretation und zu ihrer Deutung immer der mythologische Zusammenhang, die Umlaufbahn und der Zeitpunkt ihrer Entdeckung mit einbezogen, ebenso wie das Signum und das Radix-Horoskop der Entdeckung oder Erscheinung.

Chiron gilt in der Astrologie deshalb als der durch die Mythologie bekannte »Verwundete Heiler«. Zum einen bringt er also eine **Verletzung** zum Ausdruck, zum anderen zeigt er gleichzeitig an, wo der **Schlüssel zur Heilung** liegt. Dies wird durch sein **Signum** deutlich, einer auf einem ovalen Kreis befindlichen männlichen Rune, die mit jeweils einer kleinen Schräglinie nach oben und nach unten am oberen Ende versehen ist. Die Ähnlichkeit mit einem Schlüssel ist nicht zu übersehen. Die Vergangenheit ist der Schlüssel zum Jetzt, und das Jetzt ist der Schlüssel für die Zukunft.

In seiner Umlaufbahn zwischen **Saturn,** der **Vergangenheit und der Begrenzung,** und **Uranus, der Freiheit und der Zukunft,** wird diese **Schlüsselfunktion** noch einmal verdeutlicht. Außerdem lassen sich ab seinem Entdeckungsjahr 1977 nicht nur erhebliche Fortschritte in der Medizin erkennen, sondern es kommen ebenso vermehrt ganzheitlichere Vorgehensweisen zum Einsatz.

Ganz besonders drastisch wird jedoch jetzt auch der immense Raubbau an Mutter Erde und der Natur erkannt. Die vermehrte Kraft und der Einsatz in ökologischere Verhaltensweisen sollen dem Einhalt gebieten und dem Erhalt unseres Planeten dienen. Jedoch ist bis heute, fast 50 Jahre danach, nicht wirklich viel geschehen auf diesem Gebiet, sondern es ist eher das Gegenteil der Fall. So darf es uns nicht verwundern, dass nun die Jugend das Heft in die Hand nimmt und durch ihre Demonstrationen »Fridays for Future« die Politik auffordert, endlich etwas gegen den fortschreitenden Klimawandel zu unternehmen.

Aber auch durch Corona erhält die Erde schlussendlich eine Verschnaufpause und Auszeit zu ihrer Regeneration. Doch musste es erst so weit kommen?

Mythologisch gesehen verkörpert der Kentaur Chiron mit seinem halben Pferdekörper die instinktiven menschlich körperlichen **Triebe,** die sich im **Zwiespalt** mit dem **Geist** befinden, was durch seinen menschlichen Oberkörper ausgedrückt wird. Es verweilt sozusagen der menschliche Geist und Verstand in einem steten Kampf gegen seine natürlichen körperlichen Triebe und Instinkte.

Chiron selbst ist ein Kind des Gottes Kronos, der sich bei der Zeugung in ein Pferd verwandelt hatte, und der Nymphe Philyra, der Tochter des Okeanos, dem Vater der Flussgötter. Er ist somit göttlicher Herkunft und daher unsterblich. Die erste Verletzung erfuhr er dadurch, dass er wegen seiner Gestalt abgelehnt und ausgesetzt wurde. So können wir davon ausgehen, dass dort, wo **Chiron** in unserem **Horoskop** steht, eine **innere Verletzung** in Form von **Ablehnung** stattgefunden hat.

Chiron wurde als Findelkind von **Apollon** gefunden und in der Heilkunst unterrichtet. Zwar lebte er in einer Höhle, wurde aber ein angesehener **Heiler** und **Weiser.** Selbst die großen Helden dieser Zeit holten sich bei ihm Rat und einige wurden sogar seine Schüler.

Hier wird die **Rückzugstendenz** in eine Art **Höhle** deutlich, die eine solche frühe **Verletzung** der Persönlichkeit zur Folge haben kann. **Apollon** wiederum symbolisiert den **Mentor** oder geistigen Ziehvater, der unsere verdeckten **Anlagen und Talente fördert.** Diese führen dazu, dass uns **Ansehen** und **Anerkennung** zuteilwerden, welche dann ihrerseits wiederum zu unserer **H**eilung beitragen können. Die **Narben der Wunde** jedoch bleiben, denn Chiron kann nicht aus seiner Haut heraus und bleibt ein Kentaur. Doch er kann durch seine aus der inneren Verletzung heraus entwickelten Fähigkeiten als weiser Heiler sogar **anderen helfen.**

Die übrigen Kentauren aber waren meist **wilde Gesellen,** die eher ihren **animalischen Trieben** folgten und ein ausschweifendes Leben führten. Deshalb wurden sie auch von **Herakles** mit **vergifteten Pfeilen** in die Flucht geschlagen, als dieser sich bei der Jagd nach dem Erymanthischen Eber bei Pholus stärken wollte, der ebenfalls ein Kentaur war.

Unglücklicherweise traf **einer dieser Pfeile** auch **Chiron** ins **Knie** oder in die **Ferse,** da sind sich die Quellen nicht ganz einig. Herakles war zutiefst betrübt, denn er konnte seinem Freund und Lehrmeister nicht helfen, da der **Pfeil** mit dem **giftigen Blut der Hydra getränkt** (vielköpfiges Ungeheuer) war. Für Chiron begann eine schwere **Zeit des Leidens,** weil er weder sterben noch geheilt werden konnte. Ein anderer Kentaur, nämlich Nessos, wird später über Deianira für den Tod von Herakles verantwortlich sein.

Chiron zog sich nun ganz in seine **Höhle** zurück und wollte nur noch sterben. Aber als Unsterblicher war ihm dies nicht möglich. Schließlich ergab sich doch eine Lösung, als er sich entschloss, **Prometheus** von seinen Fesseln **zu erlösen** und sich an dessen Stelle an den Felsen ketten zu lassen. Seine Bitte wurde erhört, er durfte nun endlich sterben und wurde zum Dank an den Himmel versetzt.

Hier wird noch einmal die **leidvolle Erfahrung** einer nicht rückgängig zu machenden **Verletzung** deutlich. Der Pfeil im Knie oder in der Ferse symbolisiert ein saturnales oder wegen des Fußes und durch das Gift auch ein neptunisches Thema.

Die Erlösung erfolgt durch die Befreiung vom Urteil des Saturn von »Gut und Böse«. Prometheus stellt durch seinen Feuerdiebstahl das menschliche Bewusstsein dar. Seine Ankettung am Felsen verdeutlicht die Unterwerfung an die Polarität und das damit verbundene Urteil des Saturn. Die Vertreibung aus dem Paradies und die damit einhergehenden Strafen, (Büchse der Pandora) sind der Preis für diese Bewusstheit. Je mehr wir uns bei einem Schwingen der beiden Extreme von »Gut« und »Böse« unserer eigenen Mitte nähern, desto mehr stehen uns dann die durchaus positiven Kräfte des Saturn zur Verfügung.

Der Jupiterbezug ist, wie schon erwähnt, durch die Zerstörung und Erneuerung der Leber des Helden Prometheus gegeben. Sinnfindung und Glaubenssätze als eine Zuordnung zu Jupiter müssen sich also ständig erneuern.

Dem verletzten **Chiron** gelingt die Befreiung durch seine **Demut,** welche nicht mehr bewertet, sondern nur noch wahrnimmt und sich **opfert.** Das **Ich oder Ego** kann endlich sterben, um dem **Selbst** zur **Freiheit** des immerwährenden **Ausdrucks** als **Teil** eines **großen Ganzen** zu verhelfen.

Im Horoskop stellt **Chiron** also eine **Wunde** oder **Verletzung** dar, die immer wieder aufbrechen kann. Sie führt durch ihren **Schmerz** zum **Rückzug,** kann aber durch

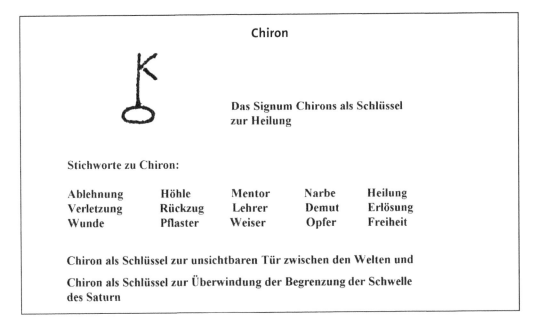

Chiron

Das Signum Chirons als Schlüssel zur Heilung

Stichworte zu Chiron:

Ablehnung	**Höhle**	**Mentor**	**Narbe**	**Heilung**
Verletzung	**Rückzug**	**Lehrer**	**Demut**	**Erlösung**
Wunde	**Pflaster**	**Weiser**	**Opfer**	**Freiheit**

Chiron als Schlüssel zur unsichtbaren Tür zwischen den Welten und

Chiron als Schlüssel zur Überwindung der Begrenzung der Schwelle des Saturn

einen **Mentor** (Apollon) zu **Weisheit** und **Selbstheilung** verhelfen. Schließlich kann dadurch auch die **Überwindung** der **Schwelle des Saturn** gelingen und direkt zu **uranischer Freiheit** führen. Diese **Freiheit** besteht darin, **wirklich sich selbst zu sein,** und das **Opfe**r ist die **Demut,** dieses anzunehmen.

(Chiron wird manchmal auch als Cheiron bezeichnet.)

Leo ist ganz aus dem Häuschen in Anbetracht dieser Zusammenhänge. »So kann sogar ich die Dinge verstehen«, meint er ziemlich aufgeregt.

Er hat aber auch sehr viel Mitgefühl mit dem verletzten Chiron und leckt sich voller Solidarität die Pfoten.

»Es ist sicher gar nicht so toll, von seinen Eltern nicht willkommen geheißen und aus irgendeinem Grunde abgelehnt zu werden. Oft einfach nur, weil man so ist, wie man ist, und nicht so, wie die Eltern oder die Bezugspersonen es gerne hätten. Manchmal hänseln einen auch die eigenen Geschwister oder andere sogenannte ›Herdenmitglieder‹. Kein Wunder, wenn man darüber traurig ist und sich zurückzieht. Aber es können einem auch Kräfte und Weisheiten zuteilwerden, die andere nicht haben. So haben beispielsweise Blinde eine viel sensiblere Wahrnehmung mit ihren anderen Sinnen als Sehende«, erklärt Leo recht grüblerisch.

»Ja, und jedes Lebewesen wünscht sich im Grunde seines Herzens nur eines, nämlich angenommen und geliebt zu werden, einfach so, wie es ist. Experimente haben sogar gezeigt, dass Babys jämmerlich zugrunde gehen, wenn sie keine Bezugsperson haben oder keine Zuwendung erhalten. Und viele psychische Probleme gehen auf solche niederschmetternden Erfahrungen der Ablehnung in der Kindheit zurück. Außerdem hungern viele Menschen ihr ganzes Leben lang danach, endlich gesehen und anerkannt zu werden.

Doch gerade solche stark emotional besetzte Themen sind es, die uns letztlich weiterbringen und uns in unserem Bewusstsein wachsen lassen«, lautet die Antwort Leo.

Chiron im Horoskop

Im Horoskop verdeutlicht die Stellung Chirons in den einzelnen Zeichen, in den Häusern und mit seinen Aspekten, welcher Art die jeweilige Verletzung des Einzelnen wohl sein könnte. Besonders die Häuser als Lebensgebiete können wertvolle Aufschlüsse geben. Gleichzeitig zeigt er das Potenzial an, welches zur Heilung führen kann und den Horoskopeigner seinen inneren Frieden finden lässt. Am Hintergrund der Quadranten kann man erkennen, ob der Schmerz im körperlichen, seelischen, geistigen oder überpersönlichen Bereich zu finden ist. Meist aber sind durch solche Verletzungen mehr oder weniger alle Ebenen angesprochen.

Zeichen/Haus	Art der Ablehnung, Verletzung oder Wunde
Widder 1. Haus	Durchsetzung, Besonderheit, Geschlecht, Körper, Persönlichkeit, Ich, Ego
Stier 2. Haus	Eigenwert, Eigentum, Geld, Verlässlichkeit, Abgrenzung, Revier, Vergnügen
Zwillinge 3. Haus	Verständigung, Reden, Umfeld, Denken, Darstellung, Beweglichkeit, Schule
Krebs 4. Haus	Emotionen, Individualität, Mutterschaft, Seele, Fürsorge, Heim, Gemütlichkeit
Löwe 5. Haus	Selbstausdruck, Vaterschaft, Freude, Souveränität, Unternehmertum, Spiel
Jungfrau 6. Haus	Wahrnehmung, Nutzung, Anpassungsfähigkeit, Analysefähigkeit, Gesundheit, Ordnung
Waage 7. Haus	Liebe, Ästhetik, Diplomatie, Kompromisse, Harmonie, Frieden, Ausgleich
Skorpion 8. Haus	Leidenschaft, Tiefgang, Täter-/Opferthematik, Verpflichtungen, Erbe, Ahnen, Macht
Schütze 9. Haus	Meinung, Religion, Abenteuer, Lernen, Weiterbildung, Sinnfindung, Lehren
Steinbock 10. Haus	Autorität, Verantwortung, Konzentration, Ruhm, Ehre, Beharrlichkeit, Fleiß
Wassermann 11. Haus	Freiheitsliebe, Einfälle, Ideen, Freunde, Erfindungs- und Pioniergeist, Gruppen
Fische 12. Haus	Vertrauen, Feinfühligkeit, Träume, Rückzug, Ausgrenzung, Bedürftigkeit, Hingabe

Häuser und Zeichen können nach der individuellen Stellung Chirons kombiniert werden. Ähnlich wie beim Herrschersystem liegt dort, wo der Herrscher des Zeichens steht, in dem Chiron angetroffen wird, der Weg zum Potenzial unserer Selbstheilungskräfte.

Die Umlaufgeschwindigkeit Chirons beträgt etwa 50 Jahre. Wegen seiner exzentrischen Bahn verweilt er 2 bis 9 Jahre in einem Zeichen. Durch die Transite werden seine Themen immer wieder aktiviert, um zu einer Lösung gebracht werden zu können.

Leo kann sich sehr gut in Chiron einfühlen. »Jeder hat doch irgendwie eine Stelle, an der er besonders verletzlich ist. Man könnte auch sagen: Es muss nur der richtige berühmte ›rote Knopf‹ gedrückt werden, um eine emotionale Reaktion auszulösen«, meint er.

»So hat eben jeder seine ›wunden Punkte‹, die man oft gar nicht vermuten würde. Diese Sensibilität versetzt ihn aber in die natürliche Lage, sich besser in andere einfühlen zu können und Verständnis für sie aufzubringen. Hierin liegt das besondere Geschenk der Heilung, bei der aber, wie gesagt, die Narben der Wunde immer bleiben werden. Solche Narben können dann als Erinnerung angesehen werden oder sie werden sogar als Trophäen betrachtet, lieber Leo.«

Leo pflegt nun ausgiebig seine zahlreichen Narben, die er aus den vielen intensiven Kämpfen mit seinen Rivalen zurückbehalten hat.

Der Glückspunkt

Nun wollen wir uns mit dem Glückspunkt einem sehr freundlichen Thema zuwenden. Er ist glücklicherweise jedem von uns in seinem Horoskop gegeben. Es ist dies ein errechneter Punkt im Geburtshoroskop, der zu den sensitiven Punkten gehört. Er kennzeichnet den Bereich, wo die Anlagen von Sonne, Mond und Aszendent am besten verwirklicht werden können.

Zu seiner Berechnung wird die Entfernung von der Sonne zum Mond genommen, dann am Aszendenten angesetzt und in Richtung gegen den Uhrzeigersinn am anderen Ende markiert.

Es gibt noch viele andere solcher sensitiven Punkte, die auch arabische Punkte genannt werden. Man kann nachschauen, welche Planeten jeweils beteiligt sind und wie sie zueinander in Beziehung gesetzt werden sollen. (Hier würde es zu weit führen, sie alle zu berücksichtigen, aber man kann sie im Internet leicht finden.)

Bei der Deutung sind wie immer Haus, Zeichen, Aspekte und die gesamte Achse miteinzubeziehen.

Leo freut sich, dass es endlich wieder einmal etwas Positives zu begutachten gibt. Verspielt wie er ist, möchte er gleich mit allen Glücksbällen jonglieren.

Aber er gönnt dieses Glück jedem aus vollem Herzen, denn manchmal braucht es schon ein wenig Glück zum Ausgleich. Leo ist jedenfalls mit sich und der Welt völlig im Reinen und wirkt total zufrieden.

Glücklich gibt er sich seinen Träumen von Familie und Kindern hin. Vielleicht kommt ihm ja noch eine geniale Idee, mit der er die Welt verändern könnte ...

Reich ist er ja allemal, es muss doch nicht immer nur Geld sein. Der ganze Urwald ist sein Revier. Viele Artgenossen gehören mit zur Familie oder sind seine Freunde. Richtige Feinde hat er eigentlich gar nicht. Und alle Sterne am Himmel leuchten ihm in der Nacht.

Und dann noch dazu das Glück, das ihm jetzt beschieden ist: Mit all seiner reichhaltigen Erfahrung an diesem Orientierungswerk zwischen Himmel und Erde mitwirken zu dürfen – einfach großartig. Ja, es braucht manchmal wirklich nicht viel, um glücklich zu sein.

»Man kommt mit nichts auf diese Welt – und hat doch alles, was man braucht. Jeder ist versorgt und hat mehr oder weniger die Möglichkeit etwas aus seinem Leben zu machen. Jedoch geht man auch wieder mit nichts – man kann nichts von allen Reichtümern mitnehmen. Aber man ist bestimmt reicher an Erfahrungen – und das ist schließlich der Sinn des Lebens!« So lautet das Fazit von Leo heute.

Auf der folgenden Seite schnell noch eine Aufstellung von den einzelnen Glückspunkten.

Der Glückspunkt

AC – wer bin ich?   **DC** – wer bist Du?
IC – woher komme ich?   **MC** – wo gehe ich hin?

Der **Kreis** zeigt mir außerdem mein **höheres Selbst**, das ebenso geistig wie unsterblich ist. Das ganze **Horoskop** als größere **Zeichnung** wiederum **umrundet** diese Hauptachsen als ein Zeugnis der materiellen Manifestation von diesem Selbst mit seinem geistigen Kern.

Die Symbolik des Glückspunktes

Bei der Deutung dieses ganz besonderen Punktes sind wie immer, das Haus, das Zeichen, die Aspekte und die gesamte Achse mit einzubeziehen.

Der Glückspunkt in Haus, Zeichen oder bei Aspekten

Widder Mars 1. Haus	Glück bei der Durchsetzung der eigenen Person, Mut, Kraft
Stier Venus 2. Haus	Glück bei Besitz und Geldangelegenheiten, Reichtum, Werten
Zwillinge Merkur 3. Haus	Glück in der Kommunikation, Bewegung, Schreiben, Darstellen
Krebs Mond 4. Haus	Glück im seelischen, gefühlsmäßigen Bereich, Heim, Heimat
Löwe Sonne 5. Haus	Glück beim Aufbau einer Familie oder Firma, Sport, Spiel
Jungfrau Merkur 6. Haus	Glück bei der Arbeit und im Alltag, Gesundheit, Analyse, Planung
Waage Venus 7. Haus	Glück in Liebe und Partnerschaft, Diplomatie, Ästhetik
Skorpion Pluto 8. Haus	Glück bei der Transformation, Erbe, Entdeckungen, Forschung
Schütze Jupiter 9. Haus	Glück bei der Sinnfindung, Reisen, Bildung, Kultur, Religion
Steinbock Saturn 10. Haus	Glück bei der Verantwortung, Karriere, Erfolg, Politik, Ansehen
Wassermann Uranus 11. Haus	Glück bei freier Selbstverwirklichung, Freunden, Ideen, Technik
Fische Neptun 12. Haus	Glück in der Spiritualität, Kunst, Helfen, Intuition, Träumen

Leo kann sich dem nur anschließen und scheint zu einem richtigen Spezialisten für das Glück geworden zu sein. Gerne wird er mit jedem Zwiesprache halten, der sich an ihn wendet. Versucht es einfach einmal. Oder nehmt Kontakt zu eurem eigenen Krafttier auf, das jedem zur Seite steht, ähnlich wie ein Engel oder geistiger Helfer.

Leben und Tod

Sicherlich hat sich jeder schon einmal Gedanken über Geburt und Tod gemacht. Ich habe mir beispielsweise als Kind schon gedacht: »Wenn man hier geboren wird, ist man folglich im Jenseits gestorben, beziehungsweise man verlässt eine andere Welt. Und wenn man hier stirbt, wird man wahrscheinlich woanders geboren. Unter Umständen sind es jedoch nur die Dimensionen, welche die Seele wechselt. Genau weiß es letztendlich niemand, aber es gibt viele Theorien über dieses Thema. So bleibt es jedem selbst überlassen, sich zu informieren und sich seine eigene Meinung dazu zu bilden.«

Leo meint dazu: »Dann freuen wir uns bei einer Geburt, während andere vielleicht traurig sind. Und beim Tod trauern wir ...«

»Ja, Leo, so könnte es sein. Aber Geburt und Tod sind eben ein besonderes Mysterium. Sie waren es immer und werden es auch immer bleiben. Doch das Leben ist einfach ein ›Wunder‹. Deshalb ist es leider völlig unverständlich, weshalb man früher uneheliche Kinder geächtet hat. Doch damit kommen wir zu unserem nächsten Thema, der Sexualität.«

Leo hat nun den Kopf auf beide Pfoten gelegt und wartet gespannt darauf, was jetzt wohl kommen mag.

Sexualität im Horoskop

Sexualität wird in der Astrologie außer mit den Planeten **Mars** als Triebkraft, der **Venus** als Synonym für Eros und Sinnlichkeit, der **Sonne** als Zeugungsinstrumentarium und damit als Lebensspender und dem **Mond** als Gefühlsbarometer, hauptsächlich mit dem Planeten **Pluto** in Verbindung gebracht.

Denn ein weiteres zentrales **Thema** von **Pluto** ist der **Tod.** Die Auseinandersetzung mit dem Tod führt dazu, dass man »dem« etwas entgegensetzen möchte. Was eignet sich besser dazu, als **neues Leben** in die Welt zu setzen, durch das man dann irgendwie weiter lebt! Nicht umsonst wird in der **Sexualität** der Orgasmus auch als »**kleiner Tod**« bezeichnet. Jedoch wird sie, wie alle Pluto-Themen, selbst in unserer heutigen, doch sehr aufgeklärten Zeit, oft immer noch als ein Tabu-Thema angesehen. Sexualität bedeutet jedoch viel mehr – und bezieht alle Planeten mit ein. Deshalb nehmen wir hier ihre Zuordnung zu Pluto als Ausgangspunkt.

Pluto ist der am weitesten von der Erde entfernte Planet und hat dadurch den größten und einen ziemlich ähnlichen **Einfluss auf alle Menschen.** In diesem Falle symbolisiert er die uns allen innewohnende **sexuelle Energie.** Da er aber auch der Planet der **Transformation** ist, soll diese Energie etwas in uns bewirken. So kann sie uns durch ihr tiefgreifendes Erleben die Möglichkeit geben, uns selber näher zu kommen und uns wieder zu spüren. Außerdem kann sexuelle Energie der Kreativität zugutekommen, was viele Künstler sicherlich gerne bestätigen werden, und das jeder einfach einmal ausprobieren sollte.

Als äußerster Planet versinnbildlicht nun **Pluto** die **sexuelle Energie** als solche. Jetzt kommt als nächster Planet **Neptun** mit ins Spiel. Er ist für die **sexuelle Fantasie** und die **Sehnsucht** zuständig. Hier lässt sich schon ein weiteres kreatives Merkmal erkennen, denn beides sind sehr starke, motivierende Kräfte. Wird beispielsweise die Sehnsucht in Musik ausgedrückt, kann das sehr emotional sein. Oder es werden träumerische und märchenhafte Wunschgebilde in Erscheinung treten, wie beispielsweise die Begegnung mit dem Prinzen auf dem weißen Pferd und die anschließende Vermählung im Schloss auf Wolke 7.

Uranus vervollständigt den Einfluss der äußeren Planeten, indem er uns mit **sexueller Anziehungskraft,** Spannung und Erregung konfrontiert. Hier können die Dinge urplötzlich und völlig überraschend geschehen. Es kann uns also die berühmte »Liebe auf den ersten Blick« wie der Blitz aus heiterem Himmel als «Amors Pfeil» völlig unerwartet treffen und unter Umständen das ganze Leben total umkrempeln.

Es kann aber auch aus einer langen Freundschaft ganz plötzlich Liebe werden, nach dem Motto: »Tausendmal berührt …«.

Die nun so durch die äußeren Planeten mit Fantasie und Anziehungskraft versehene sexuelle Energie muss jetzt noch durch die **Schwelle des Saturn,** um real ausgelebt werden zu können. Hier soll sie den Normen und Moralvorstellungen der jeweils herrschenden Gesellschaftsform und Zeitepoche standhalten, das Urteil von Gut und Böse überwinden und die Einwände des eigenen Gewissens passieren, um **selbstverantwortlich** gelebt und erlebt werden zu können.

Diese Auseinandersetzung mit den moralischen Erwartungen der Gesellschaft, den diversen körperlichen Veränderungen sowie den eigenen Vorstellungen und Träumen erfolgt meist in der **Pubertät.** Vor dieser Zeit kann es unter Umständen schon zu ersten Schwärmereien oder gar zur ersten Verliebtheit kommen. Die ersten sexuellen Erfahrungen folgen dann meist kurz nach der Pubertät.

Hier treten nun auch die persönlichen Planeten mit auf den Plan. **Mars** als **sexuelle Triebkraft** verbindet sich mit dem **Begegnungswunsch** der **Venus** und ihrer sinnlichen Ausstrahlung. Dies führt eben dazu, dass wir uns verlieben ... Dabei sucht man im Partner immer genau das, was einem selbst fehlt, und erlebt so ein Gefühl der wiedergefundenen Einheit. Die sexuelle Vereinigung charakterisiert dieses Geschehen sehr eindrucksvoll.

Später tritt die **Venus** in den Vordergrund und vertieft die **Liebe** auch auf allen anderen Gebieten einer **Partnerschaft.** Doch besonders durch den sexuellen Austausch ergibt sich ein ganz neues Verständnis des Mannes für die Frau und umgekehrt. Dies wirkt sich auf die gesamte **Kommunikation** in der **Beziehung** aus und somit ist auch **Merkur** mit im Spiel.

Damit ist ganz klar, dass auf diese Art und Weise auch der **Mond** zu seinem Recht kommt, nämlich indem er durch diese Liebe **Zärtlichkeit, Fürsorge und Geborgenheit** erfährt und erleben darf. Dies wiederum weckt in ihm den Wunsch nach völliger **Hingabe** und vertieft dadurch die Gefühle.

Durch die Begegnung und Auseinandersetzung mit dem Partner wird die **Sonne** immer wieder mit sich selbst konfrontiert. Der **Partne**r dient als **Spiegel,** und besonders die sexuelle Vereinigung führt zu einer Tiefe der **Selbstbegegnung,** die sonst nicht möglich wäre. Außerdem ist sie eine **unerschöpfliche Quelle der Kraft,** die Auftrieb zum Handeln und zur Kreativität gibt.

So wird aus dem Zusammentreffen männlicher und weiblicher Energien durch die Kraft der **Liebe und Sexualität neues Leben** gezeugt und geboren. Es ergibt sich eine neue Synthese, die nicht nur durch körperliche Nachkommen ausgedrückt werden kann, sondern man kann ebenso alle anderen kreativen Ideen als seine **geistigen Kinder** betrachten, die man empfängt, die reifen wollen und ins Leben treten möchten. Nun ist natürlich auch **Jupiter** zufrieden, der so seinen **Sinn** gefunden hat, und der Kreis der Planeten hat sich geschlossen.

Im Horoskop lässt sich der ungehinderte Fluss der sexuellen Energie an der Vernetzung aller Planeten erkennen. Fehlt eine Verbindung, kann dieser Fluss unter

Umständen gestört sein. Außerdem hat auch die Sexualität, wie alles in unserer polaren Welt, ihre zwei Seiten. Hier eine kurze Gegenüberstellung der zwei Seiten der Medaille:

Sexuelle Energie

Planet	positiv	negativ
Pluto	Sexuelle Energie als solche Leidenschaft	Zwanghaftigkeit Eifersucht
Neptun	Fantasie Sehnsucht	Verwirrungen Illusionen
Uranus	Anziehungskraft Freiheit	Irritationen Spannung
Saturn	Verantwortung Treue	Hemmung Verhärtung
Jupiter	Sinnfindung Glück	Übertreibung Manipulation
Mars	Triebkraft Stärke	Gewalt Aggression
Mond	Gefühle Erleben	Launen Erpressung
Venus	Liebe Sinnlichkeit	Hass Gier
Merkur	Austausch Verständnis	Schweigen Unverständnis
Sonne	Selbstausdruck Kreativität	Handlungsunfähigkeit Unlust

Partnerschaft

Partnerschaft ist eine der wichtigsten Angelegenheiten im Leben eines Menschen. Da wir in einer polaren Welt leben, hat der Mensch ein natürliches Bedürfnis nach seiner Vollständigkeit. Er spürt instinktiv, dass ihm etwas fehlt. Diesen fehlenden Anteil sucht er im Außen in einem Partner. Außerdem ist die Natur so angelegt, dass ihr Erhalt nur durch die Paarung männlicher und weiblicher Individuen einer Gattung möglich ist. (Es sei denn durch Reproduktion oder Klonen.)

So soll es sein nach einem göttlichen Plan und seinen Gesetzmäßigkeiten. Beim Menschen kommen jedoch seine Bewusstheit und die Kraft der Liebe hinzu, die ihn von allen anderen Lebewesen unterscheidet. Diese Kräfte sind es, die den Menschen zu seiner Weiterentwicklung veranlassen sollen. Durch die Begegnung mit allem, was ist, wird er mit sich selbst konfrontiert und kann an dieser Auseinandersetzung geistig wachsen.

Besonders die Beziehungen zu anderen Menschen, welcher Art auch immer, erfüllen diese Aufgabe, wobei der jeweilige Lebenspartner wiederum eine Sonderstellung einnimmt. Hier gilt es besonders, eine wichtige Lernaufgabe zu absolvieren. Nämlich nicht, den Partner als Ausgleich zu benutzen, sondern zu lernen, in sich selber ganz zu werden. Das heißt, männliche und weibliche Anteile, die in jedem trotz geschlechtlicher Polarität angelegt sind, sollen sich in der jeweiligen Person selbst gegenseitig ergänzen und so zu einer Einheit oder Ganzheit führen.

Aus dieser Position heraus kann man dem Partner dann wirklich vollwertig begegnen, ihn so nehmen, wie er ist, und das Leben mit ihm teilen, weil es zu zweit einfach schöner ist. Voraussetzung ist natürlich, dass auch er diesen Entwicklungsprozess durchlaufen hat. Aber nach dem Gesetz der Anziehung und des Ausgleichs wird diese Affinität höchstwahrscheinlich sowieso vorhanden sein. Eigenliebe ist also Voraussetzung für die Liebe zu anderen. Denn wie heißt es schon in der Bibel so schön: »*Liebe dich selbst …*«

All dies sind sehr komplexe Vorgänge, über die es viele ausführliche Bücher zu lesen gibt. Hier soll die Thematik nur kurz angesprochen sein. Wie schon gesagt, kann man im Horoskop über die Planeten **Sonne, Mond, Mars und Venus** sein jeweiliges inneres **Partner-Suchbild** erkennen, welches schon in der Kindheit über die entsprechende Mutter- oder Vaterbeziehung angelegt worden ist.

Wie schon besprochen, zeigt uns außerdem der **Deszendent**, welche **Erwartungen** wir bewusst oder unbewusst an einen potenziellen Partner stellen.

Außerdem ist es so, dass die Seele sich vor der jeweiligen Inkarnation ihre Lernaufgaben selbst ausgesucht hat, die sie in diesem Leben zu erfüllen sucht. Dazu gehören natürlich auch karmische Altlasten, die noch zu bearbeiten sind. Wo gelingt dies besser als in einer Beziehung oder Partnerschaft? Denn man hört oft, dass sich Seelen in verschiedenen Leben wieder begegnen können. Oder aber es gibt die viel gelobte Seelenverwandtschaft, bei der man denkt: »Du bist mir so vertraut, als würden wir uns schon ewig kennen.« Oder aber man hat das Glück, seine Zwillingsseele zu finden. Dann kann es auch noch sein, dass man unbewusst bestimmte Aufträge der Ahnen weiterführt. Möglicherweise will man aber auch gänzlich neue Erfahrungen in noch unbekannten partnerschaftlichen Themen machen.

Bei der sogenannten **Synastrie** kann man durch den Vergleich der Horoskope beider Partner die Interaktionen zwischen ihnen erkennen und deuten. Die Radixplaneten des einen werden im Innenkreis der Zeichnung dargestellt, und die des anderen in einem Außenkreis, ähnlich wie bei den Transiten. Man kann nun die Aspekte der Planeten zueinander vergleichen und ihren Einfluss auf die jeweiligen Häuser und die damit verbundenen Lebensgebiete erkennen.

Ferner können Kombinationshoroskope erstellt werden, die sich aus Mittelwerten der gemeinsamen Daten ergeben. Man nennt sie **Combin oder Composit** und mit ihrer Hilfe lassen sich speziell die Motive, Inhalte und Aufgaben einer solchen Partnerschaft umreißen.

»Ja, Leo, bist du jetzt so ein richtiger Pascha oder gar ein Macho, wie man immer glaubt?«

»Nein, ich bin nur ein ganz normaler Löwe – ein König also. Und meine Partnerin wird immer meine Königin sein. Ich werde sie stets achten und niemals ›verachten‹. Außerdem steht sie auf mich als Prachtexemplar von einem Löwen und ich natürlich auf sie und ihre Eleganz. Man könnte auch sagen: Ich würde sie auf meinen (Händen) Pfoten tragen.«

»Leo, du bist ja ein richtiger Romantiker!«

»Nein, wir Tiere folgen nur unseren normalen Instinkten. Wie heißt es doch so schön schon in der Bibel: »Die Frau folgt dem Mann – und der Mann dient der Frau!

Wobei das mit dem ›Dienen‹ oft weggelassen wird, denn das wissen nur die wenigsten. Und genau dieses »Dienen« ist gar nicht immer so leicht, doch so holen wir wirklich beide das Beste aus uns heraus und befruchten uns im wahrsten Sinne des Wortes gegenseitig.

Denn nur zusammen sind wir wirklich stark, wir können alles meistern und es kann uns nichts erschüttern. Wir sind quasi eine Einheit gegen den Rest der Welt, wenn es sein muss.

Schade, dass es bei den Menschen nicht auch immer so sein kann, denn die Menschen machen sich immer alles passend – so wie sie es am besten gebrauchen können und verursachen dadurch viel Leid.« Leo zuckt bedauernd die Schultern und verschwindet im nahen Dschungel. »Aber gerade in Partnerschaften hat man die größte Möglichkeit, sich weiterzuentwickeln«, klingt es noch in ihm nach.

Partnervergleich (Synastrie)

In vielen Zeitschriften findet man oft nur sehr oberflächliche Vergleiche der Tierkreiszeichen von möglichen Partnern. Meist basiert dies vornehmlich auf dem Bezug der Verträglichkeit der Elemente im Hintergrund der Zeichen. Hier sind wir wieder bei der »Zuckerstückchen-Astrologie« und haben nur eine Komponente von vielen Möglichkeiten. Denn wie gesagt, das gesamte Horoskop einer Person ist viel aufschlussreicher und differenzierter.

Beim **Partnervergleich,** der sogenannten **Synastrie,** werden alle Planeten der beiden Partner sowie der Aszendent und ihre Aspekte untereinander berücksichtigt. Dabei sind Sonne und Mond von besonderer Wichtigkeit, denn sie bestimmen zusammen mit Mars und Venus, wie schon erwähnt, unser Partner-Suchbild.

Sonne und Mond geben auch die **Prägung** durch unsere Eltern wieder, die unbewusst in uns als **Über-Ich** weiterlebt. **Venus und Mars** zeigen hingegen unser inneres **Partner-Suchbild** an und die damit zusammenhängende Durchsetzung unsere Bedürfnisse diesbezüglich.

Mit dem **Aszendenten** und seinen **Aspekten** kommt unsere ureigenste **Persönlichkeit** zum Ausdruck, und die Stellung **Merkurs** zeigt uns die Möglichkeiten der **Kommunikation** an. **Jupiter** bringt **Sinn und Fülle** in unser Leben, und **Saturn** beschert uns **Konzentration und Treue.** Die transsaturnischen Planeten sorgen hingegen wie immer für Abwechslung in unserem Partner-Horoskop. Besonders ihre Transite werden auch in Beziehungen sehr deutlich spürbar sein.

Pluto verschafft **Leidenschaft und Intensität,** sorgt aber auch für Eifersucht. **Uranus** sprengt die Ketten und ist für jede **Überraschung** gut. Entweder beschert er uns Befreiung aus längst überfälligen Bindungen oder er ermöglicht uns ganz plötzlich neue Möglichkeiten zu einer Partnerschaft. Diese kann durch ungewöhnliche Anziehungskraft gekennzeichnet sein, kann aber unter Umständen genauso schnell wieder enden, wie sie begonnen hat. **Neptun** schenkt totale **Hingabe und Fantasie,** aber auch Enttäuschungen durch Probleme wie **Sucht, Flucht, Lüge und Angst.**

Jedoch nicht nur die Aspekte der Planeten untereinander sind hier wichtig, sondern auch die Berücksichtigung der Zeichen und Häuser in denen sie stehen. Nicht zuletzt hat im täglichen Leben die **Aktivierung der Häuser durch die Planeten des Partners** eine wichtige Funktion, da die verschiedenen Lebensbereiche angesprochen sind. Beispielsweise wird die Venus einer Frau einen Mann schon dann unmittelbar sinnlich reizen, wenn sie in seinem ersten Haus steht. Im zehnten Haus ginge es dann um das Ansehen des Paares in der Öffentlichkeit. Er würde sehr stolz auf sie sein.

Oder die Sonne eines Mannes im vierten Haus einer Frau wird sie zu sehr viel Fürsorge und Zärtlichkeit ihm gegenüber veranlassen. Die Venus im Zwilling wird jedoch eine total andere sein als etwa diejenige im Skorpion. In den Zwillingen wird sie intellektuell sein und im Skorpion voller Leidenschaft. Oder die Sonne im Widder wird natürlich eine vollkommen andere sein als diejenige im Steinbockzeichen des Partners. Die Sonne im Widder ist ein Heißsporn, dagegen wird eine Sonne im Steinbock immer sehr verantwortungsvoll, aber auch treu sein. Leider wirkt sie dabei bisweilen ein wenig unromantisch und unflexibel.

Man sollte sich bei der Deutung einfach von der Vielschichtigkeit der Möglichkeiten inspirieren lassen und wird erstaunt sein, wie sich einem Stärken, Möglichkeiten für Ausgleiche oder aber auch Schwierigkeiten und zu erwartende Probleme präsentieren.

Leo ist mittlerweile ganz still geworden. Von Streit und Problemen will er heute gar nichts mehr wissen. Viel lieber möchte er sich entspannen und einen richtig schönen Film ansehen. »So einen von den ganz alten Hollywoodschinken mit Happyend-Garantie«, rekelt er sich.

»Meinetwegen kann es auch Bollywood sein, Hauptsache mit viel Gefühl«, meint er dann noch. »Ja, ja, Herz-Schmerz, jede Menge Taschentücher und eine Hand, die meine hält ...«, träumt er vor sich hin. »Zusammen gegen den Rest der Welt sind wir stark«, gähnt er noch, und begibt sich ins wohlverdiente Reich der Träume.

Composit und Combin

Beim **Composit** werden die **Radixe beider Horoskopeigner** genommen und davon die **Mittelwerte der Planetenstellungen** (ähnlich den Halbsummen) ermittelt, sodass man ein Horoskop für die Beziehung als solche erhält. Das lateinische Wort Compositio bedeutet nämlich Zusammensetzung.

Beim **Combin** werden auch wieder zwei Horoskope zusammengebracht (lateinisch combinare = zusammenbringen). Hier wird jedoch der **Mittelwert zwischen den beiden Geburtstagen und den Geburtsorten** genommen.

Die früher aufwendige Rechnerei übernehmen heute problemlos die Astro-Programme auf dem Computer. Ebenso beschäftigen sich viele Autoren ganz ausführlich mit allen Aspekten von Partnerschaften und es ist sicher sehr lohnenswert, darüber zu lesen.

Leo ist nun wieder ausgeruht und nimmt es spielerisch. »So kleine Spielchen können ja ganz lustig sein und führen zu Aha-Erlebnissen«, meint er gut gelaunt. Aber wem dies alles noch zu kompliziert ist, der kann es gerne zuerst auch überspringen und später noch einmal nachlesen.

Außerdem gibt es sehr viele Bücher, in denen die Auswirkungen eines jeden Planeten in jedem Zeichen ausführlich beschrieben sind.

Natürlich gilt das auch für die Stellungen der Planeten in den Häusern.

Gleichermaßen gibt es auch Tabellen dafür, von welchen Zeichen die Häuser jeweils angeschnitten sein können.

Ferner bestehen letztendlich genügend alte und neue Regeln über die Verträglichkeit der Planeten mit all ihren Ausprägungen in den jeweiligen Partnerhoroskopen.

Die Sonderstellung des Kronos/Saturn

Sicher möchte der eine oder andere Leser jetzt gerne etwas genauer wissen, was es denn mit dem saturnalen Prinzip nun wirklich auf sich hat. Besonders seine Bedeutung als sogenannter **Hüter der Schwelle** sollte doch etwas genauer beleuchtet werden:

Wie gesagt, er ist der letzte der mit dem bloßen Auge sichtbaren Planeten und markiert damit eine **äußere Begrenzung** und somit auch **die Zeit**. Verdeutlicht wird diese Tatsache noch durch die ihn umkreisenden Monde, die für uns als geschlossener, flacher Ring sichtbar sind. Dieser Ring sieht fast aus wie eine der alten Schallplatten, die, wenn sie einmal hängen bleibt, immer wieder dieselbe Passage wiedergibt. So ähnlich ist es auch bei Saturn, **er erinnert uns immer wieder unermüdlich daran, unsere Lektion zu lernen.**

Wie schon erwähnt, bezeichnet man die großen Lichter Sonne und Mond, sowie die erdnahen Planeten Merkur und Venus als innere Planeten. Es folgen die sogenannten äußeren oder gesellschaftlichen Planeten, also Mars, Jupiter und Saturn, wobei Saturn der letzte in dieser Reihe ist. Nach ihm kommen die neu entdeckten transsaturnischen Planeten Uranus, Neptun und Pluto. Aufgrund ihrer weiteren Entfernung bewegen sie sich sehr langsam, und ihre Konstellationen sind zumindest in den Tierkreiszeichen für bestimmte Jahrgänge oder sogar für ganze Generationen in den Themen sehr ähnlich. Deshalb werden diese drei auch die überpersönlichen Planeten genannt.

Natürlich können sie im Horoskop des Einzelnen durchaus eine prägende Rolle spielen, wenn sie an prägnanter Stelle stehen, wie beispielsweise an den Hauptachsen. Durch die unterschiedliche Häuserstellung und ihre Aspekte zu anderen Planeten, sind weitere starke persönliche Auswirkungen möglich. Hier kommt jetzt wieder der Saturn mit ins Spiel:

Erst wenn die Hürde des Saturn genommen ist, sind uns die positiven Kräfte der überpersönlichen Planeten zugänglich. Überpersönlich heißt in diesem Sinne nicht nur gesellschaftlich, sondern auch kosmisch. Das bedeutet, wir können mit der Unterstützung von höchster spiritueller Ebene rechnen, sofern wir an höhere Mächte glauben.

Manchem wird dies vielleicht ein wenig abgehoben erscheinen, aber es gibt genügend Hinweise für diese Gesetzmäßigkeiten. Von Zitaten aus der Bibel angefangen, über die Kraft des positiven Denkens, die Selbsterfüllung von Glaubenssätzen, Bestellungen beim Universum und manchen psychologischen, philosophischen, sowie spirituellen oder esoterischen Gedankengängen und Schriften ist dies für den Eingeweihten nichts Neues.

Nun aber zurück zur Schwelle des Saturn:
Saturn steht unter anderem für unsere Erziehung, aus der heraus sich dann unser eigenes Gewissen bildet, unser sogenanntes **Über-Ich.**

Dieses ist gekennzeichnet durch die **Beurteilung von »Gut und Böse«!!!** Natürlich wollen wir immer nur »*gut*« sein. Schon im Mutterleib fängt es an: Instinktiv unterscheiden wir alles, was uns angenehm erscheint, von dem, was eben als nicht so toll empfunden wird. Doch dadurch spalten wir den anderen Teil, das »*sogenannte Böse oder nicht Erwünschte*« von uns ab. Dies ist aber nicht weg, sondern wird nur ins **Unterbewusstsein verdrängt** und fällt in den Schatten, denn im Universum geht nichts verloren.

Die **Wiederkehr des Verdrängten** konfrontiert uns dann später mit unseren eigenen verdrängten Anteilen, indem wir sie **im Außen** erleben. Wann immer wir bei anderen ein bestimmtes Verhalten oder Handeln ablehnen, könnte es unser eigener, von uns selbst abgelehnter und abgespaltener Anteil sein, der uns da entgegentritt. **So ist die Umwelt immer als Spiegel unserer eigenen innerseelischen Verfassung anzusehen, gemäß dem Gesetz: »Wie innen – so außen«.**

Leider ist dies »*Beurteilen*« in unserer heutigen Kultur so stark verankert, dass es, wie gesagt, schon mit der Muttermilch eingesogen wird und ganz schwer wieder abzustellen ist. Wir sollten es daher mit der Wahrnehmung dessen, »*was ist*«, versuchen, um die reine Wirklichkeit oder die wahre Realität zu erkennen.

Es ist enorm schwer, dies zu lernen, es zu akzeptieren und anzuerkennen. Denn was für den einen aus seiner Sicht vielleicht »*falsch*« ist, kann für den anderen aus dessen Betrachtungsweise durchaus »*richtig*« sein. Wir müssen unseren eigenen, für uns **selbst verantwortlichen Gesetzeskodex** finden und den anderen den ihren lassen. Frei nach dem Motto: »*Leben und leben lassen*«.

Manchmal bedarf es vielleicht sogar eines kleinen »*Erleuchtungserlebnisses*«, bei dem man spürt, dass alles gut ist – so wie es ist! Und nichts, aber auch überhaupt gar nichts ist besser oder schlechter. Auf diese Art und Weise kann man einfach das totale »*Sein*« erfahren.

Ein König, ein Bettler, ein Star, ein Olympiasieger oder ein ganz normale Mensch sind also absolut gleichwertig. Daran kann man sich immer zurückerinnern, wenn uns etwas aus der Bahn zu werfen droht.

Doch nun wieder zurück zu Saturn. In der Mythologie ist er unter anderem auch als ein Symbol des »*Felsens*« zu erkennen, an die Menschen in der Gestalt des »*Prometheus*« gekettet sind. Jener zur Strafe für den Diebstahl des Feuers bei den Göttern, die gesamte Menschheit als Preis für die Erlangung ihres Bewusstseins. Dies ist wiederum mit dem Sündenfall in der Bibel zu vergleichen. **Die Bewusstheit ist der Preis für den Verlust der Einheit und des verlorenen Paradieses.** Dieser Preis ist sehr hoch, denn die Vertreibung aus dem Paradies hat noch viele andere sehr weitreichende Folgen.

In der Mythologie ist es beispielsweise »*die Büchse der Pandora*«, die als Strafe der Götter mit all ihren Übeln über die Menschheit ausgeschüttet wird.

Die Selbsterkenntnis ist dem Menschen also nur durch den Verlust der göttlichen Einheit möglich. So haben wir uns mit der **Dualität und Polarität** in unserer Welt auseinanderzusetzen. Diese sind jedoch nur eine der **zwei verschiedenen Seiten ein und derselben Medaille,** die sich aus **Diesseits und Jenseits** zusammensetzt. Die eine wäre ohne die andere gar nicht möglich. Ohne die Nacht könnte der Tag von uns überhaupt nicht als solcher wahrgenommen werden. Ebenso verhält es sich mit dem erwähnten Thema von »*Gut und Böse*« sowie unzähligen weiteren Beispielen.

Hierzu gehört die **Begrenztheit des menschlichen Bewusstseins** im Diesseits, dem die Wahrnehmung der Dimension des Jenseits damit verwehrt ist. Jedoch ist eine Sehnsucht tief im menschlichen Inneren nach der verlorenen ursprünglichen paradiesischen Einheit spürbar. Deshalb schlummert tief in unseren Herzen auch das Bedürfnis nach Liebe und Partnerschaft, um sich wieder »*ganz und heil*« fühlen zu können.

Ferner ist über den gesellschaftlichen Aspekt des Saturn schon gesprochen worden, der sich vor allem in seinem Rollenverhalten äußert, um Anerkennung in der Gesellschaft zu erlangen. Genauso wurde er bei den Transiten als eine Kontrolle der Weiterentwicklung im Leben des Horoskopeigners beleuchtet. Findet diese nicht statt, präsentiert sie Saturn unter Umständen zusammen mit den anderen Planeten als Lehrmeister durch schicksalhafte Ereignisse. Man nennt ihn deshalb auch oft den **»Schicksalsplaneten«.**

Deshalb sollte man lieber versuchen, die **Gesetzmäßigkeiten des Lebens** zu erkunden, als ein Spiel zu spielen, dessen Regeln man gar nicht kennt! Die Forderung des **Saturn** an uns lautet daher: **»Verantwortung zu übernehmen für alles, was wir tun oder auch nicht tun.«** Da sein griechischer Name Kronos gleichzeitig Zeit bedeutet, nennt man ihn auch den **»Herrn der Zeit«.** Wie man in der Mythologie nachlesen kann, ist sein **Januskopf** sogar in der Lage, in die **Vergangenheit** und in die **Zukunft** zu schauen.

Leo ist ganz unruhig geworden. Das ist wieder einmal ganz schön viel Stoff, den es da zu verarbeiten gilt. Nun muss er doch noch schnell einmal bei den mythologischen Geschichten nachschauen, was da über Kronos/Saturn geschrieben steht.

»Das ist echt alles sehr aufschlussreich, um den guten alten Saturn zu verstehen«, meint er freudig. »Also, erst einmal seine Verbindung mit der Zeit, dann die mit dem Felsen

und allem, was hart ist, ferner seine Funktion als Lehrmeister und seine Kontrolle der Schwelle von ›Gut und Böse‹ sind jedenfalls deutlich zu erkennen.«

»Ebenso ist es das Wichtigste für uns, etwas für unser Leben zu lernen, nämlich: Verantwortung zu übernehmen für alles, was mit uns zu tun hat.«

»Ja, das mit dem Gut und Böse ist schon sehr schwierig«, überlegt Leo nachdenklich weiter. »Ich muss andere Lebewesen töten, um selbst zu überleben. Warum bin ich kein Vegetarier geworden«?

»Aber wer weiß denn ganz genau, ob die Pflanzen vielleicht nicht doch auch eine Seele haben, Leo? Jedenfalls sind die Tiere in dieser Hinsicht allemal besser aufgestellt als die Menschen mit ihrem Verstand und ihrer unersättlichen Gier ..., denn: Kein Tier würde sich jemals mehr nehmen als es braucht.«

»Siehst du, jetzt hast du schon wieder geurteilt«, erklärt Leo ganz vorwurfsvoll! »Ja, so schwierig ist das eben. Man sollte nur feststellen und nicht verurteilen«, ist seine kluge Erklärung dazu.

»Schau dir die Sonne an: Sie ist einfach, indem sie scheint. Es ist ihr völlig egal, ob sich ein Guter oder ein Böser unter ihr befindet, so ist ungefähr das Gefühl, einfach nur zu sein«, erläutert Leo ganz pathetisch.

»Leo, du bist ja richtig philosophisch. Da kann ich nur staunen.«

»Ja, und deshalb liegt es in der Verantwortung eines jeden selbst, wie er mit seinem Leben und seiner Umwelt umgeht«, erklärt Leo schließlich.

»Bravo, Leo, du hast uns sehr mit deinen Gedanken bereichert, vielen, vielen herzlichen Dank.«

»Schon bei Kain und Abel war es so, dass der eine besser sein wollte als der andere. Neid und Missgunst führten zum ersten Verbrechen. Oder war es nur der Wunsch nach Anerkennung und die Trauer über die Unterlegenheit, die solche katastrophalen Auswirkungen haben konnte? Da braucht man sich doch nicht zu wundern, dass es heutzutage immer noch Kriege, Leid und Armut gibt«, schüttelt Leo fast ungläubig den Kopf.

»Ja, der Mensch hat eben seinen freien Willen, Leo. Und es liegt in seiner Verantwortung, was er daraus macht.«

»Zum Glück stehen uns immer wieder viele heilende und helfende Kräfte zur Verfügung, denn das Licht ist immer stärker als die Finsternis«, fügt Leo erleichtert hinzu. »Außerdem ist es so, dass die Erde ein »Lernplanet« ist, und dass jeder seine eigenen vielfältigen Erfahrungen machen darf. Mal ist er arm, mal ist der reich, mal schön, mal hässlich, mal Täter und mal Opfer. Diese Vielfalt, an der man wachsen kann, ist eben sehr groß. Und jede Seele sucht sich die Erfahrungen selber aus, die sie machen möchte, Leo.«

Die Rolle Jupiters und der transsaturnischen Planeten

Jupiter

Von Jupiter haben wir mittlerweile schon so viel gehört, dass er uns nicht mehr ganz fremd ist. In der Rolle des **Zeus, als größtem aller Götter,** wird er meist mit Expansion und Sinnfindung in Zusammenhang gebracht.

Ihm wurde ja auch das Privileg zuteil, nicht von seinem Vater **Kronos** verschluckt zu werden. Sondern er konnte sich ungehindert, zwar versteckt, jedoch frei von der allzu engen Begrenzung im Magen des Vaters, relativ gut entwickeln. Dies geschah so lange, bis er schließlich stark genug war, seinen Vater zusammen mit seinen befreiten Geschwistern zu entmachten.

So gibt uns Jupiter in unserem eigenen Horoskop die Möglichkeit, unsere vorhandenen Denk- und Glaubenssätze zu entwickeln und zu vervollkommnen. Diese sind natürlich ständig oder auch von Zeit zu Zeit einmal zu überprüfen und gegebenenfalls zu erneuern, ähnlich der Leber des Prometheus, der an den Felsen gekettet war. Denn die Leber ist als Organ dem Jupiter/Schützen zugeordnet. Nur so kann letztendlich eine Weltanschauung erwachsen, die stark genug ist, sinnbildlich den Vater zu entmachten beziehungsweise sich durchzusetzen.

Das heißt nichts anderes, als **sich von den einschränkenden Beurteilungen des eigenen Gewissens durch Saturn/Kronos zu befreien und selbst die Herrschaft zu übernehmen.** Die sich hieraus ergebende Läuterung des Vaters (Kronos), sprich des »Über-Ichs«, kommt uns selbst in unserer Entwicklung zugute. Die Tatsache, dass Saturn in der Verbannung ein weiser Lehrmeister wurde, ist ein zusätzlicher, nicht nur symbolischer Gewinn für uns.

Natürlich besteht nach solch einem Triumph in seinem Machtbewusstsein **bei Jupiter die Gefahr,** etwas **über die Stränge zu schlagen,** ähnlich wie sein mythologisches Pseudonym Zeus bei seinen vielfältigen amourösen Abenteuern. Jedoch stehen uns entsprechend unterschiedliche Möglichkeiten und ungeteilter Optimismus zur Verfügung, um unsere Lebensanschauung adäquat zu entwickeln, siehe die vielen verschiedenen Nachkommen des Zeus. Dies soll jedoch nicht negativ bewertet werden, sondern durch sie sollen uns nur die **vielfältigen Möglichkeiten** des **Jupiterprinzips** vor Augen geführt werden.

Hier kann man auch **Chiron** noch mit einbeziehen, der allein schon durch seine Gestalt, halb Pferd – halb Mensch, eine **Beziehung zum Jupiterkomplex** hat, denn das Pferd gilt ja als eine Jupiterentsprechung. Auf einer anderen Ebene, nämlich durch die Prometheus-Sage, verhilft uns Chiron durchaus auch mit zur **Erlösung vom Urteil des Saturn.**

Leo hat sehr aufmerksam zugehört. Wenn er kein Löwe wäre, könnte er ohne Weiteres auch ein Schütze sein. Ach ja, er hat ja seinen Mond im Schützen, deshalb fühlt er sich dem expandierenden Jupiterprinzip so stark verbunden. Und seine Begeisterungsfähigkeit ist ja nun im wahrsten Sinne des Wortes wirklich sehr ansteckend und expansiv.

Uranus

Wir sehen also, wie wichtig unsere Einstellung zum Leben mit Jupiter ist, um die Grenzen des Saturn zu überwinden und so zu der **individuellen Freiheit des Uranus** zu gelangen.

Diese Freiheit wurde ebenfalls schon angesprochen, da sie bedeutet, sich als unersetzlicher Teil eines übergeordneten großen Ganzen zu erkennen und einzubringen. Dabei ist es wichtig, genau die Funktion im Leben einzunehmen und auszuüben, die einem wirklich zugedacht ist. **Denn jeder ist so einmalig, dass es genau nur eine ganz bestimmte Sache auf dieser Welt gibt, die jeweils nur er alleine auf diese besondere Art und Weise am allerbesten ausführen kann und für die er geboren ist: seine eigene uranische Idee.** Es können dabei natürlich auch mehrere verschiedene Dinge zusammenspielen. Aber ähnlich wie ein jeder seinen eigenen unnachahmlichen Fingerabdruck hat, ist diese Sache wirklich einmalig. Genauso sieht es mit der unverwechselbaren Stimme aus, die wir Menschen unser »eigen« nennen dürfen.

Natürlich gibt es Ähnlichkeiten, aber die Tendenz zur Einmaligkeit ist nicht zu übersehen und auch nicht zu überhören.

Es ist zu vergleichen mit einer beliebigen Zelle unseres Körpers. Genau wie die Arbeit solch einer einzelnen Zelle im Körper zu seiner gesunden Funktion als Ganzes beiträgt, ist es mit uns und unserer Stellung als Mitglied der Gesellschaft, als Teil unserer Mutter Erde und des Universums. Eine Entartung dagegen führt zum Krebs, der schließlich nicht nur das Ganze, in diesem Falle unseren Körper, sondern damit auch sich selbst zerstört.

Hier lässt sich erkennen, dass einzelne Teile immer Fragmente eines Ganzen sind, die ihrerseits wiederum eine Information des Ganzen enthalten.

Und da kommt Saturn mit seiner Beurteilung wieder mit ins Spiel, denn wenn eine solche Zelle vielleicht glaubt, sie sei mehr wert als alle anderen, ist das natürlich sehr fatal. Sie meint, dadurch mehr Anerkennung zu erhalten, was ja durchaus plausibel ist, aber leider auf eine sehr existenzielle Art und Weise. Dieses Beispiel kann auf alle Lebensgebiete übertragen werden und zeigt, wie wichtig es ist, sich selbst in Demut anzunehmen.

Daraus ergibt sich **die wahre Freiheit des Uranus, nämlich zu sein, wer wir wirklich sind.** Und die uns nach dieser Erkenntnis jeweils ungemein unterstützt, fördert und glücklich macht. Voraussetzung ist jedoch die Opferung von unangemessenen Einstellungen und Forderungen sowie deren Transformation. Dies beinhaltet eine ständige Arbeit an sich selbst und eine dadurch entstehende Weiterentwicklung. Siehe Gesetz des Wachstums und der Veränderung.

> *Leo ist wieder einmal ganz nachdenklich geworden. »Es ist, so glaube ich, das Allerschwerste im Leben«, meint er, langsam den Kopf hin- und herwiegend, »anzuerkennen, dass alles der Veränderung unterworfen ist. Wenn etwas gut erscheint und man glücklich ist, möchte man es gerne festhalten und wünscht sich, dass es für immer so bleibt.«*
>
> *»Ja, so ist es Leo, da hast du völlig recht. Leben bedeutet Wachstum und Veränderung. Auch wenn es Momente gibt, die man für nichts in der Welt hergeben möchte. Aber alles unterliegt einem ständigen Wechsel von ›Werden und Vergehen‹. Schau nur in der Natur, sie macht es uns vor; ein immerwährender Kreislauf im Rhythmus der Jahreszeiten. So leben wir in unseren Nachkommen weiter, genau wie unsere Ahnen noch in uns lebendig sind.«*
>
> *»Ja, und am liebsten möchte man für immer jung sein«, schickt Leo immer noch tief in Gedanken versunken hinterher. Mit der Melodie von »Forever Young« im Ohr begibt er sich ins Reich der Träume.*

Neptun

Neptun/Poseidon ist, wie wir wissen, der **Herrscher der Meere** und damit des Wassers. Wasser kann sich mit allem verbinden und steht so für die Verwischung von den Grenzen des Bewusstseins zum Unbewussten. Die Überwindung Saturns verschafft uns also durch Neptun Zugang zu den Bildern unseres Unterbewusstseins.

Da er selbst mit seiner Position bei der Aufteilung der Herrschaftsgebiete unter den Göttern nicht so recht glücklich war, lässt sein Prinzip immer eine leichte Spur von **Enttäuschung,** aber auch von **Sehnsucht** durchscheinen. Vielleicht müssen wir alle einen Weg von vielen **Täuschungen, Verschleierungen, Ängsten und Illusionen** gehen, um dann im **Rückzug zu uns selbst** unsere eigene grenzenlose Verbindung zu »allem«, was ist, zu erkennen.

Intuitives Erahnen, sensibles Empfinden und fantasievolle Kreativität werden der spirituelle Lohn für diese abenteuerliche Reise sein. Wir können uns nun dem Fluss des Lebens anvertrauen und sicher sein, von einer höheren Warte aus getragen zu werden. Siehe auch Gleichnisse aus der Mythologie und der Bibel, beispielsweise: »Suchet, so werdet ihr finden …«.

Leo kann sich gut vorstellen, wie es ist, immer ausgeschlossen zu werden, immer nicht so richtig dazu zu gehören und am Rande der Gesellschaft zu stehen ...

»Da entwickelt man einen starken Drang, solchen vermeintlich Benachteiligten helfen zu wollen. Diese Hilfe ist zwar sehr lobenswert, jedoch sollte man nicht davon abhängig werden und auch keine Abhängigkeit beim Hilfesuchenden erzeugen.

Außerdem besteht die Gefahr von Illusionen, unrealistischen Fantasien und Spekulationen. Schlimmer jedoch kann das eventuelle Abrutschen in schlechte Gesellschaft, Flucht, Sucht, Illegalität, Frustration, Prostitution oder gar Obdachlosigkeit, sein.«

Leo weicht unwillkürlich zurück. Er weiß, dass weder Flucht noch Sucht eine Lösung sind, denn man nimmt sich immer selber mit und muss es letztendlich auch ausbaden.

»Wer möchte schon gerne im Krankenhaus, dem Gefängnis oder gar auf dem Friedhof landen? Ja, letztlich enden wir alle dort, doch dann lieber nach einem langen, erfüllten und überaus glücklichen Leben ...«, erwägt Leo weiter.

»Jedoch kann man nicht wissen, welche Lebensaufgabe der Einzelne sich ausgesucht hat. Vielleicht wollte er gerade diese ›besondere‹ Erfahrung machen. Und Neptun hat schließlich noch so viele unglaublich schöne und wertvolle Seiten. Dies können kleine ›Erleuchtungserlebnisse‹ sein oder die totale Verschmelzung mit dem absoluten ›Sein‹, wenn man sich dem Fluss des Lebens anvertraut«, gehen Leos Gedankengänge weiter.

Er hat wieder einmal sehr vieles zu überlegen in der nächsten Zeit.

Pluto

Natürlich fühlte sich auch **Pluto/Hades** bei der Vergabe der göttlichen Aufgaben benachteiligt. Wer möchte schon gerne für immer unter der Erde im Reich der Toten sein? Doch Hades nahm seine Aufgabe sehr ernst und führte ein überaus strenges Regiment. Als Herr des Todes war er selbstverständlich enorm gefürchtet. Trotzdem fühlte er sich als Opfer. So sind bei ihm die Themen von **Macht und Ohnmacht** an der Tagesordnung.

Eine Art unbewusste Opferhaltung oder ein starker Machtanspruch können bei ihm in seinem Ansinnen latent vorhanden sein. Verstärkt wird dies durch seine **Analogie zum Sippenprogramm,** bei dem der Erhalt der Gruppe Vorrang vor den individuellen Bedürfnissen des Einzelnen hat. So lebt vielleicht ein »mancher« gar nicht sein eigenes Leben, sondern er dient unter Umständen jahrelang dem Auftrag seiner Ahnen, ohne sich dessen bewusst zu sein.

Hier trägt die Überwindung Saturns ebenso dazu bei, sich von solchen unglückseligen Mustern lösen zu können. Genauso ist es bei der Befreiung von **Generationskonflikten** oder **sexuellen Abhängigkeiten,** für die auch Pluto zuständig ist. Denn wie wir ja wissen, ist die Sexualität mit der Ermöglichung neuen Lebens seine Antwort auf die Auseinandersetzung mit dem Tod. Außerdem ist bei Pluto/Hades eine Tendenz zur **Rache** zu erkennen, die ihn sein Regiment besonders kompromisslos führen lässt. Bei diesem Thema ist konstruktiver Umgang mit der Macht die Lernaufgabe, die in uns immense Kräfte und Energien freisetzen kann. Pluto besitzt tatsächlich eine schier unglaublich **starke Regenerationskraft.**

Voraussetzung ist natürlich auch hier die Auseinandersetzung mit den eigenen unbewussten dunklen Anteilen in der Tiefe der Seele. Ein Transformationsprozess führt zu **Selbstbestimmung und Eigenverantwortlichkeit,** den Anforderungen, die Pluto und Saturn an uns stellen. Nicht zuletzt lagern tief unter der Erde auch die wertvollsten Schätze, die es zu entdecken gilt. So ist jeder aufgefordert, seinen **persönlichen plutonischen Schatz** zu finden und zu bergen. Denn unterschiedlich große Anteile der planetaren Prunk- oder Schatz-Energien finden sich schließlich in jedem von uns.

Leo ist überaus nachdenklich geworden. Nach Schatzsuche steht ihm jetzt wirklich nicht der Sinn. Es ist ein Thema, mit dem er sich schon lange auseinandersetzt und auf das er einfach keine Antwort findet. Schon beim vorigen Kapitel über Saturn hat er viel darüber nachgedacht. Aber man kann eine Sache ja ruhig noch einmal aus einem anderen Blickwinkel betrachten.

»Warum hat es der ›liebe Gott‹ nur so eingerichtet, dass er töten muss, um zu überleben? ›Fressen oder gefressen werden‹ lautet das Gesetz. Auch der Mensch ist davon besonders im Krieg nicht ganz ausgeschlossen. Ob es drauf jemals eine Antwort geben wird?«, fragt Leo sich traurig.

»Die einen sagen: Gott bestimmte es so, damit seine Geschöpfe nicht träge vor sich hin vegetieren sollten ...

Die anderen meinen: Es ist eine Sache des Karmas der einen Spezies, von der anderen gefressen zu werden und umgekehrt.«

Dass die Gesetze des Universums einer Selbstregulierungsmaschinerie gleichen, hatten wir ja schon angeführt. Und alle Dimensionen im Kosmos haben ihre eigenen Regeln und Besonderheiten. Leider sind wir mit unserer dreidimensionalen Sichtweise nicht in der Lage, andere Dimensionen und Welten wahrzunehmen. Unsere Sinne sind einfach nicht dafür geschaffen. Das heißt aber nicht, dass es sie nicht gibt, wie so manche Hellsichtige bestätigen.

Für die meisten von uns Menschen liegt nur der Mantel des Vergessens und des Schweigens darüber, damit wir in unserer Lebensführung nicht zu sehr abgelenkt werden.

Es ist ja außerdem so, dass sich jeder seine eigene Lebensaufgabe höchstpersönlich selbst ausgesucht hat und hinterher ebenso sein letztes Leben wieder beurteilt. Der strengste Richter ist also nicht der »böse Saturn«, der »Teufel« oder der »liebe Gott«, sondern das sind wir ganz alleine höchstpersönlich selbst.

Fazit

Ist die Grenze Saturns erst einmal überschritten, stehen uns nicht nur die positiven Kräfte der transsaturnischen Planeten zur Verfügung, sondern es erfolgt auch eine Rückwirkung auf die persönlichen Planeten, die nun förmlich aufleben können.

Die Transite dieser langsam laufenden Planeten konfrontieren uns sehr eindringlich immer wieder mit unseren genannten Lernaufgaben. Ist die Lektion jedoch gelernt, erhalten wir durch die uns nun zugänglichen Energien dieser transsaturnischen Planeten eine uns zustehende, oftmals fürstliche Belohnung.

Andernfalls, wenn wir auf unseren saturnalen Urteilen bestehen bleiben, könnte es jedoch sein, dass schicksalhafte Korrekturen erfolgen. »Der Mensch behält andererseits immer seinen freien Willen«, durch den ein gewisser Spielraum an Möglichkeiten erhalten bleibt.

In Leo klingen diese Themen noch lange nach. Diese Nacht wird er von anderen Dimensionen träumen und von einem göttlichen Wesen, das über allem steht. Vorher aber lässt er sein mächtiges majestätisches Gebrüll ertönen, was da heißt: »Es ist alles gut so, wie es ist.«

Kopfkino

Leo wollte uns aber unbedingt noch über seine neuesten Erkenntnisse aufklären:
»Ich habe das Gefühl, die Planeten begleiten mich ständig in meinem Kopf. Immer kommentieren sie alles, was um mich herum passiert.
Der Mars ist beispielsweise sehr impulsiv und prescht gerne voran. Doch dann dauert es gar nicht lange und der Saturn kommt mit ins Spiel. Immer hat er so seine Bedenken, und ständig mahnt er mich, ja, aber wenn ..., ja, aber ..., ja, aber ... Es ist so, als wenn ich zwei Schritte vor und einen zurück machen würde oder als wenn ich mit angezogener Handbremse fahren würde.
Manchmal ist das vielleicht ja ganz gut so, weil der Mars sich überhaupt keine Gedanken darüber macht, wie jemand anders eine Sache eventuell empfindet. Nur der Saturn nervt trotzdem«, berichtet Leo gequält.
»Ja, lieber Leo, so ist das eben, die Planeten führen ständig einen inneren Dialog mit uns. Mars ist tatsächlich der Heißsporn unter den Himmelskörpern und Saturn der Kontrolleur und Richter. Deshalb habe ich dir ja auch die mythologischen Geschichten erzählt, damit du das Verhalten der Planetengötter besser verstehen kannst.«
»Weiter geht es mit der Venus. Sie will immer nur Harmonie und sich allen möglichen Genüssen hingeben. Ständig liegt sie mir in den Ohren, was man noch alles Schö-

nes machen könnte. Und wenn es um das Essen geht, da kennen ihre Verführungskünste keine Grenzen. Laufend macht sie mir Vorschläge: Es wäre doch toll, wenn … «, meint Leo genervt.

»Ja, Leo, sie ist wirklich die geborene Verführerin. Da unterstützt sie sicher gerne der gute alte Neptun noch, indem er zusätzlich auf dich einredet.«

»Ganz genau, immer will er mir die Dinge noch schmackhafter machen, als die Venus es schon tut. Es ist echt nicht leicht, den beiden zu widerstehen«, bestätigt Leo. »Mit denen lassen sich perfekte Luft- und Wasserschlösser bauen«, fügt er noch hinzu.

»Neptun hat jedoch auch seine guten Seiten und macht dich sehr sensibel. So spürst du immer ganz genau, was Sache ist«, lautet die Antwort.

»Der alte Filou und Götterbote Merkur ist da ganz anders. Er ist vielseitig interessiert und versucht immer alles gleich zu analysieren«, bemerkt Leo aufmerksam.

»Ja, der Merkur ist sehr unterhaltsam und geschäftstüchtig, besonders wenn der Jupiter mit ins Spiel kommt, Leo.«

»Dem kann alles nicht groß genug sein, aber trotzdem ist es schön, dass es ihn gibt. Denn ein wenig Glück kann man immer gebrauchen«, bestätigt Leo.

»Ganz schlimm wird es erst, wenn Pluto mit von der Partie ist. Für ihn ist alles sehr existenziell und er verteidigt seine Prinzipien voller Inbrunst. Er ist eben der ›weibliche Mars‹ und der ist stärker als alles andere.«

»Da kann ich ein Lied von singen«, ergänzt Leo. »Er will immer alles hundertprozentig wissen und gibt keine Ruhe, bis ich es für ihn herausgefunden habe. Und wenn mal etwas nicht so klappt, wie er möchte, dann sinnt er auf Rache.«

»So weit, so gut, lieber Leo. Das Kopfkino kann einem schon zu schaffen machen. Aber zum Glück gibt es ja noch den Uranus. Der steht einfach über den Dingen und kann einen zudem aus total verzwickten Situationen heraus holen durch seine urplötzlichen Veränderungen und Eingriffe.«

»Außerdem hat er ständig neue Ideen im Kopf und er kann sehr spontan sein«, freut sich Leo.

»Nun haben wir ganz vergessen, mit der Sonne anzufangen, tut mir leid, lieber Leo. Aber als Löwe ist sie dir ja so vertraut wie dein Herz und deine Souveränität.«

»Ja, sie ist einfach mein innerster Kern«, antwortet Leo stolz.

»Jetzt fehlt uns nur noch der Mond, Leo. Er spürt als allererster, wie du dich fühlst, schenkt dir so viele tiefe Empfindungen und leitet dein absolutes Bauchgefühl.«

»So ist es«, bestätigt Leo glücklich. »Da bin ich aber froh, dass es normal ist, solche inneren Debatten zu führen.«

»Es sind eben unsere eigenen Persönlichkeitsanteile, die sich da zu Wort melden und die gerne berücksichtigt werden möchten, das hast du schon sehr gut erkannt, mein lieber Freund Leo.«

Wider den tierischen Ernst – der Humor und die Planeten

Nun ist so viel über ernsthafte Themen gesprochen worden, dass es an der Zeit ist, zum Abschluss noch einmal etwas Lustiges ins Visier zu fassen. Denn gerade bei der Astrologie kommt der Humor eher manchmal etwas zu kurz. Wer macht sich schon Gedanken darüber, welche Planeten für so etwas Herzerfrischendes wie ein gesundes Lachen zuständig sind? Wir wollen einen Versuch starten und nehmen sie einfach alle einmal unter die Lupe.

Ganz am Anfang wurden schon unter »*Humor im Zodiak*« die Karikaturen der einzelnen Tierkreiszeichen angesprochen und es hat sich gezeigt, dass gerade durch die etwas überzogene Darstellung der Charaktere sehr viel Wahrheit ans Licht kommt.

Doch welcher der Planeten ist nun wirklich für den Humor zuständig? Ist es **Merkur,** der geflügelte Götterbote, der sich schon immer durch Witz, gepaart mit List und Tücke, aus der Affäre zu ziehen wusste? Gewiss ist er zumindest im kommunikativen Bereich beteiligt. Aber wir wissen ja, dass er an sich neutral ist und durch das Zeichen, in dem er steht und die Verbindungen zu den anderen Planeten geprägt wird – er sozusagen zwischen ihnen vermittelt.

Oder wer ist es dann? Eine tragende Rolle fällt bestimmt **Uranus** zu. Gilt er doch als eine Art Hofnarr, dem es gestattet ist, selbst dem König die Wahrheit zu sagen, ohne mit den sonst gefürchteten Repressalien rechnen zu müssen. Dies spiegelt sich in der närrischen Zeit des Karnevals wieder, die ihm zugeordnet ist. Hier darf sich jeder einmal so richtig austoben und über die Stränge schlagen, sich hinter einer Maske verbergen oder durch das Kostüm einen Teil seiner selbst leben, der sonst nicht zum Tragen kommt. Uranus, der exzentrische Rebell, ist hier bestimmt in seinem Element, steht er doch immer etwas über den normalen Dingen. Doch auch sonst ist er jeglichen Eskapaden gegenüber niemals abgeneigt, und das ist gut so, denn Lachen ist ja bekanntlich die beste Medizin und Humor die letzte Oase, wenn einem die Welt gar zu trist erscheint. Hier kann seine Originalität die sinnvollsten und schönsten Früchte tragen.

Die **Sonne** wird ihre helle Freude an den vielleicht eher etwas außergewöhnlichen Einlagen von Merkur oder Uranus haben, steht sie doch für Spaß und Lebensfreude schlechthin. Es wird ihr Selbstbewusstsein und ihre Vitalität steigern. Sie wird bestrebt sein, solche Erlebnisse zu einem festen Bestandteil ihres Agierens zu machen, um ihren Selbstausdruck und ihre Lebensqualität zu steigern. Wir sehen es an dem breiten Lachen, mit dem die Sonne oft bei Smileys dargestellt wird.

Natürlich darf der **Mond** nicht fehlen. Freude ist nicht nur für das Herz gesund, sondern auch Balsam für die Seele und das Gemüt. Ein freundliches Lächeln wird sich nährend ausbreiten und die Empfänglichkeit für Lustiges im Leben steigern sowie damit den Erlebnishunger auf eine konstruktive, frohe Art und Weise stillen. Humor verleiht sozusagen der Seele Flügel.

Wenn humorvolle Aktionen Stil haben, ist auch die **Venus** angesprochen, versetzt sie doch Ästhetik in helles Entzücken. Dies bleibt natürlich nicht ohne Auswirkungen auf ihren Eigenwert, der sich dadurch erheblich steigern kann. Fairness bleibt aber ihr oberstes Gebot, denn Vergnügen auf Kosten anderer geht ihrem Gerechtigkeitssinn gegen den Strich; also, auslachen nur – wenn man genauso über sich selbst lachen kann.

Vor so viel Cleverness muss sich sogar der **Mars** verbeugen. Hat er den Humor erst einmal in sein Waffenarsenal aufgenommen, wird er so manchem Gegner den Wind schon aus den Segeln nehmen, bevor es zu Kampf oder Aufprall kommt. Er wird Gefallen daran finden und mit Hilfe der anderen Planeten seine Ziele lockerer durchsetzen können und trotzdem Siegesfreude empfinden, weil es eben zwei Sieger gibt.

Jupiter kann das alles nur recht sein, steht er unter anderem doch für Edelmut. Auch seinem Missionierungsdrang und seinen Bildungsbestrebungen kommt ein wenig Leichtigkeit sicherlich entgegen. Sein Hang zu Über- und Untertreibungen wird sich auf humoristischem Gebiet besonders fördernd auswirken, da manche Pointen dadurch erst richtig zur Geltung kommen.

Wenn wir **Saturn** fragen könnten, was er von alledem hält, wären wir sicher über seine Antwort erstaunt: »Darauf habe ich schon lange gewartet. Bei allem Ernst ist dies doch die konstruktivste Art, Gegensätze zu vereinen in unserer polaren Welt.« Wir haben eine seiner Lektionen gelernt und damit ein wenig über seine »*Schwelle*« geschaut.

Nun fehlt uns noch **Neptun.** Er wird begeistert sein und uns voll mit seiner lebhaften Fantasie und Intuition unterstützen und helfend zur Seite stehen. Unsere Träume werden durch seine Einfälle bereichert werden und unser Zugehörigkeitsgefühl zu anderen Menschen wird wachsen. Wir befinden uns im Fluss des Lebens und erfahren die Leichtigkeit des Seins.

Was wird **Pluto** mit seinem Einfluss auf die Massen davon halten? Spiegelt er doch immense Kräfte von großer Zwanghaftigkeit, sowie Macht und Ohnmacht wider. Sein Auftrag ist aber die Transformation und er wird über eine humorvolle Art und Weise des Loslassens endlich Erlösung erfahren. Durch diese Wandlung der Konfliktbewältigung werden uns seine positiven Kräfte auferstehen lassen zu einem neuen, befreiten Leben.

Wir sehen, Humor ist mehr, als wenn man trotzdem lacht. Er soll jedoch nicht zynisch oder verbissen sein und auch nicht auf Kosten anderer gehen. Vielmehr ist ein originelles, kreatives Handeln angesagt. Dann kann dem Humor so schnell keiner widerstehen. Eine Bitte kann schlecht abgelehnt werden, es kann einem kaum jemand böse sein, aus Feinden werden vielleicht Freunde und die Menschen rücken näher zusammen.

So sollten wir doch lernen, gleichwertig und trotzdem individuell, friedlich nebeneinander zu leben und unsere Probleme auf eine ungewöhnliche Art und Weise zu lösen. Dies ist eine der Aufgaben des anbrechenden Wassermann-Zeitalters mit Uranus, dem Narren und gleichzeitig dem Herrn des Himmels, an seiner Spitze.

Bereicherung der Planeten und Tierkreiszeichen durch Humor

Mars/Widder	*Humor wird die beliebteste Kampfwaffe*
Venus/Stier	*Man kann mit Humor genießen und auch mal über sich selbst lachen*
Merkur/Zwillinge	*Informationen werden je nach Bedarf humorvoll aufgenommen und weitergegeben*
Mond/Krebs	*Lustige Erlebnisse bereichern die Gefühlswelt*
Sonne/Löwe	*Kreativität im humoristischen Bereich steigert die Spontanität, bringt Lebensfreude und macht Spaß*
Merkur/Jungfrau	*Analytischer Witz gelingt besonders gut*
Venus/Waage	*Eine humorvolle Einstellung fördert Balance, Harmonie und Schönheit. Im Diplomatengepäck ist sie absoluter Trumpf*
Pluto/Skorpion	*Der Stachel des Skorpion kann durch Humor sehr wirkungsvoll transformiert werden*
Jupiter/Schütze	*Durch das Wissen um den Sinn des Lachens kann sich wahre Größe und Entfaltung zeigen*
Saturn/Steinbock	*Seine Lektion ist, sich selber und die Dinge nicht mehr so »tierisch ernst« zu nehmen*
Uranus/Wassermann	*Originalität ist Trumpf in allen Lebenslagen*
Neptun/Fische	*Der Fantasie sind auch in diesem Bereich keine Grenzen gesetzt*

Mit Humor hat Leo jetzt überhaupt nicht gerechnet. Umso größer ist seine Freude. Das muss er sofort seinen Kumpels erzählen. Eilig verschwindet er im Busch. Er muss aufpassen, dass er vor lauter Lachen und Vorfreude keine Unachtsamkeit begeht.

Wie im Dschungelbuch versammeln sich jetzt alle Tiere und lauschen gespannt Leos Witzen und Lachgeschichten. So viel Fröhlichkeit hat der Urwald schon lange nicht mehr gesehen. Gut gelaunt machen sie sich auf den Heimweg.

Leo blickt zufrieden an den Sternenhimmel. Die da oben sollen natürlich auch an seinem Glück und seiner Fröhlichkeit teilhaben. Als er sich etwas beruhigt hat, fällt ihm noch das Lied von dem Stern ein, der seinen Namen trägt ... Diese Melodie geht ihn nun nicht mehr aus dem Sinn, bis er endlich friedlich eingeschlafen ist.

Doch trotz aller Müdigkeit möchte Leo noch ganz schnell eine wichtige Anmerkung machen: »Interessanterweise liegt die Erde genau zwischen Venus und Mars, also zwischen dem weiblichem und dem männlichen Pol, was genau der Dualität auf der Erde entspricht. So hat es jedenfalls die Schweizer Astrologin Silke Schäfer in einem Interview betont«, bemerkt er fachmännisch und kann nun beruhigt weiter träumen.

Die Deutung nach dem Herrschersystem

Das astrologische Herrschersystem

Die Methode der Horoskopdeutung nach dem Herrschersystem bildet den Grundstein der psychologischen Astrologie. Sie ist in der heutigen Zeit nicht mehr wegzudenken und wurde vor allem durch Hermann Meyer und seine Verbindung von Psychologie und Astrologie zu einer neuen Synthese entwickelt. Seine Erkenntnisse durch die Schicksalsforschung bestätigen dieses Model. Wer es einmal bei sich selbst angewendet hat, wird fasziniert sein von der Eindeutigkeit und Stimmigkeit der einzelnen Aussagen. Die Ergebnisse sind so einfach, klar und treffend, dass man immer wieder höchst erstaunt und überwältigt ist.

Die Vorgehensweise der Deutung nach dem Herrschersystem funktioniert nach der Methode »**Was? Will wie? Wo? – gelebt werden?**«. Dadurch ist man in der Lage, recht schnell und doch sehr eindrucksvoll zum Kern einer Sache vorzudringen. Vor allem, wenn die eventuelle Form des Auslebens in der **Hemmung** oder **Kompensation** mit einbezogen wird. Gleichzeitig zeigt sich das Ziel der Lernaufgaben zur **erwachsenen Form** hin an. Und damit sind zudem auch schon einige Möglichkeiten und Wege der Konflikt- und Problemlösung angesprochen.

Mit anderen Worten: Es zeigt sich, wie der betreffende Mensch in **seiner Persönlichkeit,** in **seinem Wesen** und **von seinen Fähigkeiten her angelegt ist** und wo er noch von der gewünschten Vervollkommnung abweicht. Durch diese Erkenntnisse wird ein Bewusstwerdungsprozess in Gang gesetzt, der enorme Auswirkungen haben kann. Selbsterkenntnis, Sinnfindung und Selbstverwirklichung liegen nicht mehr im Dunkel des Unbewussten, sondern können klar erkannt werden und eine Bestätigung finden. Der Weg zu sich selbst wird damit völlig frei.

Der Mensch befindet sich immer mehr in seiner Mitte und sein **Inhalt** kann **Form** annehmen. Die vorhandenen Energien können nun in ihrem ureigensten Sinne fließen und auf der materiellen Ebene zum Ausdruck kommen. Sie brauchen nicht mehr verdrängt zu werden und sich auch nicht mehr in einer vielleicht verzauberten Form zu zeigen. Wobei aber gerade durch die Auseinandersetzung mit diesen verdrängten Seelenanteilen, die als Problematik von außen wieder auf uns zukommen können, vielleicht doch der Anstoß dazu gesetzt wird, sich jetzt endlich auf die Suche zu begeben. Oft ist es auch eine immer wiederkehrende Leidensthematik, die sich wie ein roter Faden durch unser Leben zieht und die uns dann dazu veranlasst, nun endlich Hilfe zu suchen.

Übersicht über die Häuser und deren Inhalte, die Zeichen, die Planeten, die Elemente und die Qualitäten

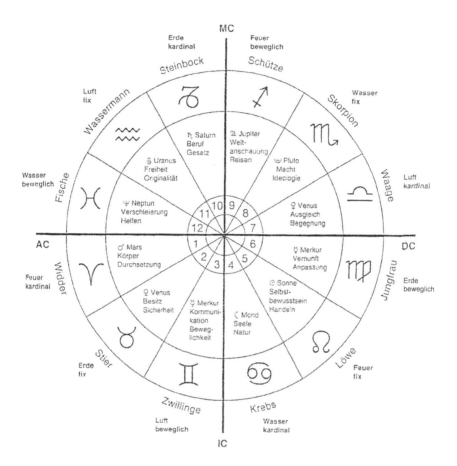

DAS HERRSCHERSYSTEM

Was will wo wie gelebt werden

Die Inhalte der Häuser bleiben. Die Zeichen und die Planeten sind durch die Geburtszeit und den Ort individuell verteilt.

Man schaut jetzt wo der Herrscher eines Hauses steht. In diesem Lebensbereich will er entsprechend der Färbung des Zeichens, des Elementes, der Qualität und der Polarität gelebt werden.
Was wiederum eine Rückwirkung auf das Ausgangshaus hat.

Bei dieser Betrachtungsweise zeigt sich nicht nur das Prinzip: **Wie oben – so unten,** sondern auch: **Wie innen – so außen.** Denn alles, was uns im Außen begegnet, ist ein Spiegel unserer innerseelischen Verfassung. Deshalb sollte man speziell die Symbolik dessen, was einem da in der Umwelt entgegenkommt, sehr genau beobachten. Das Radix-Horoskop ist ein Abbild dieser Situation im Moment unserer Geburt. Denn wie gesagt: Nicht als weißes unbeschriebenes Blatt treten wir in diese Welt, sondern versorgt mit allen Essenzen vorheriger Leben sowie den Genen unserer Ahnen und mit einem Skript für dieses Leben sind wir durchaus reich ausgestattet. Dies ist zugegebenermaßen beim Anblick eines unschuldigen süßen Babys schwer zu verstehen. Doch nach den ersten unmissverständlichen Lebensäußerungen eines solchen kleinen Lebewesens fragt man sich schon: Wo kommt diese unglaubliche Lebensenergie und Einmaligkeit dieser kleinen Persönlichkeit her? Fragen wir also die Sterne:

»Fragen an den Kosmos – die Astrologie gibt Antwort«

1. Die Häuser
Die Häuser entsprechen den einzelnen Lebensgebieten, das heißt: **Wo** spielt sich etwas ab.
Siehe Inhalt der Häuser.

2. Die Zeichen
Die einzelnen Zeichen bestimmen die Färbung der Häuser oder Lebensgebiete. Sie sagen: **Wie** geht es dort zu.
Siehe Aussagen zu den einzelnen Tierkreiszeichen.

3. Die Planeten
Die Planeten symbolisieren die Energien der Urprinzipien im Sinne des Zeichens, dessen Herrscher sie sind. Sie sagen: **Was** gelebt werden und Ausdruck finden will.
Siehe Zugehörigkeit, Prinzipien und Dynamik der Planeten.

4. Die Polaritäten
Hier zeigt sich, ob extrovertierte, männliche Anteile oder introvertierte, weibliche Anlagen mehr betont sind.
Siehe Polarisierung der einzelnen Zeichen.

5. Die Elemente
Die Verteilung der Elemente hat wiederum Einfluss auf das Temperament der Horoskopeigner und zeigt, wie sie an die Dinge herangehen.
Siehe Kapitel über die Elemente.

6. Die Qualitäten
Die Qualitäten geben Aufschluss darüber, ob das Handeln entsprechend den Lebensgebieten zielgerichtet, bewahrend oder beweglich ausgerichtet ist.
Siehe unter Qualitäten kardinale, feste oder bewegliche Zeichen.

7. Die Aspekte

Die Aspekte zeigen Verbindungen auf, wie die Energien miteinander verflochten sind und welche Wechselwirkungen bestehen.

Siehe Aspekte.

8. Aspektfiguren

Anhand von etwaigen Aspektfiguren können sich bestimmte Themenschwerpunkte herausstellen.

Siehe Aspekte.

9. Planetenballungen

Auch Planetenballungen weisen auf Schwerpunkte in einem bestimmten Lebensgebiet hin.

Meist sind sie ein zusätzlicher Hinweis auf sich herauskristallisierende Themen, die mehrfach angesprochen sind.

10. Die Mondknotenachse

Die Betrachtung der Mondknotenachse kann als Bestätigung der gesamten Horoskopaussage in Kurzform angesehen werden. Besonders unterstützt sie die Aussagen über die Herkunft eines Klienten im karmischen Sinn und wo die Reise hingehen soll.

Siehe Mondknoten.

11. Lilith

Lilith repräsentiert den Schattenbereich des Mondes und gibt noch einmal eine fokussierte Darstellung dessen, was dem Horoskopeigner verloren gegangen ist oder was verdrängt wurde und was er nun wiedererlangen möchte, ähnlich der Thematik des 12. Hauses.

Siehe Lilith

12. Chiron

Chiron bringt ebenfalls alles noch einmal auf den Punkt und stellt einen fortlaufenden Entwicklungsprozess dar, der zeigt, wo Verletzungen sind, und gleichzeitig, wo der Schlüssel zur Heilung liegt.

Siehe Chiron.

Es ist immer wieder erstaunlich festzustellen, wie die einzelnen Aussagen durch die Mondknotenachse, Lilith und Chiron eine abschließende Bestätigung finden.

Leo hat aufmerksam zugehört und vollführt jetzt regelrechte Freudentänze. Er ist begeistert, es bald geschafft zu haben – und verstanden hat er auch alles.

»Ja, Leo, das ist wirklich ein Grund zur Freude, du kannst stolz auf dich sein, aber das bist du ja sowieso ...«

Eine letzte Frage

»Eine Sache wäre da noch«, erklärt Leo schließlich. »Die größte Angst, die wir alle haben, ist doch die vor dem Tod. Warum können wir nicht unsterblich sein?«, fragt er.

»Ja, die Unsterblichkeit ist ein uralter Traum der Menschheit – aber wahrscheinlich wird es darauf nie eine Antwort geben ...«

Schlimmer aber als die Angst vor dem Tod selber, ist, so glaube ich, noch die Angst vor Schmerzen, die mit dem Sterben verbunden sein könnten.«

»Ja, da stimmt«, bestätigt Leo. »Doch bei einem Zuviel an Schmerzen verlieren wir ja wahrscheinlich das Bewusstsein. Und außerdem üben wir das Sterben eigentlich jeden Tag: Wir schlafen abends ein und gehen guten Mutes davon aus, dass wir am nächsten Morgen wieder aufwachen werden ... Was aber, wenn nicht? Und was kommt überhaupt danach?«, überlegt Leo sehr angestrengt.

»Das wissen wir erst, wenn es so weit ist, Leo. Bis jetzt ist noch niemand zurückgekommen – obwohl es sehr viele Nahtoderlebnisse gibt, die allesamt von einer Trennung des Geistes und der Seele vom irdischen Körper sowie einer weiter bestehenden außerkörperlichen Existenz berichten ...!

Ja, wahrscheinlich geht es in einer anderen Dimension weiter, die wir uns mit unseren irdischen Sinnen gar nicht so richtig vorstellen können.«

»Und irgendwann werden wir dann wieder neu geboren?«, fragt Leo weiter.

»Ja, aber leider völlig anders, als wie wir waren, nämlich mit ganz neuen und anderen Seelenanteilen und einem völlig neuen Erdenkörper«, lautet die Antwort.

»Schade«, meint Leo traurig. »Dabei hatte ich mich schon so gefreut, einfach reifer an Erfahrungen wieder auf diese Erde zurückkommen zu können.«

»Eben, zuerst hat man uns durch die christliche Religion die Wiedergeburt vorenthalten, dann freuten wir uns darüber, als wir durch die Esoterik davon erfahren haben, und jetzt soll alles schon wieder ganz anders sein ...?

Jedenfalls haben wir immer die gesamten Erfahrungen aller unserer Inkarnationen im Unterbewusstsein gespeichert und sind nun bereit für etwas Neues! Es ist ähnlich wie bei einem Baum mit seinen Blättern. Jedes Blatt entsteht immer wieder neu, ist einmalig und trägt doch die gesamte Erfahrung des kompletten Baumes dieser Art in seinem ganzen Leben in sich und es wird immer ein Blatt dieser Gattung bleiben.«

Leo nickt zustimmend. »Und doch ist es die Kraft des Geistes und der Seele, welche die Materie durchdringt und lebendig werden lässt.«

Dann geht ihm noch der Spruch von Dietrich Bonhoeffer durch den Sinn:
»Von guten Mächten wunderbar geborgen,
erwarten wir getrost, was kommen mag.
Gott ist bei uns am Abend und am Morgen
und ganz gewiss an jedem neuen Tag.«

»Deshalb ist auch die ›To-do-Liste vor der Kiste‹ so wichtig«, meint er noch schlaftrunken …

»Ja, die sollte man mitsamt Testament und anderen Verfügungen möglichst schon in jungen Jahren machen.

Genauso wie die Beschäftigung mit anderen wichtigen Dingen wie beispielsweise Vermögensaufbau, Haushaltung, Kalkulation und Absicherung. So etwas sollte man wirklich schon in der Schule lernen, lieber Leo. Aber wir lernen oft viel zu viele unnütze Dinge, die wir nie wieder brauchen werden. Doch es sind ja Umbrüche im Gange, die sicher auch vor dem Schulsystem nicht halt machen, wie man jetzt durch den Online-Unterricht schon vermuten kann.«

Leo ist diesen Neuerungen selbst im Halbschlaf noch sehr zugetan.

Fragen zu den Häusern oder Lebensgebieten

Im Folgenden werden nun die entsprechenden Fragen zu den betreffenden Häusern oder auch Lebensgebieten und Orten der Handlung gestellt. Die Antwort ergibt sich wieder aus dem Tierkreiszeichen, welches den Beginn des jeweiligen Hauses anschneidet. Zusätzliche Antworten resultieren ferner aus der Stellung der Planeten innerhalb der Häuser und ihrer Aspekte untereinander. Natürlich müssen hier gleichzeitig zusätzlich wieder die möglichen Auslebensformen der einzelnen Konstellationen mit berücksichtigt werden.

Häuser: Wo – Lebensgebiet	Fragen
1. Haus AC – Persönlichkeit	Wer bin ich?
2. Haus – Bedürfnisse	Was brauche ich?
3. Haus – Kommunikation	Wie gebe ich mich?
4. Haus IC – Identität	Wie fühle ich?
5. Haus – Handeln	Was möchte ich?
6. Haus – Arbeit	Was mache ich?
7. Haus DC – Begegnung	Was fehlt mir?
8. Haus – Bindung	Was erwarte ich?
9. Haus – Sinn	Was denke ich?
10. Haus MC – Berufung	Was soll ich?
11. Haus – Gemeinsamkeiten	Was wünsche ich?
12. Haus – Kosmos	Was habe ich verloren?
Zusätzlich:	
4. Haus	Mutter, Herkunftsfamilie
5. Haus	Vater
10. Haus	Erziehung, Gesellschaft

Planeten: Was – Energien	Fragen
1. Mars	Wie kämpfe ich?
2. Venus/Stier	Wie bewerte ich?
3. Merkur/Zwillinge	Wie zeige ich mich?
4. Mond	Wie erlebe ich?
5. Sonne	Wie handle ich?
6. Merkur/Jungfrau	Wie nutze ich?
7. Venus/Waage	Wie liebe ich?
8. Pluto	Wie wandle ich mich?
9. Jupiter	Wie expandiere ich?
10. Saturn	Wie verantworte ich?
11. Uranus	Wie befreie ich mich?
12. Neptun	Wie erlöse ich mich?

Zusätzlich:

Mond	Mutter	Saturn	Hemmung durch Erziehung
Sonne	Vater		und Gesellschaft
Mondknoten	Lebensaufgabe	Urteil	Gut – Böse
Lilith	Schatten		Richtig – Falsch
Chiron	Verletzung		

Die Auslebensformen der Planeten:

Hemmung, Kompensation, Erwachsene Form

Von Hermann Meyer, dem schon erwähnten Begründer der psychologische Astrologie, stammt auch die Feststellung, dass die durch die Stellung der Planeten gekennzeichneten Anlagen eines Menschen zuerst verschiedene Phasen durchlaufen müssen, um zu ihrer optimalen Auslebensform zu gelangen.

Er teilt es in Hemmung, Kompensation und erwachsene Form ein. Dabei sind wir nahe an dem bekannten Psychologen Alfred Adler, der ja den Minderwertigkeitskomplex propagiert hat. In der Astrologie ist es oft das Urteil von Saturn, welches uns einredet, nicht gut genug zu sein. Seine Einschränkungen und Hindernisse sind ja wirklich nicht einfach zu handhaben. Daher ist es nicht verwunderlich, dass zur Überwindung der Hemmungen erst einmal kompensiert werden muss durch mehr oder weniger starke Übertreibungen. Mit zunehmender Reife, Verantwortungsbewusstsein und Arbeit an sich selbst, gelangt man dann idealerweise zur erstrebenswerten Mitte oder zu der erwachsenen Form.

Solche saturnalen Einschränkungen können sehr gravierend und manchmal wirklich zum Weinen sein. Besonders aus der Kindheit hinterlassene seelische Wunden wie Ablehnung, Beschämung, unverstandene Härte, Strenge, eventueller Missbrauch oder Ähnliches, werden gerne verdrängt und können selbst später im Erwachsenenalter immer wieder aufbrechen. Führen sie doch zu dem stets wiederkehrenden Spiel von Trotz, Hemmung, Kompensation und Leid. Denn es werden unbewusst nach wie vor entsprechende Eltern- oder Kindrollenspieler angezogen, um die Situation von damals wieder aufleben zu lassen. Sogar eine eventuelle Verwöhnung in der Kindheit kann dazu führen, jemanden völlig abhängig und lebensfremd werden zu lassen. Erst wenn man das Spiel durchschaut hat, ist ein erwachsener und eigenverantwortlicher Umgang mit diesen Dingen möglich. Es vergeht aber leider meist viel zu viel Zeit, bevor man sich dessen bewusst wird und man beginnt, etwas zu ändern oder sich Hilfe zu suchen. Diese Erkenntnis ist im Nachhinein betrachtet regelrecht umwerfend. Denn es ist fast unglaublich, was die Seele, das Schicksal, oder wer auch immer, da an Lebensumständen zustande bringt. Man kann diese wiederkehrenden Phänomene oft an den wechselnden Lebensumständen von Prominenten beobachten, deren Problematik aber letztlich doch irgendwie immer gleich bleibt.

Ferner ist eben das Streben nach Ruhm und Ehre auch eine Kompensation von früheren Hemmungen und Zurückweisungen. Vielleicht merkt man hier nicht einmal, dass der starke Drang nach Wertschätzung fremdbestimmt macht. Weil man meist gar nicht mehr weiß, ob es eigene oder fremde Ziele sind, die man unter Umständen ausschließlich aus alten Rachegefühlen heraus verfolgt. Und sei es nur: »Denen werde ich es schon zeigen.« Solche Motivationen führen einfach zu weit weg von unserem eigentlichen inneren Kern und damit von uns selbst.

Ebenso können verstandesmäßige Vernunft, fatale Glaubenssätze oder unrealistische Illusionen uns von unserem wirklichen inneren Wollen entfremden. Weil hier der Verstand über die gefühlsmäßige Intelligenz, besonders aber meist auch über die innere Stimme, gesetzt wird und siegreich ist.

Köstlich sind auch die folgenden Fragen zum 12. Haus. Sie stammen von Wilfried Schütz, unserem Lehrer aus dem Deutungs-Seminar. Da das 12. Haus ja auch für Verlorenes sowie Rückzug, Klinik, Gefängnis oder Anstalt steht, ergeben sich beispielsweise Fragen wie:

- Wo ist die Durchsetzungsschmiede?
- Wo ist das Krankenhaus, in dem der Eigenwert zusammengeflickt wird?
- Welches Sanatorium regeneriert die Selbstdarstellung?
- Wo ist das Institut für eine neue Identität?
- Wo ist denn die Klinik für verlorene Herzen?
- In welcher Unfallstation kann der Eigennutz gekittet werden?
- Oder, wo ist die Liebesheilanstalt?

- Wo ist das Kloster der Leidenschaften?
- Wo können Glaubenssätze operiert werden?
- Wo ist die heilende Anstalt für die Unerbittlichen?
- Wo gibt's die Kur für Freiheit?
- Und wo ist das Gefängnis der Träume?

Gemeint sind natürlich die Häuser, beziehungsweise die Lebensgebiete, in die der Herrscher des Ausgangshauses gegangen ist. So kann man beispielsweise sein Herz oder seine Liebe bei sich selbst wiederfinden, wenn der Planet vom 12. in das 1. Haus gegangen ist oder Ähnliches. Das ist einerseits sehr lustig, anderseits aber ebenso aufschlussreich.

Leo meint: »Dem gibt es ja nichts mehr hinzuzufügen.« So interessant hätte er sich das nicht gedacht. »Hier kann ich dem Schicksal wirklich mal in die Karten schauen und sehen, welche verborgenen Talente noch in mir schlummern und welche Dinge noch aufgearbeitet werden müssen.

Wirklich erstaunlich, dass man immer wieder unbewusst versucht, die Situationen aus der Kindheit wieder herzustellen oder zu wiederholen!«

»Deswegen findet man bei Stars und Sternchen auch oft ähnlich aussehende neue Partner oder Partnerinnen. Ob die Probleme einen ähnlichen Charakter haben, hüllt sich dagegen meist in Schweigen, nur die Zeit wird es dann zeigen, mein Freund Leo.«

»Interessant«, flüstert Leo noch leise gähnend und mit diesen Gedanken schläft er dann selig ein ...

In seinen Träumen erlebt er das folgende Theaterstück:

Drehbuch des Lebens

Oft wird das **Horoskop** auch als **Drehbuch des Lebens** bezeichnet. Zum Beispiel bei Peter Orban und Ingrid Zinnel in ihrem gleichnamigen Buch:

Beim Aszendenten geht der Vorhang der Bühne auf.

Der AC ist zum Spiel des Lebens bereit. Seine Gaben sind es, mit denen er den Rahmen des Stückes bestimmen kann.

Die Häuser präsentieren die Szenerie nach der Färbung der Tierkreiszeichen, die sie anschneiden.

Die Planeten stellen die Akteure dar, die sich als innere Persönlichkeitsanteile charakterisieren lassen. Wobei **die Elemente, die Qualitäten und die Polaritäten** ihr **Temperament** anzeigen.

Während **die Aspekte** die mehr oder weniger umfangreichen **Verwicklungen und Verstrickungen** aufzeigen, die es zu durchschauen gilt.

Die **Sonne** gibt die entsprechenden **Verhaltensanweisungen**. Sie bestimmt, welches Stück gespielt wird. Und der **Mond** sorgt für das nötige **Gefühl**.

Autor und gleichzeitig Regisseur ist wohl eine höhere Macht, welche die Gesetze des Lebens bestimmt. Aber letztlich ist es die Seele selbst, die sich für dieses besondere Stück entschieden hat. Somit hält der Horoskopeigner persönlich alle Fäden in der Hand. Er kann in das Geschehen eingreifen und es mitgestalten. Ja, er sollte es sogar, wenn er erkannt hat, was da gespielt wird. So kann er durchaus noch mitbestimmen, ob ein begonnenes Drama zur Tragödie wird oder ob es als Lustspiel endet. Das heißt, er hat durch seine gewonnenen Erkenntnisse zumindest einen Einfluss auf den Ausgang seines Lebensstückes und ist für das »Happy End« zuständig.

Seinen eigenen Applaus und die Befriedigung für sein Werk wird er ernten, wenn er keine fremden Rollen mehr spielt, sondern **»die Rolle seines Lebens«** und sein inneres Ensemble zu seiner Authentizität beiträgt.

Ja, es wird sogar richtig spannend sein, selbst zu erleben, welche Abenteuer es noch zu bestehen gilt. Denn immer, wenn man denkt, eine Aufgabe gelöst zu haben, wartet sicher schon die nächste auf einen, ähnlich wie bei den verschiedenen Schalen einer Zwiebel. Es ist wirklich unglaublich, selbst wenn man der Meinung ist, jetzt alles erreicht zu haben im Leben, kommt auf einmal wieder etwas total Neues und anderes auf uns zu. So haben wir stets neue Herausforderungen und Aufgaben, an denen wir wachsen können.

Das war so weit unser kleiner Ausflug auf die berühmten Bretter der Bühne, die ja bekanntlich die Welt bedeuten!

Leo findet die Vorstellung solch einer Inszenierung sehr amüsant. Das ist wieder einmal so richtig etwas nach seinem Geschmack. Er wäre ja sowieso der geborene Schauspieler. Erneut ein Thema zum Träumen und Nachdenken. Er muss unbedingt in Ruhe über sein Leben reflektieren und sich überlegen, ob er in Zukunft vielleicht doch etwas anders machen will.

Am wichtigsten ist wohl die Frage, ob er rundum glücklich ist und so authentisch sein kann, wie er sich fühlt. Schlimm stellt er es sich vor, wenn er nun unbedingt Streifen haben wollte und ein Zebra sein möchte. Da ist es schon besser, voll zu dem zu stehen, was man ist, als sein ganzes Leben lang traurig und unglücklich zu sein.

»Ebenso würde bestimmt keine Fichte ihr ganzes Leben lang trauern, weil sie keine Eiche ist, sondern sie würde sicher ihre ganze Kraft aufwenden, um genauso eine wunderbare Fichte zu werden wie alle anderen auch. Besser und schöner zu sein als andere, existiert nämlich in der Natur nicht, sondern es gibt nur das alleinige ›Sein‹ als solches«, argumentiert Leo.

»Obwohl Tiere natürlich auch schon gerne einmal austesten, wer wohl der Stärkere ist. Aber all das dient ja dem Erhalt der Spezis, denn nur das kräftigste und gesündeste Tier sichert den Fortbestand der Art.

Bei den Menschen ist es ähnlich, denn unbewusst suchen auch sie sich einen potenziell gesunden und kräftigen Partner zur Gründung einer Familie aus. Es ist sogar wissenschaftlich erforscht, dass sie ihr Geruchssinn dabei unbewusst leitet. Man kann sich entweder gut riechen oder eben nicht.«

»Ja, wir unterliegen eben der Polarität hier auf Erden und müssen uns an die hiesigen Gesetzmäßigkeiten halten«, denkt Leo noch und und ist ganz in seinen Gedanken versunken.

Es kommt ihm aber noch der Text von Prediger Salomo aus der Bibel in Erinnerung:
»Ein jegliches hat seine Zeit, und alles Vorhaben
unter dem Himmel hat seine Stunde:
Geboren werden hat seine Zeit, sterben hat seine Zeit;
pflanzen hat seine Zeit, ausreißen, was gepflanzt ist, hat seine Zeit [...];
weinen hat seine Zeit, lachen hat seine Zeit.«

Für Leo ist es sehr schwer, dies nachzuvollziehen. Aber im Grunde ist es wohl wahr. Man sollte nur kleine Kinder beobachten: Mit großem Eifer bauen sie einen Turm – mit der gleichen Begeisterung zerstören sie ihn aber auch wieder ... und beginnen neu!

»So ist wohl das Leben«, denkt Leo noch etwas wehmütig.

Die Herrscherkette

Das Verfolgen der Herrscherkette im Radix-Horoskop gibt im Hinblick seiner Fragen und Antworten die schlüssigsten Aussagen bei der Horoskopinterpretation.

Das Ganze gestaltet sich folgendermaßen:

AC – 1. Haus – meine Persönlichkeit
Frage: **Was macht meine Persönlichkeit aus?**
Antwort: Die Themen des Zeichens am AC.
Zusätzlich: a) Planeten direkt am AC entfalten ihre Kraft auch dort, das heißt: Planeten im ersten Haus werden mit ihren Inhalten zum festen Persönlichkeitsanteil, man könnte auch sagen, sie gelten fast als zusätzliche Aszendenten und ihr Einfluss wird mit durch alle Lebensgebiete genommen.

              b) Eventuell eingeschlossene Häuser werden als Nebenherrscher mit ihren Prinzipien ebenso als ein Teil der Persönlichkeit integriert.

Dabei hat das Zeichen, welches das erste Haus anschneidet und somit den AC bildet, immer Priorität und zieht sich von seiner inneren Dynamik her durch alle Häuser, beziehungsweise es legt die Reihenfolge der einzelnen Häuser fest.

Weitere Fragen und Antworten:

In welchem Haus steht der Herrscherplanet der AC?
Hier will sich meine Persönlichkeit ausdrücken und entfalten.

Um welches Lebensgebiet handelt es sich bei diesem Haus?
In diesem Lebensgebiet ist mein Platz in der Welt.

Was sind die Inhalte des Hauses?
Seine Inhalte werden zu meinem Anliegen.

Durch welches Tierkreiszeichen ist dieses Thema gefärbt?
Das Zeichen gibt die Antwort, wie mit den Themen umgegangen wird.
So ist beispielsweise ein widdergeprägtes Lebensgebiet viel energiegeladener als ein sensibles von den Fischen beeinflusstes Haus.

Steht der Herrscherplanet in dem Zeichen, welches dieses Haus anschneidet, oder ist er schon im nächsten? (Bei einem Haus, das sich über zwei oder mehr Zeichen erstreckt).
Die Thematik bekommt eine zusätzliche Komponente.

Wird dieses Lebensfeld durch ein eingeschlossenes Zeichen erweitert?
Der Lebensbereich wird durch die Färbung eines zusätzlichen Zeichens angereichert.

Befinden sich noch weitere Planeten in dem Haus?
Sie können das Anliegen des AC je nach ihrer Art unterstützen oder erschweren.

Bilden diese Planeten Aspekte zu weiteren Planeten?
Durch solche Aspekte erweitert sich der Rahmen des Lebensgebietes, es entstehen Verknüpfungen zu anderen Handlungsspielräumen.

Wo kommen diese Planeten her? (Welches Haus und welches Zeichen wird angeschnitten?)
Sie tragen ein zusätzliches Thema in dieses Haus.

Stehen dort andere Planeten?
Die Inhalte dieser Planeten bringen sie mit, sie haben sie sozusagen, wie es so schön heißt, »im Rucksack oder im Gepäck«.

Welche Rückwirkungen bestehen?
Der Herrscher des AC ist ja in ein Haus gegangen, sozusagen als diplomatischer Vertreter seines Anliegens in ein fremdes Land, wo er diese Anlage verwirklichen will. Das bleibt natürlich nicht ohne Rückwirkungen auf sein Herkunftsland.

In welches Haus geht jetzt der Herrscher des Hauses, welches vom Herrscherplaneten des 1. Hauses, bzw. AC aufgesucht wurde?
In dem Lebensgebiet will sich dieser wiederum als Botschafter seines eigenen Landes verwirklichen, nimmt aber in seinem Diplomatengepäck (siehe auch Koffer oder Rucksack) die Anliegen des Repräsentanten aus dem Ursprungsland mit durch dessen Prägung. Siehe Rückwirkungen.

Wie geht die Kette weiter?
So kann fortgefahren werden, bis ein Botschafter wieder in seinem Heimatland angelangt ist, und der Kreis sich schließt.

Die Fragestellung kann von vorne beginnen, bis eine weitere Kette zu Ende ist. Das heißt, sie wird immer so lange weiter verfolgt, bis ein Planet wieder zur Ausgangsbasis eines Hauses zurückkehrt, an dem die Kette den gleichen Verlauf nehmen würde. Man fährt dann mit dem nächsten noch nicht besprochenen Haus in gleicher Weise fort und beginnt eine neue Kette.

Das hört sich vielleicht sehr kompliziert an, ist in der Praxis jedoch recht einfach. Viel schwieriger dagegen ist es, die Gegebenheiten noch auf die Form ihres möglichen Auslebens zu betrachten. Wobei man davon ausgehen kann, dass wahrscheinlich niemand seine Anlagen schon in einer erlösten erwachsenen Form ausleben wird.

Die sich hier stellenden Lernaufgaben, Hemmung und Kompensation zu überwinden, werden den wesentlichen Erfolg der Beratung ausmachen. Allein die Erkenntnis vorliegender Defizite wird einen Bewusstwerdungsprozess in Gang setzen und damit eine Änderung des Verhaltens ermöglichen. Somit müssen die Kehrseiten der Medaille, also die Formen der Hemmung und Kompensation, und damit die Schattenseiten oder die unerlösten Formen der astrologischen Prinzipien mit einbezogen werden.

Verspielt, wie er ist, hat sich Leo einen riesigen Horoskopkreis in den Sand gemalt. Dort trägt er gewissenhaft den Stand seiner Planeten in die Tierkreiszeichen und Häuser ein.

Geschwind schaut er nach, welches Zeichen bei ihm am Aszendenten steht. Schnell hat er auch den zugehörigen Planeten gefunden und eilt in das Haus, wo dieser steht.

Gespannt verfolgt er nun, wo der, diesem Zeichen zugehörige Planet, hingewandert ist. So geht es weiter, bis er wieder in einem Ausgangshaus angelangt ist.

Falls notwendig, geht es mit dem nächsten Haus weiter, bis alle Lebensgebiete mit ihren entsprechenden Themen durch sind.

Das macht Leo unglaublichen Spaß, und er rollt sich vor Vergnügen im Wüstensand.

Probleme und Lösungsmöglichkeiten in der astrologischen Praxis

Klienten werden häufig, außer auf der Suche nach Selbsterkenntnis, besonders wegen akuter und aktueller Probleme die Praxis eines Astrologen aufsuchen.

Zum einen haben wir ja gesehen, dass sich aus den gesamten Konstellationen eines jeden Geburtshoroskops gewisse Lernaufgaben für den Eigner ergeben. Außerdem gibt es fast immer durch besondere Schwerpunkte, Aspekte oder auch Mehrfachthemen im Radix-Horoskop eindeutige Hinweise zu eventuell bestehenden Konflikten. Zum anderen können bestimmte Schwierigkeiten auch durch die momentanen Transite aktiviert werden.

Hier gilt es, anhand der Thematik des Problems, dessen Symbolik im Horoskop ausfindig zu machen. Dadurch ist man dann in der Lage, dem Klienten wertvolle Hinweise zur Bewältigung und individuellen Klärung seiner weiteren Entwicklungsschritte machen zu können. Ganz besonders wichtig ist es dabei, seinen jeweiligen Entwicklungsstand und seine Erlebnisebene auszuloten.

Viele Schwierigkeiten beruhen oft auf einer unbewussten Einseitigkeit des Ratsuchenden. Denn ein übertrieben gelebter Pol hat oft die Tendenz, sich zu vergrößern. Deshalb sollte man sich die gesamten betroffenen Häuserachsen genauer anschauen und die zugehörigen Gegenzeichen im Tierkreis beachten. Die Lösung des Problems liegt oft im Gegenpol sowie in der der Herstellung einer akzeptablen

Mitte zwischen den beiden Themenkreisen. Vernachlässigtes sollte neu integriert und weiter ausgebildet werden, denn der bestehenden Problematik wird so die Energie entzogen und sie verkleinert sich dadurch entsprechend von selbst.

Doch das »Sich-Lösen« von vertrauten Gefühlen bringt in den meisten Fällen zuerst einmal Unsicherheit mit sich und gestaltet sich deshalb oft recht schwierig. Menschen und Dinge werden oft mit Emotionen besetzt und geben dadurch Sicherheit. Alte Muster wirken daher manchmal wie Reflexe, weil sie eingefleischte Verhaltensweisen darstellen, mit denen man sich identifiziert.

Die Vergangenheit sollte gut nachvollziehbar sein, um ihre Auswirkungen erkennen zu können. Gefühle müssen zugelassen werden, um Vergangenes noch einmal zu durchleben und um auf diese Art und Weise zur Heilung zu gelangen. Erst jetzt ist Loslassen und Abschließen mit der Vergangenheit möglich, um auf die Gegenwart und die Zukunft schauen zu können. So kann man reale Konzepte erarbeiten und in kleinen Schritten vorwärtsgehen.

Oft genügt es jedoch, wie schon erwähnt, nur eine leichte Bestätigung dessen abzugeben, was der Horoskopeigner selbst schon erarbeitet hat. Und manchmal sind die Dinge auch sehr ambivalent. Eine eher schwierige Konstellation kann durch eine andere, äußerst angenehme Planetenstellung derart ausgeglichen werden, dass sie kaum mehr ins Gewicht fällt. Und außerdem bekommt, wie schon gesagt, niemand eine Aufgabe, die er nicht bewältigen könnte.

Aber Leben bedeutet nun einmal Entwicklung, Wachstum und Veränderung. Keine Pflanze erwehrt sich ihrer neuen Triebe und lässt die alten welken Blätter willig los. Nur wir Menschen wollen verständlicherweise am Bestehenden festhalten, weil »Neues« uns Angst vor Verlust bereitet und uns unsicher werden lässt.

So sollten Veränderungen ganz bewusst sehr behutsam vorgenommen werden. Die Angst darf beispielsweise zuerst einmal bleiben und man sollte es ferner vermeiden, sich dafür zu verurteilen. Später kann man dann aber vielleicht doch einmal etwas Neues ins Auge fassen oder es wenigstens vorsichtig versuchen, künftig mal etwas anderes auszuprobieren. »Sich etwas Ungewohntes zuzutrauen und einen Versuch zu wagen«, heißt die Devise. Dabei ist es sehr wichtig, sich selbst ständig zu beobachten und sich immer alles das zuzugestehen und zu erlauben, was man wirklich braucht, um zu sich selbst zu finden.

Es ist ein ständiger Prozess, solchen Lernaufgaben nicht immer gleich auszuweichen. Dies ist deshalb so wichtig, weil uns sonst unter Umständen schicksalsmäßig Veränderungen von außen aufgezwungen werden könnten. Siehe Gesetze des Schicksals.

Leo stöhnt genervt und meint: »Ja, ja, die Gesetze des Herrn sind unergründlich ...«

Manchmal genügt es für den Klienten auch schon, sich einfach nur angenommen und verstanden zu fühlen. Allein dadurch kann Weiterentwicklung und Heilung geschehen.

Siehe nachfolgende Abbildung.

Horoskopdeutung

Gemälde von Pablo Picasso

Nun habe ich endlich gefunden wonach ich bisher immer vergeblich suchte:

„Zum erstenmal hat man mich - und auch ich mich selbst richtig verstanden."

Was ich immer fühlte wurde bestätigt - und das war wie eine Erlösung.

Denn nicht als unbeschriebenes Blatt
treten wir in diese Welt.

Sondern es klingt in uns noch die Last
von Licht und Schatten der Vergangenheit.

Doch am Horoskop ganz deutlich abzusehen,
ist aber auch die Freiheit -
der Sonne entgegen zu gehen.

Als Beispiel soll hier einmal der unerlöste Verlauf der Tierkreiszeichen dienen, wie er häufig angetroffen wird:

Widder   Lebenswille, Trieb, Tat, Kampf

Stier   Werden, Eigenwert, Sicherheit, Platz in der Herde

Zwillinge   Denken, Verstand (nicht werten)

Krebs   Gefühle, Emotionen, Identität, für sich selbst in Anspruch nehmen

Löwe   Handeln, vorher Gewonnenes ausleben

Denn: Gefühle wollen ausgelebt werden, sie agieren sich sonst im Körper aus = zurück zum Krebs

Wenn Gefühle im Krebs nicht angenommen werden, zurück zum Denken = zurück zu den Zwillingen

Denken führt zum Bewerten, der Selbstwert geht zurück = zurück zum Stier

Mangelnder Selbstwert führt zu mangelndem Lebenswillen = zurück zum Widder

Jungfrau   Analyse, wahrnehmen – wie fühle ich mich, sich öffnen, sich beobachten

Waage   Beobachten, ausgleichen, in die Balance bringen – nicht ausweichen, Gleichgewicht durch das Du

Skorpion   Bereitschaft zur Wandlung, sonst Krise, bzw. das Schicksal greift ein = leiden

Schütze   Einsicht, Annehmen können, sich öffnen, bejahende Haltung, bereit sein = Weiterentwicklung

Steinbock   Bewertung: Richtig – Falsch sowie Gut – Böse überwinden, Lebensgesetze beachten, richtig ist, was dem Leben dient, keine falsche Moral – sonst Schuldgefühle, die Abhängigkeit der Kindheit ist vorbei, sich selber gute Eltern sein = mit den Eltern Frieden schließen, evtl. verzeihen

Wassermann Freiheit der Selbstbestimmung genießen, Projekte mit Gleichgesinnten, noch Wünsche und Träume haben

Fische   Heilende Sichtweisen, nicht mehr leiden, in Demut sehen, nicht bewerten, Botschaften annehmen, Symbole entschlüsseln, darauf verzichten gebraucht zu werden, »Alleinseinkönnen« entwickeln

Betonte Felder zeigen anfangs Schattenseiten und Einseitigkeit auf. Betonung bedeutet, dass hier meist viele Planeten anzutreffen sind. Dabei sind oft die Anlagen der Gegenseite viel zu wenig vorhanden und müssen daher vermehrt ausgebildet werden. Welches Haus wird übertrieben? Ähnlich wie bei der Mondknotenachse, heißt es auch hier, in die Gegenseite zu gehen und neu, anders oder im besten Fall, sogar erlöst zurückzukommen.

Vom Kind-Ich zum Selbst und damit zum Erwachsenen-Ich. Das Selbst wirft keinen Schatten mehr. Der Schatten kommt aus dem Ich oder dem Ego und ist die verdrängte Seite der Polarität. Erlöst zu sein bedeutet deshalb, sich die Freiheit zu nehmen, so zu sein, wie man wirklich ist. Nicht vollkommen, sondern nur so vollständig wie möglich zu sein und ohne Übertreibung eine adäquate Mitte zu finden.

Man kann davon ausgehen, dass sich das Innenleben der Seele in den äußeren Lebensumständen zeigt wie in einem Spiegel.

Zum Beispiel bei Stier/Venus = Wertschätzung, wie schon gesagt, die beiden nächsten Erdzeichen beachten, hier:

Steinbock/Saturn – wer uns mit Steinbock bewertet, beachtet uns mit Jungfrau nicht, Jungfrau/Merkur – wer uns mit Jungfrau nicht beachtet, schätzt uns mit Stier nicht wert.

Im Berufsleben oder in Partnerschaften ist diese Tatsache sehr oft zu beobachten. Man kann die fehlende Wertschätzung durch andere im Außen jedoch nur erfahren, wenn der mangelnde Eigenwert meist unbewusst in uns selbst begründet ist.

Bei der Waage/Venus wiederum hat man dann die Wahl, sein Umfeld und seine Begegnungen derart zu beeinflussen, dass so das eigene Spiegelbild als Projektion des Selbst in der Umwelt verbessert wird und damit der Eigenwert steigt.

Bei der Beratung ist stets zu versuchen, dem Klienten den Weg zu seinem seelischen Gleichgewicht aufzuzeigen, ohne seine Aktivitäten zu »werten« oder ihn als Menschen zu »bewerten«. Natürlich müssen Abwehrmaßnahmen des Gegenübers einkalkuliert werden. Deshalb sollte man bei Gegenwehr sofort sensibel werden, sich zurücknehmen und sich auf keinen Fall provozieren lassen. Man kann die Sache auf sich beruhen lassen und, falls gewünscht, auf einen späteren Termin verweisen.

Der Ratsuchende in der Kompensation:
Das Erkennen von Kompensationen durch verstandesmäßige Erklärungen, keine Probleme zugeben zu wollen, vernünftig erscheinende Argumente zu blockieren, starke Abwehr zu zeigen, kein Nachgeben und keine Einsicht zu zeigen. Hier heißt es, geschickt abzubrechen, das Gesagte wirken zu lassen und die weitere Entwicklung des Ratsuchenden abzuwarten.

Der Ratsuchende in der Hemmung:

Bei Horoskopeignern, die sich in der Hemmung befinden, kann man dagegen sehr stark ermuntern, denn sie müssen zuerst durch die Kompensation, um zur erwachsenen Form zu finden. Dies ist eine Tatsache, die von allen (auch von Astrologen) immer wieder zutiefst bedauert wird, denn viele lehnen kompensatorische Verhaltensweisen total ab. Aber das Pendel muss zuerst nach beiden Seiten ausschlagen, um sich zur Mitte hin einschwingen zu können.

Leo ist noch ganz geflasht. Trotzdem findet er das Gehörte sehr aufschlussreich. Besonders die Tatsachen von Hemmung, Kompensation und erlöster erwachsener Form oder einfach einer gesunden Mitte im Verhalten der Menschen haben ihn zutiefst beeindruckt.

Darüber möchte er noch ein wenig in Ruhe nachdenken und überlegen, ob ihm vielleicht einige Beispiele dazu einfallen. Ja, er ist eben sehr kreativ.

Da hat er auch schon eine Idee: »War es nicht Albert Einstein, der gesagt hat: Man kann Probleme nicht auf der Ebene lösen, auf der sie entstanden sind?« Er blickt mich fragend an. »Ja, auf einer höheren Ebene ist es sicher leichter, sie zu lösen«, fügt Leo noch wie selbstverständlich hinzu. Er ist eben sehr lebenserfahren und klug!

Erklärungen zum Horoskop

Zum besseren Verständnis für Leo habe ich ihm heute noch einmal einige Horoskop-Zeichnungen mitgebracht, um mit ihm zu üben.

Das runde Außen ist der Tierkreis mit seinen 12 Zeichen, den die Sonne in einem Jahr durchläuft. Jedes Zeichen hat 30 Grad, dadurch ergeben sich also die 360 Grad eines Kreises. Da aber das Jahr etwas länger dauert, kommt es so zu den ungeraden Daten der einzelnen Tierkreiszeichen.

Außerdem beginnt das astrologische Jahr, wie Du ja weißt, mit dem Frühlingspunkt im Widder.

Wie du siehst, ist in jedem Zeichen ein Symbol, welches das jeweilige Zeichen repräsentiert. Zu jedem Zeichen gehört aber auch ein Planet, der natürlich der Zeitqualität entsprechend bei allen irgendwo anders steht.

Hier ist es beispielsweise die Waage, in der sich die Sonne befindet. Die Sonne wird als Kreis mit einem Punkt dargestellt. Der zugehörige Planet der Waage ist die Venus des Abends, denn die Venus des Morgens gehört zum Stier. Die Venus wird dargestellt als weibliches Zeichen, dem Kreis mit dem nach unten gerichteten Kreuz. Der Mars dagegen stellt das männliche Zeichen dar, einen Kreis mit einem schräg nach oben gerichteten Pfeil und der gehört zum Widder.

Weiter innen sieht man das Horoskop aufgeteilt in verschieden große Stücke, ähnlich einem Kuchen. Das sind die sogenannten Häuser, welche die Lebensbereiche repräsentieren, in denen die den Planeten und Tierkreiszeichen zugeordneten Tendenzen und Energien zum Ausdruck kommen. Also: »Bei dir ist die Sonne im Löwen, zum Beispiel im 3. Haus, dem Haus der Kommunikation.«

Man kann also durchaus sagen, die Planeten symbolisieren die Urprinzipien des Kosmos. Es sind dies die Energien, die durch die jeweilige Person zum Ausdruck gebracht werden wollen. Man könnte sie auch als unsere Grundbedürfnisse bezeichnen.

Dabei wird die Erde als Ausgangspunkt genommen, weil wir ja auf der Erde leben.
- **Sonne und Mond werden als unsere wichtigsten Lichter bezeichnet,** weil wir sie von der Erde aus ja am Tag und in der Nacht gut sehen können.
- **Die Planeten Merkur und Venus stehen zwischen Sonne und Erde und gelten als unsere persönlichen Planeten,**
- wobei Merkur und Venus jeweils als Morgen- und als Abendstern für zwei Zeichen zuständig sind, nämlich die Venus für den Stier und die Waage und der Merkur für die Zwillinge und die Jungfrau. Merkur ist dabei der Sonne am nächsten und man findet ihn auch im Horoskop immer in der Nähe der Sonne.
- **Mars, Jupiter und Saturn liegen hinter der Erde und werden als gesellschaftliche Planeten bezeichnet.**
- Ihr Einfluss geht über das individuelle Leben hinaus in den gesellschaftlichen Bereich, obwohl auch sie sehr gravierende Einflüsse für den Einzelnen haben können.

Früher waren sie ebenso für zwei Zeichen zuständig.

Nämlich:
- **Mars für Widder und Skorpion.**
- **Jupiter für Schütze und Wassermann.**
- **Saturn für Steinbock und Fische.**
  Dies kann man auch heute noch in die Betrachtung mit einfließen lassen, um bestimmte Dinge klarer zu sehen.
- **Durch die Entdeckung der drei neuen transsaturnischen Planeten haben sich sehr viele neue interessante Impulse ergeben, die vor allem für ganze Generationen und besonders im geistigen Bereich zu finden sind.**

Jetzt neu:
- **Uranus für Wassermann**
- **Neptun für Fische**
- **Pluto für Skorpion**

Die Zwei-Teilung und Vier-Teilung des Tierkreises

Man teilt das Horoskop zuerst in zwei Hälften.
Beginnt man **vertikal, erhält man links die Ich-Seite und rechts die Du-Seite.**
Die Punkte **oben** sind der MC (Medium Coeli = Himmelsmitte) und **unten der IC** (Imum Coeli Wurzelpunkt)

Beginnt man **horizontal, erhält man die bewusste und die unbewusste Ebene.**

Gekennzeichnet durch **den AC** (Aszendent = aufsteigendes Zeichen) links und **den DC** (Deszendent = absteigendes Zeichen) gegenüber auf der rechten Horoskopseite.

Zusammen ergeben sich durch die **Vierteilung, die 4 Quadranten**. Zu jedem der 4 Quadranten gehören 3 Häuser = 12 Häuser.

1. Quadrant = körperlicher Quadrant
2. Quadrant = Seelischer Quadrant
3. Quadrant = Geistiger Quadrant
4. Quadrant = Überpersönlicher Quadrant

Das **1. Haus eines jeden Quadranten stellt die vorhandene Substanz dar**
Das **2. Haus die Entwicklung des Vorhandenen**
Das **3. Haus die Verzweigung des Vorhandenen**

Weitere Einteilungen

Außerdem sind jeweils

die **1. Zeichen kardinal**
die **2. Zeichen fest**
die **3. Zeichen flexibel**

Also:
Widder, Krebs, Waage, Steinbock = kardinal
Stier, Löwe, Skorpion, Wassermann = fix oder fest
Zwillinge, Jungfrau, Schütze, Fische = beweglich

Auch dies kann manchmal eine Aussage noch zusätzlich unterstützen.

Ferner sind die **Tierkreiszeichen** noch **männlich und weiblich polarisiert.**

Nämlich:

Widder	– männlich	**Stier**	– weiblich
Zwillinge		**Krebs**	
Löwe		**Jungfrau**	
Waage		**Skorpion**	
Schütze		**Steinbock**	
Wassermann		**Fische**	

Man könnte auch sagen:

Die Planeten	drücken aus, »**was**« gelebt werden will, das heißt, sie symbolisieren die entsprechende **Energie** oder das dazugehörige **Urprinzip**
Die Zeichen	sagen, »**wie**« diese **Kräfte** zum **Ausdruck** gebracht werden können
Die Häuser	bestimmen, »**wo**« (in welchem **Lebensbereich**) dies geschieht
Die Elemente	geben **Zusatzinformationen**
Die Qualitäten	**differenzieren** zusätzlich
Die Polaritäten	zeigen Unterschiede in der **Form** an

Es gibt jedoch immer viele verschiedene Möglichkeiten des Ausdrucks und es liegt am Horoskopeigner selbst, sich für eine oder mehrere zu entscheiden. Daher kann man vom Horoskop aus gesehen nie genau erkennen, was jetzt jemand macht, sondern man kann nur die Tendenzen und Möglichkeiten feststellen.

Je weiter die Planeten von der Sonne entfernt sind, desto länger ist ihre Umlaufzeit. Daher gibt es speziell bei den neu entdeckten Planeten mit längerer Umlaufzeit bestimmte Themen, die komplette Generationen beschäftigen, weil die Planeten sich sehr lange in den gleichen Zeichen aufhalten. Die Häuser und die Aspekte sind jedoch unterschiedlich, wodurch sich wieder die Individualität ergibt.

Außerdem werden durch die schneller laufenden Planeten gewisse Themen im Horoskop immer wieder angesprochen, wenn sie sensible Stellen tangieren.

So lassen sich durch den weiteren Lauf der Planeten seit der Geburt Entwicklungen aufzeigen und anstehende Aufgaben erkennen.

Die Venus allgemein zeigt im Horoskop eines Mannes das Wunschbild seiner Partnerin an. Der Mond prägt sein Mutterbild der Frau und die Venus sein inneres Bild der Geliebten.

Der Mars hingegen zeigt im Horoskop einer Frau das Wunschbild ihres Partners an. Die Sonne ihr Vaterbild des Mannes und der Mars ihr inneres Bild des Geliebten.

Der Deszendent dagegen zeigt, welche Erwartungen eine Person gerne generell von ihrem Gegenüber erfüllt haben möchte.

Wenn man den Planeten Personen zuschreiben würde, könnte das so aussehen:

Sonne	– **Vater, König, Chef**
Mond	– **Mutter, Wirtin, Wellnesschefin**
Merkur/Zwillinge	– **Journalist, Redner, Schauspieler**
Merkur/Jungfrau	– **Buchhalter, Chemiker, Analytiker**

Venus/Stier	– Bäuerin, Denkmalpflegerin, Verkäuferin
Venus/Waage	– Geliebte, Diplomatin, Designerin
Mars	– Geliebter, Krieger, Sportler, Chirurg
Jupiter	– Philosoph, Missionar, Reiseleiter
Saturn	– Lehrmeister, Richter, Politiker
Uranus	– Erfinder, Pilot, Techniker
Neptun	– Künstler, Apotheker, Seemann
Pluto	– Forscher, Polizist, Bestatter

Man könnte Jupiter als den Philosophen unter den Planeten bezeichnen und Saturn als den Lehrmeister. Uranus ist der Rebell, Neptun der Künstler und Pluto der Forscher.

Leo ist sichtlich erfreut über diese zusätzlichen Erklärungen. Es folgen noch ein paar kurze weitere Zusammenfassungen.

Planetare Energien im menschlichen Leben

Zeichen/Planet	Entsprechungen	Auswirkungen
Widder – Mars	Anfang	Initiative
Feuer	Energie	Mut
Männlich	Aggression	Durchsetzung
Kardinal	Impuls	Herausforderung
Stier – Venus	Ansammlung	Besitzstreben
Erde	Sicherung	Genussfähigkeit
Weiblich	Abgrenzung	Sinnlichkeit
Fix	Unterscheidung	Geselligkeit
Zwillinge – Merkur	Austausch	Kommunikation
Luft	Vielfalt	Intellekt
Männlich	Bewegung	Selbstdarstellung
Beweglich	Leichtigkeit	Neugierde
Krebs – Mond	Aufnahmebereitschaft	Fruchtbarkeit
Wasser	Beeindruckbarkeit	Gefühlsleben
Weiblich	Hingabe	Geborgenheit
Kardinal	Widerspiegelung	Fürsorge

Zeichen/Planet	Entsprechungen	Auswirkungen
Löwe – Sonne Feuer Männlich Fix	Lebenskraft Verwirklichung Zentrierung Souveränität	Willenskraft Handlungsfähigkeit Führungsanspruch Kreativität
Jungfrau – Merkur Erde Weiblich Beweglich	Einordnung Anpassung Analyse Steuerung	Beobachtungsgabe Vernunft Zweckmäßigkeit Sorgfalt
Waage – Venus Luft Männlich Kardinal	Ausgewogenheit Begegnung Gerechtigkeit Strategie	Liebesfähigkeit Schönheit Diplomatie Friedfertigkeit
Skorpion – Pluto Wasser Weiblich Fix	Verbindlichkeit Tiefgründigkeit Umwandlung Machtstreben	Ideale Forschungsdrang Läuterung Leidenschaft
Schütze – Jupiter Feuer Männlich Beweglich	Entwicklung Begeisterung Sinnhaftigkeit Öffnung	Expansion Synthese Toleranz Einsicht
Steinbock – Saturn Erde Weiblich Kardinal	Struktur Schwere Konzentration Widerstand	Ernsthaftigkeit Disziplin Ausdauer Gewissen
Wassermann – Uranus Luft Männlich Fix	Außergewöhnliches Leichtigkeit Unabhängigkeit Neutralisierung	Originalität Freiheit Spontaneität Unterbrechung
Fische – Neptun Wasser Weiblich Beweglich	Grenzenlosigkeit Auflösung Transzendenz Tarnung	Fantasie Täuschung Sensibilität Einfühlungsvermögen

Die einzelnen Tierkreisgrade

Extra für Leo hier noch einmal eine gesonderte Erklärung zur Horoskop-Zeichnung. Am besten nimmst du dir dein eigenes Radix zur Hand und vergleichst die einzelnen Bausteine.

Man kann nämlich die jeweiligen Tierkreisgrade noch einmal unter den einzelnen Zeichen aufteilen, um so erneut eine zusätzliche Deutungskomponente zu erhalten. 30 Grad : 12 Zeichen = ergibt 2.5 Grad für 1 Zeichen.
Jetzt kann man nachschauen, auf welchem Grad ein Planet steht, und hat so eine zusätzliche Komponente für die Deutung:

0	–	2.5	**Widder**	15.0 – 17.5	**Waage**
2.5	–	5.0	**Stier**	17.5 – 20.0	**Skorpion**
5.0	–	7.5	**Zwillinge**	20.0 – 22.5	**Schütze**
7.5	–	10.0	**Krebs**	22.5 – 25.0	**Steinbock**
10.0	–	12.5	**Löwe**	25.0 – 27.5	**Wassermann**
12.5	–	15.0	**Jungfrau**	27.5 – 30.0	**Fische**

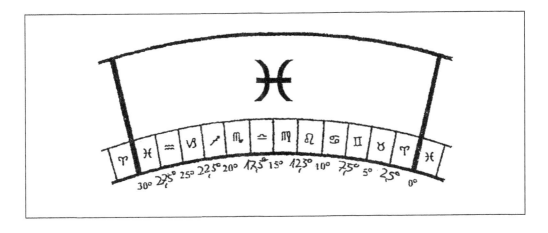

»Wenn ich jetzt meinen Jupiter in der Jungfrau auf 5° stehen habe, dann hat er eine zusätzliche Stierbetonung. Oder bei 25° im Skorpion wäre er uranisch vom Wassermann geprägt, das ist ja unglaublich«, lässt Leo verlauten.

Er ist total begeistert und echt von der Rolle, so sehr freut er sich. »Es ist ähnlich wie bei den ›Sabischen Symbolen‹, wo es auch für alle Tierkreisgrade zusätzliche Deutungen gibt«, meint er triumphierend.

»Wow, toll, dass du dir das hast merken können, Leo!«

Die Gesetze des Lebens

1. Das Gesetz des Chaos
Auch dem Chaos liegt eine gewisse Ordnung und Gesetzmäßigkeit zugrunde. Schließlich ist unser Universum ja wahrscheinlich aus so einem Chaos heraus entstanden.

2. Das Gesetz von Ursache und Wirkung
Es besagt, dass jede Ursache eine Wirkung hat, und wiederum hinter jeder Wirkung eine Ursache zu finden ist. Dieses Gesetz ist im Allgemeinen das bekannteste.

3. Das Gesetz des Wachstums
Dies ist ein Gesetz, welches uns die Natur ständig vor Augen führt. Es ist das Gesetz der **Evolution,** einer Auslese, bei der nur der Stärkere überlebt, damit das Leben weitergehen kann, sodass nichts so bleibt, wie es ist, sondern sich stets alles verändert und im Wachstum begriffen ist.

4. Das Gesetz des Rhythmus
Alles Leben ist rhythmischen Schwingungen unterworfen. So folgt z. B. dem Einatmen unweigerlich das Ausatmen, dem Tag die Nacht, dem Regen die Sonne, dem Sommer der Winter und Ähnliches... Es ist eben ein ständiger Rhythmus.

5. Das Gesetz der Einheit und der Polarität
Das **Gesetz von Gegensatzpaaren (Polarität),** macht es dem Menschen erst möglich die **Dualität (Gleichzeitigkeit)** zu erfahren und ein Bewusstsein zu haben. Dadurch ist er in der Lage das Diesseits und das Jenseits als eine Einheit wahrzunehmen, ähnlich den beiden Seiten einer Medaille.

6. Das Gesetz des Ausgleichs
Das gesamte Leben unterliegt dem Gesetz des Ausgleichs. Sogar Krankheit ist oft nichts anderes als ein Ausgleich von Ungleichgewicht innerhalb eines Organismus.

7. Das Gesetz der Anziehung
Auch dieses Gesetz ist vielen bekannt, nach dem Motto: *Gegensätze ziehen sich an.* Genauso wie die Plus- und Minuspole eines Magneten.

8. Das Gesetz der Affinität, der Resonanz und der Synchronizität
Dieses Gesetz zeigt Wesensverwandtschaft an nach dem Motto: *Gleich und gleich gesellt sich gern,* aber auch: *Wie innen – so außen.*

9. Das Gesetz der Bestätigung und der positiven und negativen Verstärkung
Dieses Gesetz besagt, dass die Dinge sich bestätigen und eine Verstärkung erfahren. Hier sind es besonders unsere **Glaubenssätze,** die entscheiden, wie sich das bei uns auswirkt.

10. Das Gesetz der Wiederkehr des Verdrängten

Im Universum geht nichts verloren, und so kommt auch das Verdrängte immer wieder zum Vorschein und drängt an die Oberfläche.

11. Das Gesetz des Denkens und Glaubens

Gedanken haben die Kraft, sich zu materialisieren. Schon in der Bibel heißt es: »Am Anfang war das Wort.«

12. Das Gesetz von Inhalt und Form

Es besagt, dass ein geistiger Inhalt einer angemessenen äußeren materiellen Form bedarf. Wie sie uns beispielsweise durch unseren Körper gegeben ist.

Infos

Wer tiefer in die Materie einsteigen möchte, dem stehen zu den einzelnen Themen unzählige weitere Informationen in zahlreichen interessanten Fachbüchern zur Verfügung.

Oder aber, man macht selber Seminare mit, was eine wirkliche Bereicherung sein kann. Außerdem lernt man auf diese Art und Weise viele Gleichgesinnte kennen, mit denen man sich austauschen kann.

Andernfalls besteht natürlich immer die Möglichkeit der Teilnahme an Online- oder Fernkursen. Ferner gibt es immer mehr sehr gute informative Berichte und Videos im Internet. Dies war und ist natürlich besonders jetzt in Corona-Zeiten eine gute Alternative.

Das kann auch Leo nur bestätigen. Hat er mir doch neulich bei einem Skype-Anruf über die Schulter geschaut. »Der technische Fortschritt ist schon gewaltig«, meinte er dann. »Es ist noch nicht so lange her, da eilten sie noch mit Funkgeräten durch den Urwald.«

»Ja, und nicht zu vergessen der gute alte Kompass, Leo, der uns hier bei der Astrologie als Orientierungshilfe ja Pate stand.«

Schlussbemerkung

Die vorangegangenen Betrachtungen basieren auf dem heutigen Stand des astrologischen Wissens in der Szene. Sie sind durch mein individuelles Denk- und Beobachtungsraster gegangen und ich habe mit eigenen Worten die Quintessenz dessen wiedergegeben, was ich darin gesehen und gefunden habe. Es hat sehr viel Spaß gemacht und mein Leben unglaublich stark bereichert. Es würde mich sehr freuen, auch dem Leser damit die ein oder andere wertvolle Denkanregung gegeben zu haben, und ich hoffe natürlich ebenso, ihm ein wenig Freude bei der Lektüre dieses Buches bereitet zu haben.

Leben bedeutet Entwicklung und Fortschritt, die auch vor der Astrologie nicht halt macht. So dürfen wir uns mit Sicherheit darauf freuen, was das gerade neu angebrochene Wassermann-Zeitalter noch alles an unentdeckten Erkenntnissen für uns bereit hält.

In zunehmendem Maße werden uns hier sicher wiederholt »Sowohl-als-auch-Theorien« begegnen. Man sieht es am besten beim Gesetz der Anziehung oder Resonanz. Hier gilt einmal die Anziehung von Gegensätzen, als auch die Anziehung von Gleichem oder Ähnlichem.

Besonders interessant war für mich, dass bei der »psychologischen Astrologie« die Mechanismen der Psyche mit einbezogen werden. Des Weiteren sind die aufgeführten Gesetze des Lebens und des Kosmos sehr wertvoll für den eigenen Lebensweg. Alles in allem ergibt sich für uns daraus eine Art Kompass oder Navigationsgerät als »Orientierung«, an die Hand, damit wir den eigenen Lebensweg besser und sicherer finden können.

Da das menschliche Bewusstsein aber seine Grenzen hat, gilt auch für mich der weise Spruch des Sokrates, der seit 2000 Jahren nichts von seiner Bedeutung verloren hat:

»Ich weiß, dass ich nichts weiß.«

Mein herzlicher Dank gilt »allen«, mit denen ich mich über die wichtigen Themen des Lebens austauschen durfte und die mich inspiriert haben.

Hildegard Kaiser

Auch Leo möchte sich gerne verabschieden:

Natürlich wünscht er allen Leserinnen und Lesern ganz besonders viel Erfolg bei der Bewältigung ihres Lebensweges. Sie sollten sich nicht scheuen, die Astrologie als ein wichtiges und wertvolles Hilfsmittel zu benutzen. Und immer wieder daran zu denken, dass schon unsere Vorfahren, und besonders die Seefahrer, sehr geübt darin waren, sich an den Sternen zu orientieren.

Leo bestätigt, dass er viel gelernt hat, und hofft, dass seine Gedankengänge den Lesern ebenso etwas mitgeben konnten.

Er hatte jedenfalls sehr viel Freude und wünscht dir das natürlich genauso. »Von meiner übergeordneten Position werde ich jetzt alles ganz genau beobachten«, meint er schelmisch. Als besonderes Highlight hat er sich noch ein Gedicht für unseren Planeten ausgedacht:

Planet Love

Es gibt da einen unsichtbaren Planeten –
er kommt und geht, ganz ungebeten.
Nein, er ist und war immer schon da –
von allem der Anfang vielleicht sogar.

Ein jeder es bestimmt versteht –
wenn er weiß, dass es um die Liebe geht.
Denn diese wundersame göttliche Kraft –
hat uns allen das Leben verschafft.

Es gibt keine größere Macht als sie –
zwingt sie uns manchmal auch in die Knie.
Wir werden immer nach ihr suchen –
und unsere Erfahrungen damit verbuchen.

Sie ist der Stern, der unser Dunkel erhellt –
und uns Licht bringt in unsere Welt.
Sie ist uns vom Himmel sehr weise gegeben –
auf dass wir die Sehnsucht nach ihr leben.

Euer Leo

Bibliografie

Astrobücher

Stephen Arroyo	Astrologie, Psychologie und die vier Elemente (Rowohlt Verlag Hamburg TB 1975)
Hajo Banzhaf/ Anna Haebler	Schlüsselworte zur Astrologie (Hugendubel Verlag München 1994)
Erich Bauer	Die Kraft der Ahnen (Hugendubel Verlag München 2000/Kailash)
Ruediger Dahlke/ Nicolaus Klein	Das senkrechte Weltbild (Hugendubel Verlag München 1986/Heyne)
Thorwald Dethlefsen/ Ruediger Dahlke	Krankheit als Weg (Goldmann Verlag München TB 1989)
Thorwald Dethlefsen	Schicksal als Chance (Goldmann Verlag München TB 1979)
Hermann Meyer	Die Gesetze des Schicksals (Goldmann Verlag München TB 1987)
	Astrologie und Psychologie (Rowohlt Verlag Hamburg TB 1981)
	alle weiteren Bücher
Peter Orban/ Ingrid Zinnel	Drehbuch des Lebens (Rowohlt Verlag Hamburg TB 1990)
Peter Orban	Zeit im Horoskop (Rowohlt Verlag Hamburg TB 1999)
Fritz Riemann	Lebenshilfe Astrologie (Pfeiffer bei Klett-Cotta Verlag Stuttgart 1976)
Michael Roscher	Astrologische Aspektlehre (Knaur Verlag München 1997)
	Praxis der Horoskopinterpretation (Knaur Verlag München 1992)
Martin Schulmann	Karmische Astrologie Bd. 1–4 (Urania Blaue Reihe München 1983)
	Astrologie und Sexualität (Urania Blaue Reihe München 1984)
Christopher Weidener	Astrologie für Einsteiger (Knaur Verlag München 1998)

	Das Arbeitsbuch zum Horoskop (Knaur Verlag München 2001)
Hermine-Marie Zehl	Grundkurs Astrologie (Ludwig Verlag München 1998)
	Astrologische Vorhersagen (Ludwig Verlag München 2000)
Wilfried Schütz	Das Menschenspiel (ABB Astrologische Akademie Baden 2002)
	Psychosomatik (ABB Astrologische Akademie Baden 2006)
	Die Heldenreise des Menschen (Chiron Verlag 2020)

Sonstige empfehlenswerte Bücher

Andreas Dalberg	Der Weg zum wahren Reiki-Meister (Knaur Verlag München 1997)
Stefan Schmitz	Psychologie 3 Bände (Via Nova Verlag Petersberg 1999)
Dale Carnegie	Sorge dich nicht – lebe (Knaur Verlag München 1936/1984/2001)
	Wie man Freunde gewinnt (Knaur Verlag München 1936/1981/2003)
Bodo Schäfer	Der Weg zur finanziellen Freiheit (Campus Verlag Frankfurt 1998)
Neale Donald Walsch	Gespräche mit Gott in 3 Bänden (Goldmann Arkana Verlag München 1996)
Rhonda Byrne	The Secret – Das Geheimnis (Goldmann Verlag Ankarna München 2006)
	The Power (Knaur Verlag MensSana München 2010) Droemersche Verlagsanstalt
	The Magic (Knaur Verlag MensSana München 2012) Droemersche Verlagsanstalt
Eric Pearl	The Reconnection Heilung durch Rückverbindung (Koha Verlag Burgrain 2011

Robert Betz	Willst du normal sein oder glücklich? (Heyne Verlag, München, 5/2011)
René Egli	Das Lola-Prinzip Die Vollkommenheit der Welt (Editionss Dolt Oetwil a.d.L. 1994)
Kurt Tepperwein	Hilf Dir selbst sonst tut es keiner (Silberschnur Verlag Güllesheim 2000)
John Gray	So bekommst du was du willst, und willst was du hast – Der praktische Wegweiser zu persönlichem Erfolg (Goldmann Verlag München 1999)
Lise Bourbeau	Dein Körper weiß alles über dich Mit Körperweisheit Wege finden (Windpferd Verlag Oberstdorf 1988/2007)
Catherine Ponder	Die Heilungsgeheimnisse der Jahrhunderte Die 12 Geisteskräfte des Menschen (Goldmann-Arkana Verlag München)
Louise L. Hay	Gesundheit für Körper und Seele (Heyne Verlag München 1984)
Ruediger Schache	Das Geheimnis des Herzmagneten Nymphenburger Verlag München 2008)
James Redfiled	Die Prophezeiungen von Celestine (Erstausgabe1993/2004 Ullstein Verlag)

Anhang

Astrologische Symbole

In der Astrologie wurde das *geozentrische Weltbild* mit der *Erde als Mittelpunkt* beibehalten. Die *fixen Sternbilder* der *Tierkreiszeichen* bilden einen *Kreis* um die Erde, die sogenannte *Ekliptik*. Diese durchlaufen die *Planeten*, die auch als *Wandelsterne* gelten, auf ihren unterschiedlichen Bahnen. Zu jedem *Tierkreiszeichen* gehört ein *Planet*, und sie *symbolisieren* so die sich ständig ändernde *Zeitqualität*. Denn sie repräsentieren *archetypische Kräfte* und *Urprinzipien*, die sich auch auf die entsprechenden menschlichen *Lebensgebiete*, die 12 astrologischen *Häuser*, sinnbildlich übertragen lassen.

Die Tierkreiszeichen

♈	=	Widder
♉	=	Stier
♊	=	Zwillinge
♋	=	Krebs
♌	=	Löwe
♍	=	Jungfrau
♎	=	Waage
♏	=	Skorpion
♐	=	Schütze
♑	=	Steinbock
♒	=	Wassermann
♓	=	Fische

Die Mondknoten

☊	=	aufsteigender Mondknoten
☋	=	absteigender Mondknoten

Das Achsenkreuz

AC	=	Aszendent
IC	=	Immum Coeli
DC	=	Deszendent
MC	=	Medium Coeli

Die Planeten

☉	=	Sonne
☾	=	Mond
☿	=	Merkur
♀	=	Venus
♂	=	Mars
♃	=	Jupiter
♄	=	Saturn
⛢ ♅	=	Uranus
♆ ♆	=	Neptun
♇ ⯓ ⯔	=	Pluto

Die Aspekte

☌	=	Konjunktion	=	0°
⚺	=	Halbsextil	=	30°
⚹	=	Sextil	=	60°
□	=	Quadrat	=	90°
△	=	Trigon	=	120°
⚼	=	Eineinhalbquadrat	=	135°
⚻	=	Quincunx	=	150°
☍	=	Opposition	=	180°

Astrologisches Kurzsystem

Nach der symbolischen Betrachtung Makro-Kosmos = Mikro-Kosmos zeigt uns das **Geburtshoroskop,** das sogenannte Radix, unser ureigenstes **Energiemuster** auf.

Diese himmlische **Konstellation** zu einem bestimmten Zeitpunkt an einem bestimmten Ort (Geburt), wird durch die **Planeten** dargestellt. Man kann die unterschiedlichen Energien, welche die verschiedenen Planeten repräsentieren, auch als innere Persönlichkeitsanteile des betroffenen Menschen bezeichnen. Sie machen sozusagen unseren unterschiedlichen und individuellen **Charakter** aus.

Entsprechend ihrer Größe und Besonderheit als Lichter, die uns am nächsten sind, haben die **Sonne** und der **Mond** auch eine **Sonderstellung** in unserem **Horoskop.**

Hinzu kommt der **Aszendent**, der unseren ersten Berührungspunkt mit dieser Welt im Moment der Geburt darstellt. Er ist dadurch zuständig für unser **Verhalten**, auf das wir instinktiv immer wieder zurückgreifen.

Er bestimmt ferner den Anfang der astrologischen **Häuser,** die bestimmte **Lebensgebiete** beschreiben. Seine Dynamik sorgt also für unser Verhalten innerhalb dieser irdischen Gegebenheiten.

Die **Tierkreiszeichen** selber zeigen, entsprechend ihrer archetypischen Beschreibung der einzelnen Fähigkeiten und Anlagen des Menschen, die unterschiedliche **Färbung** der planetaren Kräfte innerhalb der verschiedenen Lebensbereiche an.

Daneben gibt es noch die **Aspekte,** welche die möglichen Verbindungen zwischen den einzelnen Planeten darstellen. Hier kommt es darauf an, ob ihre Kräfte harmonisch aufeinander abgestimmt sind oder ob es Konflikte zu bearbeiten gibt. Auch **Aspektfiguren** sind, falls vorhanden, von großer Wichtigkeit.

Letztlich zeigt uns die **Mondknotenachse** unsere **Lebensaufgabe** an und das große Verwirklichungskreuz **AC – DC/MC – IC** unsere **Ziele**. (Es ist so, als wenn man einen Kuchen zuerst in 4 große Stücke schneidet, links ist der AC, rechts der DC, oben der MC und unten der IC). So ergeben sich auch die 4 Quadranten (Viertel).

Als Hintergrundbetrachtung kann man noch die **Elemente** (Feuer, Erde, Wasser, Luft), sowie die **Polaritäten** (männlich, weiblich) und die **Qualitäten** (kardinal, fix, beweglich) mit hinzunehmen.

Die eigentliche Deutung erfolgt dann nach dem astrologischen **Herrschersystem.** Das heißt: Man schaut beispielsweise, welches Tierkreiszeichen der Aszendent hat, und sieht dann nach, in welchem Haus und Tierkreiszeichen dessen zugehöriger Planet jetzt im Horoskop zu finden ist. So ergibt sich seine spezielle Färbung und es zeigt sich, in welchem Lebensbereich seine Energie zum Tragen kommt.

Ferner ist noch zu beachten, in welcher **Form** die gegebenen **Anlagen** ausgelebt werden. Hier kommt es darauf an, welche Reife und Lebenserfahrung der entsprechende Mensch hat. Doch es ist immer wieder erstaunlich, festzustellen, wie sich die Veranlagungen auch in jungen Jahren schon durchsetzen und die Menschen sich veranlasst sehen, zur richtigen Richtung hin zu tendieren.

Anlagen und Fähigkeiten:
- Stehen sie schon real in erlöster Form zur Verfügung?
- Befinden sie sich in der Hemmung?
- Oder kommen sie in kompensatorischer Form zum Ausdruck?
- Meist werden wechselnde Formen zu beobachten sein, da niemand vollkommen und perfekt ist. Die bestmögliche Entwicklung ist hier anzustreben.

Die Planeten

Kommen wir nun zu den Planeten, die so etwas wie die Urprinzipien in unsrer Welt repräsentieren.

Die Sonne
Die Sonne als Zentralgestirn unseres Sonnensystems bildet daher auch das **Zentrum** unseres eigenen **inneren Universums**. Sie verkörpert unser **Selbst**. Durch sie scheint unser ureigenstes **Wollen,** welches zur **Verwirklichung** gelangen will, durch.

Sie ist quasi die **Zeugungskraft** sowie das **Herz** unserer **Unternehmungen** und **Wünsche,** der **Ausdruck** unseres **Handelns** und **Seins.** Ferner steht die Sonne für den **Vater.**

Der Mond
Der Mond reflektiert das Licht der Sonne. Er ist somit zuständig für unsere **Gefühle,** unsere **Empfänglichkeit,** unsere **Empfindungen** und unser **Innenleben.**

Damit repräsentiert er die **seelische Struktur** des Einzelnen und seine emotionale **Erlebnisebene.** Außerdem steht er für die **Mutter.**

Der Merkur
Der Merkur ist der **Vermittler** zwischen den Anliegen der einzelnen Planeten, ebenso wie auch **zwischen uns selbst** und **der Außenwelt.**

Er ist für **Kommunikation, Bewegung, Selbstdarstellung, Reflexion, Analyse** und **Vernunft** zuständig.

Die Venus
Die Venus repräsentiert unsere **Bedürfnisse** nach **Sicherheit, Genuss, Abgrenzung,** und **Werten** sowie nach **Begegnung, Harmonie, Schönheit, Gerechtigkeit** und **Liebe.**

Der Mars

Der Mars ist für unseren **Lebenswillen,** unsere **Durchsetzung** und **Tatkraft** zuständig. Er ist unser innerer **Kämpfer.**

Der Jupiter

Der Jupiter sorgt in unserem Leben für **Expansion, Sinnhaftigkeit, Kultur** und **Bildung.** Er verhilft uns zu **Reisen,** unserer **Weltanschauung** und unserem **Glauben.**

Der Saturn

Der Saturn hat wiederum eine **Sonderstellung** im Horoskop. Er ist der letzte der äußerlich sichtbaren Planeten und sorgt somit für **Begrenzung** und **Einschränkung.**

Als sogenannter *Hüter der Schwelle* repräsentiert er auch die Gesellschaft und deren **Beurteilung:** *Gut und Böse, Richtig und Falsch.*

Dadurch unterliegen wir **Normen und Moral,** die uns unter Umständen zum **Rollenverhalten** zwingen und unsere **wirkliche Natur** unterdrücken. Weiterhin steht er für unsere **Erziehung** und unser **Über-Ich,** er ist also sozusagen unser **Gewissen.**

Die **Verurteilungen** des Saturn gilt es zu überwinden, um seine wahren, überaus **starken Kräfte** zur **Konzentration, Strukturierung** und **Formgebung** unseres echten **Potenzials** nutzen zu können.

Uranus

Der Uranus ist der erste der neuen sogenannten *transsaturnischen* Planeten. (Hinter Saturn stehend, mit dem Fernrohr zur Zeit der Französischen Revolution entdeckt). Er steht für **individuelle Freiheit, Gleichberechtigung, Originalität** und **Inspiration.** In unserem Horoskop **zeigt er uns an, wovon wir uns** *befreien* **sollen.**

Der Neptun

Der Neptun ist der Planet der **Spiritualität,** der **Sensibilität,** der **Intuition,** des **Helfens,** des **Mitgefühls,** der **Fantasie** und der **Alternativen.**

Er ist in der Lage, auch **Hintergründe** der Wirklichkeit und **kosmische Zusammenhänge** zu erkennen. **Er zeigt uns an, wovon wir uns** *erlösen* **sollen.**

Der Pluto

Der Pluto ist der am weitesten entfernte und kleinste Planet. Er hat es aber in sich und sorgt für unsere größte **Intensität, Leidenschaft** und **Fixierung.** Oft bringt er uns in Verbindung mit Erfahrungen von totaler **Macht** und **Ohnmacht,** gibt uns aber auch die **Fähigkeit** zur **Erneuerung, Transformation** und **Wandlung** von alten und überlebten Verhaltensmustern und zwanghaften Überzeugungen. **Er zeigt uns, wo wir uns** *wandeln* **sollen.**

Das Verwirklichungskreuz

Der Aszendent (AC) – *Analog Sonnenaufgang im Osten*

Der Aszendent repräsentiert die **Grundanlage,** die wir zur **Durchsetzung** unserer Persönlichkeit zur Verfügung haben. Er ist sozusagen unser Instrument, das wir instinktiv spielen.

Durch ihn wird unser **Verhalten** in allen Lebenslagen deutlich.

Man kann auch sagen, er ist unser **Ich** oder **Ego,** unser Anliegen, weshalb wir auf der Welt sind, und welches uns helfen soll, unser **Selbst** zu verwirklichen.

Der Deszendent (DC) – *Analog Sonnenuntergang im Westen*

Der Deszendent liegt dem Aszendenten genau gegenüber und konfrontiert uns mit der **Auseinandersetzung mit dem Du** oder auch **mit allem, was uns begegnet,** seien es Menschen, Dinge oder Situationen. Hier soll ein **Ausgleich** oder eine gesunde **Balance in Begegnungen** gefunden werden.

Der IC (Imum-Coeli) – *Analog Mitternacht*

Der IC verkörpert unsere **familiäre** und **seelische Herkunft.** Er ist die **Basis** unseres **Seins** und der **Urgrund** unserer **Identität.**

Der MC (Medium-Coeli) – *Analog Sonnenhöchststand*

Der MC zeigt uns unser **Lebensziel** und unseren **Platz in der Gesellschaft** auf. Ferner steht er für **Beruf** und **Berufung.**

Die **Entwicklung** sollte **vom IC zum MC** erfolgen.

Die Polaritäten – Zweiteilung des Tierkreises = 6 Zeichen

Männlich	–	*extrovertiert*	– **Widder, Zwillinge, Löwe, Waage, Schütze, Wassermann**
Weiblich	–	*introvertiert*	– **Stier, Krebs, Jungfrau, Skorpion, Steinbock, Fische**

Die Qualitäten – Teilung des Tierkreises durch drei = 4 Zeichen

Kardinal	–	*zielgerichtet*	– **Widder, Krebs, Waage, Steinbock**
Fix	–	*bewahrend*	– **Stier, Löwe, Skorpion, Wassermann**
Beweglich	–	*verbreitend*	– **Zwillinge, Jungfrau, Schütze, Fische**

Die Elemente – Teilung des Tierkreises durch vier = 3 Zeichen

Feuer	– *Widder, Löwe, Schütze*	–	energisch nach oben ausgerichtet
Wasser	– *Krebs, Skorpion, Fische*	–	fließend nach unten ausgerichtet
Luft	– *Zwillinge, Waage, Wassermann*	–	verbreitend nach oben ausgerichtet
Erde	– *Stier, Jungfrau, Steinbock*	–	beständig nach unten ausgerichtet

Das astrologische Herrschersystem

In welchem Zeichen steht die Sonne?
In welchen Zeichen steht der Mond?
In welchem Zeichen ist der Aszendent?

Welcher Planet gehört zu welchem Zeichen? = Herrscherplanet!
Von welchem Zeichen wird ein Haus angeschnitten? = Tierkreiszeichen!
Wo steht der Herrscherplanet dieses Zeichens? = Haus und Tierkreiszeichen!

Zu welchen Aussagen führt dies?
Welche Rückwirkungen ergeben sich zum Ausgangshaus?
Wie geht die Herrscherkette weiter?

Die Quadranten – die Dreiteilung der 12 Häuser in vier Viertel

1. Quadrant	– Körper	–	*Häuser 1–3*
2. Quadrant	– Seele	–	*Häuser 4–6*
3. Quadrant	– Geist	–	*Häuser 7–9*
4. Quadrant	– Übergeordnetes	–	*Häuser 10–12*

Chiron

Das Symbol seiner Darstellung im Horoskop gleicht einem Schlüssel. Der Kentaur als sogenannter verletzter Heiler präsentiert uns, wo unsere inneren Verletzungen zu finden sind, er zeigt uns aber gleichzeitig auch den Schlüssel zur Heilung an.

Lilith, der schwarze Mond

Wird im Horoskop als »L« oder als »schwarzer Mond« dargestellt. Dieses Zeichen gibt uns Aufschluss über ein Schattenthema, die verdrängte dunkle Seite des Mondes und damit der Weiblichkeit. Das gilt auch für Männer.

Die Aspekte

Welche Aspekte (Winkelverbindungen) bilden die Planeten untereinander? Sie sind im Horoskop eingezeichnet und abzulesen. An der Seite unter der großen runden Zeichnung befindet sich meist ein sogenannter Aspektbaum. Hier sucht man die Symbole der Planeten und sieht, wie sie mit den anderen Planeten verbunden sind. Je nach ihrer Art entsteht eine Förderung oder es sind Aufgaben zu bewältigen. Wobei die genauen Gradzahlen (Orben) hier nicht berücksichtigt sind. Es handelt sich also nur um eine grobe Übersicht für den Laien.

Konjunktion	**Zwei oder mehr Planeten stehen nebeneinander** *Die Energien beider oder aller Planeten verbinden sich, sie müssen aufeinander abgestimmt werden* *(Ringen oder Umarmung)*
Opposition	**Zwei Planeten stehen sich gegenüber** *Zwei unterschiedliche Kräfte sollten in Einklang gebracht werden* *(Tauziehen oder Tanzen)*
Trigon	**Die Planeten sind 3 Zeichen auseinander** *Zwei Kräfte unterstützen sich gegenseitig und bilden eine neue Synthese (zusammen sind wir stark)*
Sextil	**Die Planeten stehen 1 Zeichen auseinander** *Ähnlich wie Trigon, nur nicht so stark* *(wir müssen unsere Beziehung pflegen)*
Quadrat	**Die Planeten stehen 2 Zeichen auseinander** *Unerwarteter Angriff von der Seite* *Unbewusstes will integriert werden* *Fordert zur Auseinandersetzung auf und setzt durch diese Dynamik große Kräfte frei* *(Was mich nicht umbringt, macht mich stärker)*
Quincunx	**Die Planeten stehen vier Zeichen auseinander** *Nicht so stark wie ein Quadrat* *Lernaspekt (von Sehnsucht geprägt)*

Aspektfiguren

Aspektfiguren lassen auch, falls vorhanden, auf besondere glückliche Fügungen oder entsprechende Aufgabenstellungen für den Inhaber des Horoskops schließen. Hier kann man ruhig schon einmal seine eigene Intuition einfließen lassen.

Planetenballungen

Planetenballungen in einem Haus und Zeichen deuten ebenfalls darauf hin, dass dort ein Schwerpunkt im Leben des Horoskopeigners liegt.

Leo bestätigt, dass er viel gelernt hat, und hofft, dass seine Gedankengänge den Lesern ebenso etwas mitgeben konnten.

Er empfiehlt, das Buch mit dem Kurzsystem neben die eigene Radix-Horoskopzeichnung zu legen, um so schnell etwas nachschauen zu können, falls es notwendig sein sollte.

Leo wünscht allen Lesern viele Aha-Erlebnisse, viel Spaß bei den Erkenntnissen und viel Freude beim Üben!

Die Planeten in ihren Auswirkungen

Planet	Auswirkung	Eigene Notizen
Sonne	Verhalten und Motivation	
Mond	Stimmungen und Gefühle	
Merkur	Intellekt und Vernunft	
Venus	Liebe und Sicherheit	
Mars	Tatkraft und Antrieb	
Jupiter	Wachstum und Bildung	
Saturn	Verantwortung und Verpflichtung	
Uranus	Freiheit und Veränderung	
Neptun	Vorstellungskraft und Intuition	
Pluto	Transformation und Neubeginn	
AC	Auftreten	
MC	Lebensziel	
Chiron	Verletzung	
Lilith	Schatten	
M-Knoten	Lebensaufgabe	

Die Planeten in den Häusern

Haus	Planet	Eigene Notizen
1. Haus		
2. Haus		
3. Haus		
4. Haus		
5. Haus		
6. Haus		
7. Haus		
8. Haus		
9. Haus		
10. Haus		
11. Haus		
12. Haus		
Aspekte		
Oppositionen		
Quadrate		

Die Planeten in den Zeichen

Zeichen	Planet	Eigene Notizen
Widder		
Stier		
Zwillinge		
Krebs		
Löwe		
Jungfrau		
Waage		
Skorpion		
Schütze		
Steinbock		
Wassermann		
MC		
Fische		
Konjunktionen		
M-Knoten		
Trigone		
Sextile		

Die astrologischen Symbole

Planetenzeichen

Sonne	☉	Jupiter	♃	
Mond	☽	Saturn	♄	
Merkur	☿	Uranus	♅	
Venus	♀	Neptun	♆	
Mars	♂	Pluto	♇	

Aspektzeichen

Konjunktion	☌
Sextil	✳
Quadrat	□
Trigon	△
Opposition	☍

Die Sonne durchläuft das Tierkreiszeichen:

♈	Widder	vom 21. März bis 20. April
♉	Stier	vom 21. April bis 20. Mai
♊	Zwillinge	vom 21. Mai bis 21. Juni
♋	Krebs	vom 22. Juni bis 22. Juli
♌	Löwe	vom 23. Juli bis 23. August
♍	Jungfrau	vom 24. August bis 23. September
♎	Waage	vom 24. September bis 23. Oktober
♏	Skorpion	vom 24. Oktober bis 22. November
♐	Schütze	vom 23. November bis 21. Dezember
♑	Steinbock	vom 22. Dezember bis 20. Januar
♒	Wassermann	vom 21. Januar bis 19. Februar
♓	Fische	vom 20. Februar bis 20. März